工业和信息化蓝皮书

BLUE BOOK OF INDUSTRY
AND INFORMATIZATION

世界制造业发展报告
（2014~2015）

ANNUAL REPORT ON THE DEVELOPMENT OF WORLD
MANUFACTURING INDUSTRY (2014-2015)

战略性新兴产业

主　编／洪京一
工业和信息化部电子科学技术情报研究所

社会科学文献出版社
SOCIAL SCIENCES ACADEMIC PRESS（CHINA）

图书在版编目（CIP）数据

世界制造业发展报告：战略性新兴产业：2014~2015/工业和信息化部电子科学技术情报研究所主编. —北京：社会科学文献出版社，2015.4

（工业和信息化蓝皮书）

ISBN 978 - 7 - 5097 - 7261 - 4

Ⅰ.①世…　Ⅱ.①工…　Ⅲ.①制造工业 - 经济发展 - 研究报告 - 世界 - 2014~2015　Ⅳ.①F416.4

中国版本图书馆 CIP 数据核字（2015）第 052971 号

工业和信息化蓝皮书

世界制造业发展报告（2014~2015）

——战略性新兴产业

主　　编/　洪京一
　　　　　　工业和信息化部电子科学技术情报研究所

出 版 人/ 谢寿光
项目统筹/ 吴　敏
责任编辑/ 宋　静　吴　敏

出　　　版/ 社会科学文献出版社·皮书出版分社（010）59367127
　　　　　　地址：北京市北三环中路甲29号院华龙大厦　邮编：100029
　　　　　　网址：www. ssap. com. cn
发　　　行/ 市场营销中心（010）59367081　59367090
　　　　　　读者服务中心（010）59367028
印　　　装/ 北京季蜂印刷有限公司

规　　　格/ 开 本：787mm×1092mm　1/16
　　　　　　印 张：17　字 数：255 千字
版　　　次/ 2015 年 4 月第 1 版　2015 年 4 月第 1 次印刷
书　　　号/ ISBN 978 - 7 - 5097 - 7261 - 4
定　　　价/ 69. 00 元

皮书序列号/ B - 2015 - 420

《世界制造业发展报告（2014~2015）》
课 题 组

课题编写　工业和信息化部电子科学技术情报研究所
　　　　　　工业经济与政策研究部

指　　导　肖　华　宋志明　姚　珺

组　　长　李新社

副 组 长　李　丽　冯　媛

编写人员　陈雪琴　刘　丹　郭　雯　王邵军　李　彬
　　　　　　唐　静　赵　玥　张鲁生　方鹏飞　李　颖
　　　　　　孔腾淇

工业和信息化部
电子科学技术情报研究所

　　工业和信息化部电子科学技术情报研究所（以下简称"电子一所"）成立于 1959 年，是工业和信息化部直属事业单位。

　　围绕工业和信息化部等上级主管部门的重点工作和行业发展需求，电子一所重点开展国内外信息化、信息安全、信息技术、物联网、软件服务、工业经济政策、知识产权等领域的情报跟踪、分析研究与开发利用，为政府部门及特定用户编制战略规划、制定政策法规、进行宏观调控及相关决策提供软科学研究与支撑服务，形成了情报研究与决策咨询、知识产权研究与咨询、政府服务与管理支撑、信息资源与技术服务、媒体传播与信息服务五大业务体系。同时电子一所还是中国语音产业联盟、中国两化融合咨询服务联盟等多家社团组织的挂靠单位。

　　电子一所旨在通过不懈的探索创新，努力建设成为情报特色鲜明、服务体系完备、核心能力突出、体制机制健全、适合现代情报发展需求的新型科技情报研究机构，成为我国工业化、信息化、国防现代化进程中科学决策的思想库、自主创新的发动机、持续发展的助推器。

主编简介

洪京一 工业和信息化部电子科学技术情报研究所所长，高级工程师。主要从事工业经济、信息化、电子信息产业、软件服务业、信息安全等领域的战略规划和产业政策研究，主持完成工信部、发改委、科技部等部委及北京、天津、广东、河南等地方主管部门委托的数十项重点课题研究，主持编写《中国软件和信息服务业发展报告》《政府部门网络安全解决方案指引》《中国信息产业年鉴》等多部出版物。

兼任中国语音产业联盟副理事长，中国电子信息产业联合会常务理事，中国国防科学技术信息学会常务理事，国家物联网发展专家咨询委员会委员。

序　一

在信息技术的推动下，人类社会已经并正在加速进入新的历史时期。这个历史时期的主要特征是融合、智能、基于网络和大数据的资源配置平台。融合是全方位的，主要体现在信息技术和工业技术的融合、信息资源和材料能源的融合、人和机器的融合，在这样的融合洪流下，政治、经济、社会、文化、军事诸领域的发展模式和世界竞争格局发生重大变革；智能也是全方位的，产业、日常生活、教育和医疗、科研和设计、军事与战争、社会管理和公共服务正在并加速走向智能化，从局部的智能走向全局的智能；网络和信息结合在一起的大平台是这个新时代最关键的基础设施，这一大平台的拓展和影响也是全方位的，是融合和智能发生发展的基础，更是其效率和质量的关键要素。

这是全球性的历史变革。分析变革现状、梳理变革脉络、把握变革趋势是做出科学的、符合国情决策的基础，由工业和信息化部电子科学技术情报研究所组织编写、社会科学文献出版社出版的"工业和信息化蓝皮书"正是在这一方面做出的积极探索。这次出版的蓝皮书覆盖了制造业、信息技术产业、移动互联网、网络安全和信息化五大领域，既有全球动态，也注意立足国情；既有综合情况介绍，也有案例剖析，还有深入的重点问题专题研究，值得一读，更希望能持之以恒，越办越好。

是以为序。

2015 年 3 月 14 日

序 二

进入新世纪以来，信息革命和信息化有了别开生面的创新发展。信息产业已经成为影响国家核心竞争力的战略制高点，全球信息化正在朝着泛在化、宽带化和智能化的方向加快发展，网络空间建设和网络安全日益成为各国竞相关注的焦点。

在充满前所未有的创新活力的同时，全球信息化正在步入一个新的阶段，以更快的速度推进生产力的发展，促进生产关系的变革，重塑全球的政治、经济、社会、文化、科技和军事格局。世界主要国家和地区围绕移动互联、云计算、大数据、智能制造、网络空间、网络安全、信息经济等领域展开的新一轮博弈和竞争，再一次唤醒世人，信息化发展水平已经成为衡量国家、城市、企业，乃至个人的核心竞争力的一个不可或缺的重要方面。

过去十余年，中国的信息化取得了巨大的发展和进步，缩短了与主要发达国家在信息化领域的跨代差距。然而，迎面而来的新一轮信息化发展的大潮，犹如阵阵长鸣的汽笛，警示我们，信息化犹如逆水行舟，不进则退。如果我们不能紧追信息化的时代潮流，有效地利用和调度国内、国际的各种资源，我们与发达国家已经缩小的信息化差距，还有可能重新拉大。

2014年2月27日，中央网络安全和信息化领导小组正式成立，由中共中央总书记、国家主席、中央军委主席习近平亲自担任组长，反映了党和国家领导人对我国网络安全和信息化发展的高度重视。习近平总书记指出，建设网络强国的战略部署要与"两个一百年"奋斗目标同步推进，向着网络基础设施基本普及、自主创新能力增强、信息经济全面发展、网络安全保障有力的目标不断前进。这标志着中国的网络空间和信息化发展进入了一个新的历史阶段，真正进入了一个"一把手工程"时代，一个中国信息技术和产业、网络安全和信息化建设大发展的时代。

信息革命和信息化在中国能否快速而健康的发展，还取决于两个重要因素。一是要准确地把握国外信息革命和信息化发展的趋势、方向和目标，认真地跟踪、研究和学习国外的经验和做法，广泛地开展国际合作和充分利用全球的人才和智慧。二是要清楚地认识到，中国信息产业和信息化建设的发展，必须从中国经济社会和信息化发展的实际情况出发，与中国经济、政治、社会、文化和科技发展的紧迫需求相结合，与维护中国国家安全的紧迫需求相结合，脚踏实地地前进。对于中国信息化的发展和进步，既不能妄自菲薄，也不能估计过高。中国信息化的大厦，不是空中楼阁，是要"一块砖、一块砖"扎扎实实地堆砌才能建立起来的，才能为中国的现代化发展奠定百年的根基。任何的浮躁和华而不实、盲目追风，以及不负责任的炒作，都可能为政府、企业的信息化努力带来灾难性的后果。这一点值得我们所有的信息化的推进者警惕。

工业和信息化部电子科学技术情报研究所是一个成立逾56年的资深研究所，拥有一支优秀的，训练有素、经验丰富、作风严谨的高端人才队伍，长期以来，为我国信息产业的发展做出了重要的贡献。近年来，在工业和信息化部的领导下，他们依托自身优势，密切跟踪全球工业和信息化领域的前沿动态，在广泛而深入研究、综合分析的基础上，连续多年推出相关领域的系列报告，颇有深度，不仅为政府决策和企业发展提供了重要的咨询和参考，也广受各有关方面的学者和读者的欢迎。2015年，他们的相关系列研究报告首次以"工业和信息化蓝皮书"的形式公开出版，主题覆盖宽广、内容翔实丰富、数据图表完备、前沿探索富有成效。可以相信，无论是政府、企业还是学术界的读者都会发现，本书不仅可读性很强，而且是一本较具参考价值的工具书。当然，随着他们研究分析工作的不断深入，这套系列研究报告和蓝皮书的价值也还会不断地有所发展、有所前进。

值此"工业和信息化蓝皮书"付诸出版之际，谨以此序表示祝贺，并衷心地期待在本系列蓝皮书的影响之下，我国的新型工业化和信息化的理论和实践，能够有一个更快、更健康的发展。

2015 年 2 月 28 日于北京

前　言

随着新一代信息技术、低碳节能技术、关键材料技术等的不断突破和推进，全球进入空前的创新密集和产业振兴时代。2014 年，新兴产业依然是世界各国产业发展的重要方向和战略选择。而我国正处于产业转型升级和结构调整的关键时期，培育发展战略性新兴产业是转变经济发展方式、构建产业竞争新优势、抢占未来产业发展制高点的必然要求。在各国政策的支持和推动下，全球新兴产业得到了长足的发展，我国战略性新兴产业发展也取得初步成效。

为更好地研究、分析和对比国内外战略性新兴产业发展情况，工业和信息化部电子科学技术情报研究所工业经济与政策研究部将《世界制造业发展报告（2014~2015）》研究主题锁定在"战略性新兴产业"。

由于战略性新兴产业涵盖的内容较为庞大，难以一一展开分析。为了加大研究分析的深度，研究组在对战略性新兴产业重点领域长期跟踪的基础上，从 7 大战略领域中，各自挑选出 1~2 个基础性、重要性和代表性突出的，且我国已具备相关技术和产业发展基础的共 11 个分领域进行深入的研究，希望能"窥一斑而知全豹"，通过典型行业的发展现状、问题和趋势，呈现我国战略性新兴产业发展面临的普遍问题，并结合全球的新动向，勾勒未来战略性新兴产业的发展前景和方向。

其中，新一代信息技术产业重点分析 OLED 显示和智能触摸屏；节能环保产业重点分析水处理膜；生物产业重点分析生物制药；高端装备制造产业重点分析工业机器人和深海油气资源钻探与开发装备；新能源产业重点分析燃料电池和化合物半导体薄膜太阳能电池；新材料产业重点分析碳纤维及其复合材料与稀土永磁材料；新能源汽车产业重点分析电动汽车。各个领域分别从产业概况、产业规模、区域布局、企业动态、技术进展、存在的问题及发展思路与对策建议几个方面展开分析。

在本年度研究报告的研究编写过程中，编写组得到工业和信息化部规划司相关领导的大力支持，在此表示我们最诚挚的谢意。同时，由于时间和水平所限，报告中的错误和疏漏之处在所难免，恳请读者批评指正。

工业和信息化部电子科学技术情报研究所

工业经济与政策研究部

2015 年 1 月

摘　要

2014 年，世界主要国家和地区的制造业整体水平已经重回正增长区间，并逐步显现对经济复苏的拉动作用，制造业网络化、智能化、服务化的发展趋势明显，推动了产业的整体升级和生产模式的重大变革。而我国经济也正式步入中高速增长的"新常态"，产业结构进一步优化，战略性新兴产业的发展态势良好，逐步成为我国新的经济增长点。

2014 年，我国高技术制造业增加值增长了 11.8%，高于规模以上工业增加值增速。电子信息、生物医药、高端装备、新能源等战略性新兴产业的投资和销售均保持较大增幅，部分领域实现了对若干重大核心技术的突破。例如，工业机器人领域，国产 RV 减速器在精确性与稳定性方面都取得了突破，已步入应用推广阶段；碳纤维领域，T1000 碳纤维产品中试取得成功，实现覆盖全流程的自主研发，且各项产品性能指标达到国际先进水平；电动汽车领域，额定容量 15Ah 的锂硫电池已研制成功，并形成了小批量制备能力；生物制药领域，细胞核靶向介孔二氧化硅（MSNs）纳米药物输运体系研究取得重要进展，为提高癌症治疗效果、降低药物的毒副作用带来了希望。

受起步较晚、创新能力偏弱、有效消费需求不足等因素的制约，我国战略性新兴产业仍然存在较为严峻的问题。一是整体技术水平较低，产业基础支撑能力较弱。目前，我国相当一部分战略性新兴产业所需要的关键设备与核心零部件，由于国产工艺不够稳定、产品质量偏低等，仍然严重依赖进口，产业的基础支撑能力较弱。二是市场同质化竞争加剧，产能过剩、利润下降、风险突出。地方政府的行政干预过多和不当激励，导致碳纤维、风电、多晶硅、锂电池、光伏等战略性新兴产业陷入"一哄而上"式的重复投资，引发产能过剩，拉低了行业的整体盈利能力与利润水平。三是消费需求不足，自主产品市场占有率低。国际市场方面由于贸易摩擦频发且技术壁垒封锁加剧，外需持续不足；而国内市场受配套基础设施滞后、市场推广受阻、自主产品质量性能较低等制约，有效需求也深受影响。

基于我国战略性新兴产业发展现状和存在的问题，本报告认为我国应加强对战略性新兴产业的统筹规划，发挥政策的宏观引导作用，优化资源，合理布局；依托国家科技重大专项等优质平台，组织行业内重点企业、科研机构对各自领域中的关键技术进行集中攻关，突破发达国家的技术封锁，在各关键技术环节拥有真正意义上的自主知识产权；完善资本市场建设，努力打造良好的投融资环境，鼓励企业并购重组，通过资源的重新整合打造出具有规模、技术优势的行业内领军企业，充分发挥龙头企业的带头示范作用，扩大本土企业在国际市场上的影响力；通过政府采购、"首台套"政策、税收减免、价格补贴等举措帮助自主产品打开销路，为自主产品市场占有率的提高打下坚实基础。

Abstract

2014, the manufacture industry in major countries have already returned to positive growth and gradually reveals the role of economic recovery. Word's manufacturing industry present trends on network, intelligence and service-oriented which promote the overall industry upgrades and major changes in production patterns. Meanwhile, China's economy has officially entered "new normal" described as a lower growth but healthier economic structure. And the strategic emerging industries in china are well development and gradually become a new economic growth point.

China's high-tech manufacturing industry value added grew by 11.8% in 2014, higher than the above-scale industrial added value growth. Investment and sales of electronic information, biomedicine, high-end equipment, new energy and other strategic emerging industries remain larger increase and realize some breakthroughs in core technologies. For example, in the field of industrial robotics, domestic RV reducer have made a breakthrough in accuracy and stability, and began to put into application; carbon fiber field, the T1000 carbon fiber products in the test are succeed which covering the whole process to achieve self-development, and each product performance indicators have reached the international advanced level; electric vehicles, the rated capacity of 15Ah lithium-sulfur batteries have been successfully developed and can be produced in small-scale; bio-pharmaceutical field, the nucleus targeting mesoporous silica (MSNs) nano-drug delivery systems research has made important progress which can improve the cancer treatment and reduce the side effects of the drug.

Constrained by late start, weak innovation ability, insufficient consumption demand and so on, China's strategic emerging industry is facing serious problems. Firstly, the overall technical level is low, and the foundation support ability of strategic industry is weak. Presently, a large part of key equipments and core components of strategic emerging industry are depended on import, because that our domestic technology is unstable and the quality of self-made products is poor. Secondly, because of fiece homogeneous competitions, the risk of over capacity and profit decline is serious. Overlapping investment problems in carbon fiiber, wind power, polycrystalline silicon, lithium battery, photovoltaic industries are very serious, because of local governments' administrative intervention and perverse incentives. The profitability and profit in these industries are pushed down. Thirdly, the market share of self-made products is low, because of poor consumption demand. Constrained by trade conflicts and technology lock-in, the external demand continues to be scarce; the inner demand is largely constrained by poor supporting infrastructures, outdated market promotion and the poor quality and property of self-made products.

Based on the status quo and problems of strategic emerging industries in China, several suggestions have been offered in this report. First of all, the government should strengthen overall planning and macro-control of policy, optimize the allocation of resources and make rational layout. Secondly, key enterprises and research institutes should be organized to carry out core technology in order to break the blockade of technology created by developed countries and acquire the real independent intellectual property in every critical link of technology. Thirdly, capital market should be improved to create a good investment and financing environment. The government also need encourage enterprises to participate in M&A activities in order to create leading companies with scale and technology advantage by reintegrating resources. Leaders should play the leading and guarding role and enlarge the influence of local enterprises in international market. Last but not least, policies about government procurement, encouraging the first set of indigenous equipment, tax breaks, price allowance, free repair and so on can be implemented to promote sales of indigenous products and make the solid foundation to enlarge the market share.

目　录

皮书数据库阅读**使用指南**

CONTENTS

B I   General Report

B II   Industry Reports

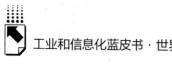

总 报 告

General Report

B.1

2014年全球制造业与中国
工业发展态势

刘 丹*

摘　要：　2014年，全球经济复苏表现持续乏力，经济再次下滑风险
不断增加。在此全球经济背景下，世界制造业在短期跌宕中
持续温和扩张，智能化成为全球新一轮科技浪潮的年度亮
点，发达经济体制造业回流拉动经济复苏效果凸显，新兴经
济体制造业发展态势分化加剧，跨国公司强力推动全面本土
化战略。与此同时，2014年，我国正在经历并消化"增长
次高速调整期、经济结构调整深度阵痛期和前期强刺激政策
消化期"的"三期叠加效应"。在此宏观经济背景下，我国
工业经济增长动力趋弱，下行压力加大；工业各行业运行两

* 刘丹，博士，高级工程师，工业和信息化部电子科学技术情报研究所工业经济与政策研究部，
主要研究方向为工业经济运行分析研究。

极分化形势日趋显著；东部地区工业增速稳中微降，中西部地区延续较快增长态势。

关键词： 世界制造业 智能化 中国工业

一 2014年世界制造业发展态势与特点

（一）2014年世界宏观经济发展态势

2014年以来，全球经济复苏表现持续乏力，经济再次下滑风险不断增加。短期风险主要体现为地缘政治紧张局势加剧、金融市场风险利差和波动性的缩小趋势逆转；中期风险主要体现为发达经济体经济停滞与潜在经济增长低迷、新兴经济体潜在经济增长率下降。2014年前三季度全球经济增长的下滑幅度超过年初预测，其中，美国、欧元区、日本及部分大型新兴经济体的增长表现尤其不尽如人意。受此影响，联合国（UN）、世界银行、国际货币基金组织（IMF）、经济合作与发展组织（OECD）等全球权威机构普遍调低了对2014年全球经济增速的预期。联合国和世界银行的预测最为保守，将全球增速调整到3%以内，而国际货币基金组织和经济合作与发展组织的预期最为乐观，均达到3%以上（见表1）。

表1 国际权威机构对全球经济增速的预测

单位：%

机构	2014 年增速		2015 年增速
	初始预测值	调整预测值	初始预测值
联合国	3.2	2.8	3.2
世界银行	3.2	2.8	3.4
国际货币基金组织	3.6	3.2	3.8
经济合作与发展组织	3.6	3.3	3.7

资料来源：作者整理。

　　从2014年全球区域经济表现看，美国方面，受出口增加、存货增加及国防支出增加的综合支撑，经济表现持续向好，但这些有利因素的持续有效性存在普遍质疑，恐在2015年逐渐减缓或消失，经济发展前景谨慎乐观。欧元区方面，在紧缩信贷、高公共/私人债务率、高失业率、低工资增速以及部分国家成长陷入瓶颈等结构性问题的抑制下，经济增长表现不好，即便是德国，经济也陷入困境，第三季度经济增速仅为1.2%，经济发展处于重回衰退的边缘。日本方面，近来连续六个月出现经济大幅萎缩，使国内呈现6年来第四次衰退的危机征兆，促使日本央行近期采取更强硬的货币刺激政策并延迟第二波消费税调高的时间跨度，借此促使未来两年日元持续贬值以刺激经济增长，但实施效果的市场预期并不理想。新兴经济体方面，受到油价及其他商品价格下跌的影响，全球主要新兴经济体的发展前景分化明显，其中，原油净进口国将普遍获利，如印度，其经济增长已逐渐强劲；原油及商品出口国则相对不利，如巴西和俄罗斯，巴西仍将温和衰退，而俄罗斯则面临严重发展困境。同时，印度尼西亚、马来西亚、菲律宾、越南、墨西哥、秘鲁、智利、哥伦比亚、波兰及土耳其等较小规模新兴经济体将持续成长。

（二）2014年世界制造业发展态势与特点

1. 世界制造业在短期跌宕中持续温和扩张

　　尽管2014年世界主要国家和地区的制造业呈现明显的季节性跌宕，但制造业整体生产水平已经全部恢复到正增长区间，且制造业对全球经济复苏的正拉动波及效应逐步显现。

　　（1）发达经济体方面，美国工业生产在3~7月达到2014年生产高峰，8~10月处于生产回落状态，尤其在8月和10月出现了短期生产萎缩状况。欧盟在4月、7月和9月工业环比增速突破1%，但5月、6月和8月出现了一定幅度的生产萎缩，工业生产极不稳定。日本工业生产环比增速的增幅波动范围从-3.4%到2.9%，波动幅度远远大于美国和欧盟，日本工业生产前景极不明朗，需要密切观察。

（2）新兴经济体方面，新兴经济体基本保持了较为稳定的工业发展局势，俄罗斯工业生产环比增速稳定在2%左右，巴西和印度在小幅波动中基本将工业生产环比增速稳定在1%左右。同时，世界主要国家和地区的工业产能利用率近两年均保持了高水平，先进经济体产能利用率普遍恢复到80%以上。其中，美国全部工业部门的产能利用率基本平稳，基本维持在79%左右，欧盟恢复到80%以上，法国为82%以上，德国更是达到84%以上。

2. 智能化成为全球新一轮科技浪潮的年度亮点

2014年，智能化成为全球新一轮科技浪潮与制造业产业化相衔接的最亮眼的纽带，全球制造业巨头企业纷纷发力智能产品，以移动互联网、大数据、云计算等新技术应用为主要特征的产业智能化转型浪潮迅猛展开。其间，高端装备制造产业的国际竞争集中在智能监控、检测、预报、远程故障诊断与维护技术以及基于网络的机群集成控制与智能化管理等技术的产业成熟度方面；全球消费电子产业呈现万物互联时代智能终端互联互通的产业发展趋势，消费电子产品正从以往的单纯功能性终端演变为"网器"，实现物与物的连接、人与物的连接、物与环境的连接，创造了更具价值的全新智慧生活；生产性服务业中大量普及使用智能技术，全球大型物流企业基本实现物流作业过程中大量运筹与决策的智能化，物流过程中运输、存储、包装、装卸等环节的一体化和智能物流系统的层次化。

3. 发达经济体制造业回流拉动经济复苏效果凸显

在金融危机后先进经济体一系列"再工业化"战略的推动下，经过近六年的战略部署和政策引导，2014年，该战略取得了瞩目的经济回报，极大地拉动了发达经济体的经济复苏。美国"制造业再振兴计划"颁布以来的5年中，围绕税收、高端人才培养、技术创新投资研发、扩大出口、贸易保护等多方面的弊病，渐次出台了一系列针对性较强的政策举措，有效推动工业转型升级，重振高端制造业。2014年前三季度，美国制造业对GDP贡献率较5年前增长了7.6%，制造业增速高于平均增速2.3个百分点；ISM制造业指数从2009年起稳步回升，当前已恢复到2008年金融危机以前的水平；PMI 在小的波动中不断创造新高，保持了近两年来高位稳定的良好发展势头，稳定于 55% 以上，10 月冲高到 59%，创连续 24 个月以来的新高。同时，2014 年美国近 1/3 的经济增长依靠出口，工业制成品行业出口额占总货物和服务出口额的比重超过 50%，同时，制造业为美国创造的就业机会超过 1130 万个。

4. 新兴经济体制造业发展态势分化加剧

受到欧美等发达国家和地区经济复苏不利的影响，以出口为导向的新兴经济体贸易需求不振，由此引发新兴经济体制造业发展形势及调整导向的迥异差别。以出口电子相关产品为主的新加坡，其工业发展优势在发达国家需求不振后动力损失殆尽，从 2010 年的增长 15.1%，骤减至 2014 年前三季度的 1.3%。其他如印度尼西亚、菲律宾、马来西亚及泰国等国家，2014 年同样陆续出现增长减速趋势。在外部需求缩减的持续打击下，新兴经济体经济增长无以为继，相较于金融危机前强劲的增长表现，已有明显落差。与此同时，具有较大内需市场的新兴经济体发展形势较为坚挺。印度和中国虽然也受到外需不振的巨大冲击，但受国内市场支撑，2014 年并未出现工业发展增速的大幅下滑，且在不利形势下，两国积极进行国内产业结构的顺势调整，取得了良好的实践效果和国际影响。

5. 跨国公司强力推动全面本土化战略

2014 年，全球跨国公司普遍推动的"生产－研发－人力"三位一体全面本土化战略颇为引人注目。以全球市场的高效配置为根本目的，随着东道国市场柔性需求的日益提升，跨国公司扭转了"母国技术，东道国生产"的传统发展思路，向"东道国市场－技术－生产一体化"的新发展思路过渡。同时，在以研发活动为主的母国补充相应生产线，实现研发产业化的最大效用。2014 年前三季度，92% 的全球跨国公司实施了全面本土化战略，2013 年仅为 65%。据联合国工发组织不完全统计，2014 年前三季度，东南亚地区设立的跨国公司研发中心数量突破 500 家，从产品类型看，日化类企业（如宝洁）、电子类企业（如 IBM、微软、三星）和医药类企业（如辉瑞）的东南亚研发中心规模较为庞大。从机构功能看，跨国企业东道国研发中心以当地市场柔性需求的特定技术研发为主，而跨国企业母国研发中心以全球产业基础性技术研发为主。

（三）2015年世界制造业发展展望

2015年，全球经济形势仍将持续2014年的"持续缓复苏"形势，但全球经济仍将处于低位运行。经济合作与发展组织于2014年11月发布的《全球经济展望》最新预测显示，全球经济预计2015年及2016年将可分别加速至3.7%与3.9%。与危机前相比，此速度为温和增长，且稍低于长期平均水平。第一，发达经济体方面，美国经济将持续稳健复苏，预计2015年与2016年将增长3%左右；欧元区经济增长将缓慢回升，由2014年的0.8%到2015年的1.1%，至2016年达到1.7%；日本经济增长将受到消费税上涨的持续影响，预计2015年与2016年将分别增长1.1%与0.8%。第二，新兴经济体方面，大型新兴经济体将分化发展。印度由于投资出现回升，预计经济实力逐渐增强，2015年及2016年经济增速将分别达到6.4%与6.6%。巴西经济将出现下滑，预计2014年经济将仅增长0.3%，到2015年及2016年方可复苏至1.5%与2.0%。俄罗斯在石油价格下降及贸易疲弱的双重影响下，预计2015年将降至0%，至2016年才有望复苏至2.0%。

受国际经济形势影响，全球制造业在2015年也将呈现整体"持续缓复苏"的发展态势，且个别国家制造业的超预期发展将不断带来惊喜。同时，在新一代信息技术浪潮的推动下，制造业的全球化进程进一步加快，促使产业形态和组织方式呈现导向鲜明的发展趋势。

1. 全球制造业将保持温和扩张的发展态势

在全球经济持续缓慢复苏的带动下，制造业的温和扩张得以延续。然而，与2014年全球制造业普遍性温和扩张所不同的是，2015年，个别国家制造业的超预期发展将成为亮点。美国已经连续六个月制造业增速超过预期，2014年11月，经季节调整后的美国工业生产环比增长1.3%，创下自2010年5月以来的最大增幅，美国实体经济基本实现全面复苏，预计2015

年这种复苏趋势将得到进一步加强。德国在"工业4.0"战略全面产业化的推动下，2014年实现了进口和出口的双增长，工业更成为2014年德国经济增长的最主要动力，在欧盟中一枝独秀，工业生产环比增长超过1.5%，同时，超过50%的实体经济对发展前景预期良好，在欧债危机不会继续恶化以致拖累德国的情况下，预计2015年德国工业前景良好。印度是新兴经济体中2015年制造业前景最被看好的国家，虽然印度在高端产业方面并不被认可，但其国内广阔的内需空间和低廉的生产成本，使全球跨国企业趋之若鹜，2014年前三季度，工业生产环比增速达到8.9%，并连续4个季度保持逐季上升的增速，2015年将继续保持这种增长势头。然而，日本、欧盟、泰国、中东等国家和地区的工业发展前景仍然岌岌可危，需要密切关注并实时预警。

2. 全球制造业将迎来新一代科技浪潮对生产模式改造的高潮

在信息技术日臻成熟和信息化几近产业全覆盖的推动下，新一代科技浪潮对全球制造业的影响已经从"点升级"拓展到"系统升级"。"研发－设计－制造－销售－售后"整个生产过程中的每一个环节均被网络技术、智能技术和数字技术深度渗透，并在多个环节间形成新一代科技体系，从而推动全产业生产模式的重大变革和整体升级。一方面，生产模式中的各环节间更加高效地配置生产要素和时间，有效降低了生产过程的中间消耗，提高了资源配置效率。另一方面，智能装备广泛应用于生产过程，在降低人工误差的同时，也降低了人工成本，并高度规范了生产操作。同时，在多国、多个企业间，形成以创新链、产业链、价值链为核心的局域网络，全球协同化生产模式的运转更加顺畅和高效。2014年，全球制造企业在生产过程中所使用的机器人总数已经超过100万台，预计2015年将接近150万台。而新兴经济体以更加饱满的热情积极投入制造业生产模式的技术升级过程中，以实现本国工业体系的转型升级。

3. 全球制造业将加快服务化转型步伐

当前，"提供产品与服务整体解决方案"已经代替"提供传统产业"，成为制造业生产的主导。通过制造业服务化转型，企业实现了从产品到服务的增值延伸，并完成了从产品提供者到集成服务提供者的角色转换。2014年前三季度，36%的美国制造业的从业人员在从事服务类工作，比2013年同期提升4个百分点，创五年以来的新高，生产性服务业的投入占整个制造业产出的28%～32%。同时，享誉全球的诸多跨国企业集团均已实现由传统制造业向制造服务业的转型。IBM经过十余年的业务整合，现已从硬件制造商成功转型为全球最大的"提供硬件、网络和软件服务的整体解决方案供应商"。2014年，IBM全球的营收体系中，大约有60%的营业收入来自IT服务。耐克采取了虚拟化策略，采用跨国外包生产的方式切割企业的产品制造业务，全球各地的生产厂家承接了母公司的产品制造订单，而母公司则集中于产品设计、市场营销和品牌维护，大力拓展生产性服务业务。

4. 全球制造企业组织将更富柔性和创新性

在全球制造业整体升级的推动下，传统金字塔状的企业管理模式已经无法适应灵活、敏捷、柔性的市场需求，组织扁平化势在必行。在开放、协作与分享为中心的互联网思维的启发下，以"强调系统、管理层次的简化、管理幅度的增加与分权"为特征的企业组织方式受到制造业企业的普遍青睐。2014年，海尔集团完成组织扁平化战略转型，通过不断合并业务单元、削减边缘业务等一系列举措，将8万多员工划分为2000多个自主经营体，最小的自主经营体仅有7人，却能够独立完成"需求－生产－销售"的经营流程，形成了以销定产的敏捷供应链，从而实现了"顾客零距离、资金零占用和质量零缺陷"。宝马集团在2014年完成了组织管理层级平等的35个全球大型采购仓储中心的建设，并由同样组织管理层级平等的1900家供应商按照市场需求为其提供零部件和相关服务，从而形成了价值量与生产过程协调同步的利益共同体。

5. 全球制造业生产要素比较优势格局将在发达经济体和新兴经济体之间出现逆转

随着新一轮科技浪潮引发生产要素使用方式的结构性转变和产出效率的指数级提升，全球制造业实现了从产业链到价值链的资源配置模式升级和生产组织形式创新，从而改变了既有的全球制造业生产要素比较优势格局。新兴经济体所具有的土地、原材料、能源、劳动力等传统生产要素比较优势，在全球化和工业化的推动下，逐渐丧失其优势地位，而发达经济体所具有的技术、设备、人才等生产要素比较优势，恰恰开始释放巨大的能量。美国波士顿公司在2014年发布的《成本竞争力指数报告》指出，"中国、美国、韩国、英国和日本已经成为制造业成本最具竞争力的国家"，先进经济体的生产要素比较优势首次超过新兴经济体，"到2015年，美国的制造业成本仅比中国长三角地区高5%左右，未来的全球制造业分工格局将逐步进行调整"。

二 2014年中国工业发展态势与特点

（一）2014年中国宏观经济发展态势

2014年，我国正在经历并消化"增长次高速调整期、经济结构调整深度阵痛期和前期强刺激政策消化期"的"三期叠加效应"，从总体上看，我国宏观经济依然处于发展平稳的合理增速区间，但部分地区和行业遇到了增长停滞的发展瓶颈；改革红利不断激发市场活力，但政策刺激短期依赖明显；经济增长新动力正在蓬勃兴起，但经济运行面临不断加大的下行压力。

从宏观经济要素运行效果看，一方面，我国经济整体环境持续改善。2014年第三季度，我国消费者信心指数为98.5，同比上升7.0，环比上升5.2，创19个季度以来的新高。在政府"微刺激""强改革"等政策红利持续释放的背景下，虽然经济下行压力加大，但是经济成长质量显著改善，拉动消费者信心大幅上升，市场对政府新政充满信心。另一方面，我国经济上升动力不足。2014年前三季度，增长放缓主要源自投资增长的趋缓，而房地产市场低迷是导致2014年中国经济乏力的关键因素。由于房地产市场依然有比较旺盛的需求作为支撑并且抗压能力较强，地方政府高度依赖于土地出让金和房地产相关税收，更加刺激其干预市场，但是，短期内，房地产市场的低迷与周期性调整给宏观经济带来较大冲击。"新常态＋动态区间管理＋微刺激"构成了一套较为完整的政策体系，"微刺激"的适时出台有其必要性，且当前其稳增长效果已有所显现。"微刺激"政策的战略意图是既能稳增长又能调结构，但是，由于目前中国经济具有明显的"刺激依赖症"，存在诸多弊端，其使用不能常态化、长期化。

专栏　我国 2014 年发布的"微刺激"政策一览表

4 月 2 日，国务院常务会议决定将进一步发挥开发性金融对棚户区改造的支持作用，同时深化铁路投融资体制改革，设立铁路发展基金，加快铁路尤其是中西部铁路建设。

4 月 8 日，财政部公布自 2014 年 1 月 1 日起，扩大对小微企业所得税优惠范围，政策执行期限截至 2016 年 12 月 31 日。

4 月 22 日，央行宣布降低县域农村商业银行存款准备金率 2 个百分点，降低县域农村合作银行存款准备金率 0.5 个百分点，即执行 16% 和 14% 准备金率，自 4 月 25 日起生效。

4 月 23 日，国务院常务会议决定在基础设施等领域推出一批鼓励社会资本参与的项目，并首批推出 80 个示范项目面向社会公开招标，以鼓励和释放民间投资动力。

4 月 30 日，国务院常务会议决定采取措施促进进出口平稳增长，优化外贸结构。

4 月 30 日，财政部公布从 2014 年 6 月 1 日起，将电信业纳入营改增试点范围，实行差异化税率。

5 月 14 日，国务院常务会议决定尽快扩大服务业营改增试点，放宽生产性服务业市场准入。

5 月 15 日，人民政府网发布"国务院办公厅关于支持外贸稳定增长的若干意见"，出台稳定外贸增长的政策细则，提出加强进口稳定出口，并推进跨境贸易人民币结算。

6 月 4 日，国务院常务会议决定加大简政放权，新取消和下放 52 项行政审批事项。

6 月 9 日，央行宣布对符合审查要求且对"三农"产业和小微企业贷款达标的商业银行下调存款准备金率 0.5 个百分点，从七日后执行。

6 月 11 日，国务院常务会议以建设"综合立体交通走廊"为核心，部署打造"长江经济带"，讨论通过《物流业发展中长期规划（2014～2020年)》。

6 月 11 日，国务院常务会议决定从 2014 年 7 月 1 日起，简化合并增值税特定一般纳税人征收率，减轻企业负担。

6 月 16 日，央行在微博上称此次定向降准的范围包括国有商业银行、股份制商业银行、城商行、农商行等多类机构。

6 月 30 日，中共中央政治局会议审议通过《深化财税体制改革总体方案》，方案指出，新一轮财税体制改革重点工作和任务基本完成的时间期限为 2016 年，各项改革基本到位的时间期限为 2020 年，届时，我国将会基本建立现代财政制度。

6 月 30 日，银监会公布商业银行存贷比的监管计算口径自 7 月 1 日起调整，仅对人民币业务实施存贷比监管考核。

7 月 9 日，国务院常务会议决定自 2014 年 9 月 1 日至 2017 年底，免征新能源汽车购置税。国务院办公厅随后于 7 月 21 日发布《关于加快新能源汽车推广应用的指导意见》。

7 月 15 日，国资委确定中粮等首批六家中央企业，推进央企四项改革试点。

7 月 16 日，国务院启动公车改革，下发《关于全面推进公务用车制度改革的指导意见》和《中央和国家机关公务用车制度改革方案》，副部级以下领导干部专车均被取消。

7 月 23 日，国务院常务会议决定加大支农、支小再贷款和再贴现力度，对小微企业贷款实行差别化监管，有序推进利率市场化改革。

8 月 6 日，政府网发布《国务院关于加快发展生产性服务业促进产业结构调整升级的指导意见》，支持企业多渠道融资。

8 月 11 日，政府网发布《关于支持铁路建设实施土地综合开发的意见》，支持盘活现有铁路用地，鼓励新建铁路站场土地综合开发。

8月12日，政府网发布《国务院关于取消和调整一批行政审批项目等事项的决定》，进一步取消和下放45项行政审批项目。另建议取消和下放7项依据有关法律设立的行政审批事项，将5项依据有关法律设立的工商登记前置审批事项改为后置审批。

8月14日，政府网发布《国务院办公厅关于多措并举着力缓解企业融资成本高问题的指导意见》，出台具体措施缓解企业融资贵，要求保持货币信贷总量合理适度增长，维持流动性平稳适度，落实好"定向降准"措施。

8月19日，国务院召开常务会议决定再取消和下放87项审批事项，支持科技服务企业发展。

8月21日，政府网发布《国务院关于促进旅游业改革发展的若干意见》，提出加大财政金融扶持，支持旅游企业在股市和债市融资等措施。

9月3日，政府网发布《国务院关于促进海运业健康发展的若干意见》，拟深化海运业改革开放，鼓励民资开展海运业务。

9月17日，国务院常务会议决定对在现行对月销售额不超过2万元的小微企业、个体工商户和其他个人暂免征收增值税、营业税的基础上，从今年10月1日至2015年底，将月销售额2万~3万元的也纳入暂免征税范围。

9月24日，国务院常务会议决定启动完善正在执行的固定资产加速折旧政策的相关工作，重点在税收、研发、投资、设备等方面给予企业更多优惠政策，鼓励中小微企业发展和创业。

（二）2014年中国工业发展态势与特点

2014年，我国工业经济在"稳增长、调结构、促改革"的主基调下，持续处于调整期，短期内较难形成新的上升趋势，周期性、阶段性调整尚未到位。虽然存在政策效应释放、改革深入推进等一系列有利因素的推动，但工业领域供需双约束的结构性矛盾并没有得到有效改善，工业发展的潜在风险并没有实施有效的防范。从总体上看，2014年，我国工业发展呈现三大运行特点。

1. 我国工业经济增长动力趋弱，下行压力加大

第一，投资趋缓不可小觑。在"微刺激"政策的推动下，工业基础设施建设和补库存顺利开展，前三季度工业领域投资形势基本稳定，但略有放缓。其中，房地产投资增速与全行业相比，仍保持高位，但受土地购置面积不断下滑和房地产调控并未松动的双重约束，房地产投资前景堪忧。同时，我国固定资产投资总额占 GDP 比重连续八年（2006～2013 年）均超过50%，且呈现小幅增长的发展趋势，2014 年前三季度投资率超过 50%，投资规模和增速的可持续性堪忧，在工业转型升级过程中，工业投资比重存在极大的收缩风险。

第二，消费短期难以出现明显提振。在内需长期不足的桎梏下，汽车、家电等耐用消费品产业和原材料产业必然处于运行不振的瓶颈状态。同时，受国家环保政策影响，多地可能会出台更加严格的针对特定行业的限制政策。由此，提振工业消费的内在动力要素和外在刺激要素均表现不力，工业消费能够在"十三五"期间保持当前平稳增长的形势已属不易，短期提振的可能性微乎其微。

第三，出口形势不容乐观。随着全球经济复苏步伐的回缓，发达国家对我国的非贸易壁垒日益增多，我国出口形势受到日趋严重的贸易保护主义侵害。同时，受发达国家应对经济疲软普遍实行宽松货币政策的影响，汇率让我国企业在进出口贸易中损失颇大。2014 年 1～11 月，人民币升值幅度已超过 2%，对行业利润率普遍在 4%～5% 的家电企业和电子企业，利润已被侵蚀过半，伴随着生产要素成本的快速上升，国际低端制造业的全球转移重点已经从我国转向越南、老挝等周边国家，我国长期积累的低端产业劳动密集型优势正在日益丧失。虽然我国出口贸易企业已经在形势的倒逼下开始主动寻求生产转型，但企业短期内的困境不易扭转。

2. 工业各行业运行两极分化形势日趋显著

一方面，"三高"产业和出口导向型产业的发展困境仍将加剧；另一方面，以环保产业为代表的战略性新兴产业和创新驱动型产业正在迅速成长为新经济增长点。

（1）装备工业。我国装备工业总体处于中速增长阶段。在投资、内需和成本不存在短期突破的制约下，装备工业的强劲复苏无迹可寻。当前，汽车消费依旧受到较多制约，智能制造、节能环保装备行业将成为新的增长点。

（2）原材料工业。在保障房、城市轨道交通等基础设施建设的带动下，国内对钢铁、水泥产品的需求将有一定回升，但受制于产能过剩、成本高位运行的冲击，原材料工业的生产增速和盈利能力难以有明显改善。

（3）消费品工业。受需求大幅下滑影响，2014年消费品工业生产增速明显回落。由于国内消费市场难以明显提振，出口形势严峻，医药、轻工等行业正在经历转型阵痛。纺织行业受国内外棉花价差问题影响，仍有明显的下行压力。

（4）电子信息产业。新一代信息技术加快发展，云计算、物联网、智慧城市等领域已经成为拉动产业增长的新动力。但我国电子信息产业仍然面临着国际市场的竞争乏力和国内经济转型升级压力。

3. 东部地区工业增速稳中微降，中西部地区延续较快增长态势

（1）东部地区。由于工业化、城镇化程度较高，投资动力在不断趋弱，2014年以来，东部地区固定资产投资增速下滑趋势明显。然而，目前新的改革红利正在形成，为东部沿海地区新一轮腾飞带来新机遇。上海自贸区的设立突破了原有的发展模式，通过直接对接国际市场实现动力转换并为周边区域经济的发展带来辐射效应。

（2）中部和西部地区。由于尚处于工业生产扩张期，同时受国家区域政策的大力扶持，2014年中西部地区已经成为工业投资的热点地区。2014年1～11月，中西部地区工业投资总额增速逐月保持高于全国平均增速。同时，随着"长江经济带"和"丝绸之路经济带"各项扶持政策的到位与实施，中西部地区的工业投资将持续增加。

（三）2015年中国工业发展着力点展望

1. 注重内生增长动力培育，积极鼓励民间投资

在工业转型升级、去杠杆化、投资平台匮乏、投资门槛高等一系列因素

的冲击下，工业投资明显出现偏弱趋向，民间投资意愿尤为不强。投资不足的背后实际上是金融和实体经济发展的不平衡、不匹配。受我国大工业体系制度性和结构性桎梏的长期阻滞，当前的金融体制服务实体经济的能力和手段日渐匮乏，尤其在工业转型升级进入攻坚期的当下，金融的扶持不到位将进一步加剧产业空心化的风险，以内需消费和民间投资为主力的内生增长动力正趋于减弱。

2. 注重生产要素效率提升，积极鼓励企业创新

当前生产要素基本面的趋势性转变已不可逆转，原有的生产模式无以为继，制造业所面临的要素供给约束不断增强。当前我国工业经济发展已经迎来了刘易斯拐点，人口老龄化使得人口红利正逐步消失，储蓄率不断下降。同时，城镇化进程加快和房地产市场繁荣带来的土地增值溢出效应不断侵蚀着工业土地资源，土地价格增速已经达到现有工业生产模式的极限，而土地资源的政策性收紧又对工业生产要素成本的快速上升起到了推波助澜的作用。由此，以"低成本创造高回报"的旧生产模式即将全面崩盘，但工业企业的转型升级仍然需要相当一段时间才能调整到位，未来相当一段时间内，工业企业的运营难度将不断加大，能够更快取得创新突破的企业，将更早获得转型升级溢出效益。

3. 注重财政金融风险防范，积极协调地方政府多渠道消化不良贷款

银监会最新数据显示，至2014年第三季度末，我国商业银行（法人口径，下同）的不良贷款总余额为7669亿元，与上季末相比增加725亿元；商业银行不良贷款率为1.16%，较上季末上升0.09个百分点，呈双升态势。不良贷款的加速增长，既是银行过度放贷的后果，也是地方经济进入转型调整阵痛期的反映。由于地方政府往往将贷款向支柱产业明显倾斜，而我国地方政府的支柱产业基本集中于当前已经呈现产能过剩倾向的传统产业和新兴产业，因此，地方政府的不良贷款风险急剧上升。一旦地方债务出现违约风险，银行体系也将受到严重冲击。目前，潜在的金融风险与财政风险交织，两种风险极易相互转化并加剧地方债务危机。

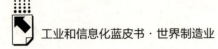

4. 注重产业结构调整，积极鼓励地方政府转变发展思路

要改变当前工业转型升级的困局，改革是根本，创新是手段。然而，改革和创新都以新发展思路为依托。在旧发展思路的惯性运作下，当前，我国部分地区的"三高"产业和战略性新兴产业均出现了明显的产能过剩。在规模与政绩的刺激下，地方政府盲目对过热工业领域引入大量投资，原本"高不成，低亦就"的产业格局正在转变为"高不成，低不就"的产业格局，与工业转型升级的目标相去甚远。地方政府必须转变原有的发展思路和政绩考核机制，由以"热"和"量"为主，转变为以"质"和"效"为主。

行业篇

Industry Reports

B.2

工业机器人产业发展现状及对策

王邵军*

摘　要：　工业机器人是智能制造的重要组成部分。近年来，工业机器人产业持续快速发展，2013 年，全球工业机器人销量再创新高。日本、欧洲等地区的厂商加速规模扩张和技术创新。2013 年，中国成为全球第一大工业机器人市场，国内工业机器人产业园区建设持续升温，领军企业积极开展核心技术的攻关及其产业化应用。但是，我国机器人产业仍存在产业基础薄弱、自主品牌市场占有率低等问题。未来，我国应加强工业机器人产业规划、突破核心关键技术、强化配套支撑、推动自主品牌机器人的市场化应用。

关键词：　工业机器人　产业布局　技术进展

＊ 王邵军，工业和信息化部电子科学技术情报研究所工程师，研究方向为高端装备产业。

2014 年 6 月，习近平总书记在两院院士大会上的讲话从战略高度对机器人产业做了重要阐述，指出不仅要把我国机器人水平提高上去，而且要尽可能多地占领市场。工业机器人是先进制造业体系中不可或缺的自动化装备，其技术附加值高、应用领域广，已成为衡量一国科技水平和制造水平的重要标志之一。工业机器人的应用可以有效地提高生产效率、降低企业生产成本。国际机器人联合会（IFR）预测，2015～2017 年，全球工业机器人的需求量将以年均 12% 的速度增长。2013 年，我国已成为全球第一大工业机器人市场，推广应用工业机器人的市场潜力巨大。目前，我国已进入经济发展新常态，加快推进工业机器人产业的发展对提升智能制造水平、实现工业转型升级具有重要意义。

一 工业机器人产业概况

（一）工业机器人简介

1. 工业机器人的定义

工业机器人是集机械、电子、计算机、传感器、人工智能等多学科先进技术于一体的自动化装备。自 20 世纪 60 年代美国研制出世界上第一台工业机器人以来，机器人技术及产品迅速发展，已广泛应用于汽车制造业、电子电气制造业和金属制品业等领域。不同的组织和机构对工业机器人的定义不完全相同，但均体现了工业机器人可编程、仿人功能、通用性的特点。

国际标准化组织（ISO）将工业机器人定义为一种自动的、位置可控的、具有编程能力的多功能操作机。ISO8373 进一步解释，工业机器人具有自动控制、再编程和多用途功能，有多个可编程轴，在工业自动化应用中可以固定或移动。

美国机器人协会（RIA）认为，工业机器人是搬运材料、零件、工具等可再编程的多功能机械手，通过调用不同程序来完成各种工作任务的特种装置。

日本机器人协会（JARA）认为，工业机器人是一种具有记忆装置和末端执行器的、能转动并通过自动完成各种移动来代替人类劳动的通用机器。

2. 工业机器人的产品分类

工业机器人的产品分类方式多种多样。按臂部运动形式的不同，工业机器人可以分为四种：直角坐标型只有移动关节；圆柱坐标型有移动关节和一个转动关节，可做升降、回转和伸缩动作；球坐标型有移动关节和两个转动关节，可以回转、俯仰和伸缩；关节型有多个转动关节。按应用领域的不同，工业机器人可以分为：弧焊机器人、电焊机器人、喷涂机器人、码垛机器人、搬运机器人、装配机器人、检测机器人和其他机器人等。此外，按受控方式的不同，还可以分为点位控制型和连续控制型等。

目前，我国企业主要销售坐标型机器人，属于低端工业机器人产品，占国内企业销售量的40%以上。国外企业在我国市场主要销售多关节型机器人，属于当前国际市场的主流产品，占外国企业在我国销售量的80%以上[①]。

（二）工业机器人产业链

工业机器人产业链主要包括研发设计、核心零部件制造、本体制造、系统集成和行业应用等部分。上游的核心零部件制造是工业机器人产业链的核心环节，包括减速器、伺服电机、控制器三部分（见图1）。

我国工业机器人产业在系统集成环节具有相对优势，而核心零部件制造是相对薄弱的环节。以精密减速器为例，欧洲和日本均已实现了减速器的自主化生产，减速器仅占国际品牌工业机器人单体成本的1/6。而国产减速器技术工艺相对落后，高价进口减速器约占成本的1/3，大幅高于国际品牌。

---

① 殷轶良：《代表新技术革命潮流　工业机器人夯实"中国制造"基础》，《中国工业报》
2014年11月18日。

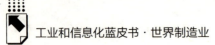

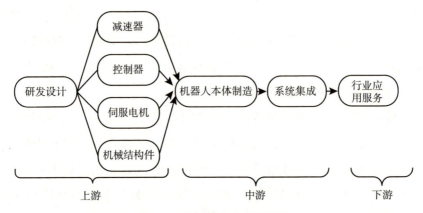

图1　工业机器人产业链示意

表1　工业机器人产业链各环节国内外部分企业

产业链环节	国内优势企业	国外优势企业
上游	浙大中控、广州数控、苏州绿的、天津百利天星、博创、山东帅克等	日本 Nabtesco、德国西门子、德国库卡机器人、日本安川电机、美国康耐视公司、瑞士 ABB、瑞典斯凯孚等
中游	新松机器人、安川首钢、昆明昆船、华创机器人、南京埃斯顿、海尔机器人、常州铭赛等	日本发那科、德国库卡机器人、日本安川电机、瑞士 ABB、意大利柯马等
下游	海尔、富士康、一汽、东风、长城汽车、奇瑞汽车等	大众、宝马、福特、通用、雀巢、苹果、三星、索尼等

资料来源：作者根据公开资料整理。

二　工业机器人产业发展及动态

（一）工业机器人产业规模

根据 IFR 统计，2013 年，全球工业机器人的销量为 178132 台，同比增加 12%，销量为历史最高水平。IFR 预测，2014 年，全球工业机器人的销量将达到 20 万台左右，同比增加 15%。2015~2017 年，工业机器人的安装量将以年均 12% 的速度增长（见图 2）。

从各大洲工业机器人供应量及预测看，亚洲/澳大利亚将是工业机器人

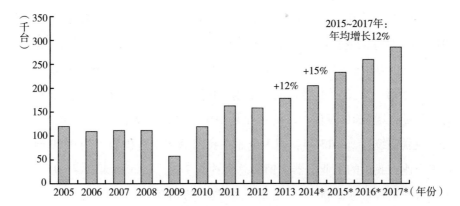

图2　2005～2017年全球工业机器人出货量及预测

注：＊为预测值。
资料来源：国际机器人联合会2014年工业机器人年度报告。

供应量最大的地区。一方面，由于日本、韩国等亚洲生产大国将持续领跑地区的工业机器人产业，中国的工业机器人产业也呈迅速发展的态势，因此，亚洲地区的工业机器人产业仍将快速发展。另一方面，包括中国在内的亚洲地区国家，大力推广应用工业机器人，市场空间广阔，吸引大批国外生产商投资建厂、扩大产能。欧洲和美洲的市场相对饱和，未来将保持小幅增加、相对平缓的增长趋势（见图3）。

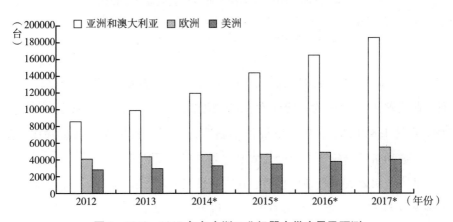

图3　2012～2017年各大洲工业机器人供应量及预测

注：＊为预测值。
资料来源：国际机器人联合会2014年工业机器人年度报告。

2013年，中国成为全球第一大工业机器人市场，约占全球销量的1/5。2013年，全球工业机器人销量的约70%集中在中国、日本、美国、韩国和德国市场。其中，中国的购买量达到36560台，同比增加59%，超过日本成为全球第一大工业机器人消费市场。IFR预测，中国2017年工业机器人的安装量将增至10万台。外资企业是中国市场的主要供应商，据中国机器人产业联盟统计，2013年，国内企业在我国销售工业机器人约9500台；而外资企业在我国的工业机器人销售总量约2.7万台。2014年1～6月，国产机器人的销售量为6400台，是2013年全年的67%。

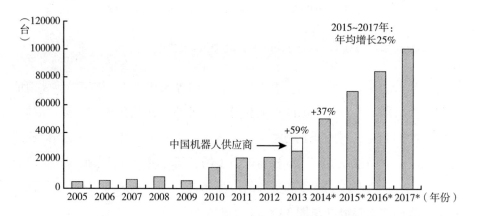

图4　2005～2017年中国工业机器人供应量及预测

注：＊为预测值。
资料来源：国际机器人联合会2014年工业机器人年度报告。

2008～2013年，欧洲机器人供应量复合增长率为4.5%。2013年，欧洲工业机器人销量约为43300台，同比增加5%，接近历史最好水平——2011年的43800台。其中，欧洲汽车制造业的工业机器人安装量同比增加17%，成为带动当年工业机器人安装量增加的主要因素。

从工业机器人的行业应用看，IFR的数据显示，2013年，全球工业机器人密度（每万名产业工人占有的工业机器人数量）为62台/万人；欧洲、美洲和亚洲的密度分别为82台/万人、73台/万人和51台/万人。其中，韩国的工业机器人密度全球最高，达到437台/万人，日本为323台/万人，德国为 282 台/万人。中国汽车制造业的工业机器人密度从 2006 年的 51 台/万人增加到 2013 年的 281 台/万人，而其他行业的密度仅为 14 台/万人，远低于国际平均水平。作为制造业大国，中国的人口红利逐渐弱化，未来中国"机器换人"的潜在空间巨大。

近年来，工业机器人的应用领域不断拓展，遍及汽车及零部件制造业、电子电气制造业、工程机械制造业、金属制品业和食品加工制造业等行业。在众多制造业领域中，汽车及零部件制造业对工业机器人的需求最为旺盛，如图 5 所示。2013 年，全球汽车工业的机器人装机量为 69400 台，占工业机器人全部销售量的 39%。

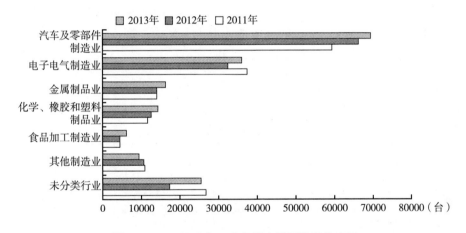

图 5　2011~2013 年工业机器人的下游行业应用

资料来源：国际机器人联合会 2014 年工业机器人年度报告。

（二）工业机器人区域布局

1. 全球布局

近年来，主要发达经济体将包括工业机器人在内的智能制造作为先进制造业的重要发展方向。发达国家和地区的工业机器人技术日趋成熟，工业机器人成为一种标准设备，广泛应用于各领域。日本和欧洲是全球工业机器人的主要生产地，控制器、精密减速器、伺服电机等核心零部件已经实现了自主化生产。美国工业机器人企业基本满足了本国 60% 的需求，在航天、军工、汽车等领域的应用具有领先优势。韩国大力推广机器人技术在各行业的应用，在医疗行业，机器人的优势明显。

（1）日本是工业机器人的制造和出口大国。近年来，受日本国内市场趋近饱和以及经济危机的影响，日本国内对工业机器人的需求乏力，未能恢复到 2008 年危机前的水平。根据日本机器人协会（JARA）的数据，2013 年，日本工业机器人销售总量 100870 台，约占全球销售量的 57%；销售额为 4023.43 亿日元，同比下降 6.2%。从出口情况看，2013 年，日本出口量为 75933 台，同比增加 1.6%；出口额达到 2877 亿日元，占全年销售总额的 71.5%，这在很大程度上得益于中国和亚洲其他国家对工业机器人需求的大幅提高。日本在 2014 年通过的《制造业白皮书》中强调，未来将重点发展制造业的尖端领域，加快机器人、下一代清洁能源汽车、再生医疗以及 3D 打印等行业的发展（见表 2）。

表 2　日本主要工业机器人企业概况

企业名称	工业机器人产品	下游应用	国际地位
发那科 FANUC	拳头机器人 M 系列，R-2000iB 系列，高速机器人，小型迷你机器（装配、搬运、焊接、铸造、喷涂、码垛）	美国通用集团、德国大众、日本本田、日本日产、中国陕汽等汽车制造企业；工程机械制造、食品制造、家电制造企业	2013 年装机量已经累计 33 万台，市场份额稳居全球第一位
安川电机 YASKAWA	MOTOMAN 系列 4 轴、6 轴垂直多关节机器人（弧焊、装配、激光焊接、搬运、码垛）	汽车及零部件制造企业、机械制造、电气电子和 IT 行业	截至 2013 年 9 月，累计出厂的台数已突破 28 万台
川崎重工 Kawasaki	全系列产品 F 系列（小/中型）、FC 系列（微/小型）、K 系列（涂装）、Z 系列（大范围/大负荷）、M 系列（大范围/巨负荷）、ZD 系列（码垛）和特殊系列（防爆/防水）	汽车、饮料、食品、肥料、太阳能等领域	日本第一台工业机器人的生产商；专注汽车生产线自动化，占全球份额相对较少（离合器组装技术获亨利福特技术奖）
那智不二越 Nachi Fujikoshi	搬运机器人、焊接机器人、涂胶机器人、特殊环境机器人	汽车生产线	汽车生产线的工业机器人配套专家

资料来源：根据公开资料整理。

在工业机器人核心零部件方面，日本的 Nabtesco 和 Harmonic 是全球重要的核心零部件供应商。其中，Nabtesco 的机器人关节减速器在全球市场的占有率约为 60%；中负荷及重负荷机器人用 RV 减速器的市场占有率约 90%[1]。

（2）欧洲工业机器人企业实力强劲，在工业机器人领域居于领先地位。欧洲的"火花"计划到 2020 年，投入 28 亿欧元研发民用机器人，创造 24 万个就业岗位。200 余家公司约 1.2 万名研发人员将参与该计划，在农业、制造业、医疗、交通、安全和家庭等各个领域推广使用机器人。德国"工业 4.0"战略将"智能工厂"和"智能生产"作为重要方向，将工业机器人的研发和推广应用作为融入新一轮工业革命的重要切入点（见表 3）。

表3　欧洲主要工业机器人企业概况

企业名称	工业机器人产品	下游应用	国际地位
ABB	弧焊、点焊设备，物料搬运设备，喷涂设备	雀巢、联合利华和吉百利；苹果、戴尔、富士康；戴姆勒 - 克莱斯勒、法国标致和本田等	ABB 是机器人市场和技术领导者，全球装机量已超过 20 万台
库卡 KUKA	小型机器人，5~1300kg 多种负载水平机器人，特种机器人	50% 的业务来自汽车行业的应用，50% 来自机床加工、铸造、塑料、3C、物流等行业；智能机器人应用份额呈上升趋势	装机量超过 10 万台，工业机器人领域的"四大家族"之一
柯马 COMAU	六轴和多关节机器人，覆盖 6~800kg 负载和应用。客户定制化的 SMART 机器人解决方案	汽车领域	遍及 13 个国家，全球工业机器人系统集成业务的重要提供商

资料来源：根据公开资料整理。

[1]　吴华等：《研报深度：工业智能风起云涌》，《中国证券报》2014 年 4 月 10 日。

（3）美国机器人在军用、汽车领域的应用优势显著。由于美国制造业的对外转移，美国工业机器人虽然研发起步较早，但是推广应用相对缓慢。近年来，美国非常重视机器人语言和智能技术的研发应用，视觉、触觉等人工智能技术已广泛应用于军事、航天、汽车工业等领域。代表企业有 Adept Technology，American Robot 等，可以满足国内市场 60% 左右的需求。美国的"先进制造伙伴关系"计划高度重视机器人技术的发展，将利用网络信息技术的优势，开发新一代智能机器人。2014 年，美国国防部拟推出的"国防创新计划"将机器人列为军工行业重要的技术改革创新方向。

（4）韩国工业机器人厂商占全球 5% 左右的市场份额。韩国现代重工生产的工业机器人广泛应用于国内汽车、电子制造等行业，大幅提高了工业机器人的自给率。2012 年，韩国公布《机器人未来战略战网 2022》，重点扶植第三代智能机器人，缩小与日本、欧洲等领先国家和地区存在的技术差距，支持韩国工业机器人企业国际化，抢占智能机器人产业化的先机。

2. 国内布局

在机器人产业发展迎来利好的契机下，国内工业机器人产业投资迅速增长，各地产业园区的规划和布局陆续展开。随着《关于推进工业机器人产业发展的指导意见》等促进政策的出台，我国各地方对工业机器人产业的投资大幅增加。目前，全国已有上海、重庆、天津、青岛、沈抚新城等 40 多个城市计划建设机器人产业基地（园区），在建机器人项目产能为几十万台[①]。沈阳新松、上海新时达等一批国内龙头工业机器人企业也加速在国内的生产布局。

（1）东部：工业机器人产业园区发展迅速

上海：打造"2＋X"集聚发展格局。2013 年，工业机器人被列为上海战略性新兴产业，上海市经信委给予企业自主研发费用 20% 的补贴，并且在土地和人才方面提供优先支持。目前，上海已经有 ABB、发那科、库卡等一批国际知名企业，以及新松机器人、上海新时达等国内工业机器人厂商，形成

---

① 张岚、李欣忆：《人机"饭碗大战"是否会一触即发?》，《四川日报》2014 年 10 月 18 日。

了涵盖研发、制造、集成、应用等较为完整的产业链。未来，上海工业机器人产业将形成"2+X"的集聚发展格局：一是打造以康桥、金桥为核心的浦东机器人产业集聚区，发展壮大机器人技术研发、制造及系统集成；二是培育以顾村机器人产业园为核心的宝山机器人产业基地；三是依托骨干企业，在金山、松江、嘉定、闵行等区，建设机器人及核心零部件产业园。同时，加强应用推广、公共创新平台建设、人才培养和标准制定等。根据规划，到2020年，上海将领跑国内的机器人产业，产业产值将达到600亿~800亿元①。

江苏：工业机器人产业集聚效应显现。江苏省工业机器人产业具有较好的产业基础，零部件配套体系相对完善。目前，江苏省机器人研制企业已经超过50家，部分关键零部件已经能够实现自主研发生产，南京、常州等地区集聚效应已经初步显现。2013年，江苏省机器人产业销售收入达到450亿元，2011~2013年，年均增长速度超过20%。2013年12月，江苏省将工业机器人作为2014年度四个重点领域质量攻关课题之一，力图增强龙头企业的设计研发和制造集成能力，提升关键零部件配套水平，完善工业机器人产业链，带动工业机器人产业发展。预计到2017年，江苏省机器人产业规模将达到1000亿元，年均增长25%②。

青岛：建设国际机器人产业园。2014年，《青岛市十大新兴产业发展总体规划（2014~2020）》将机器人作为重点发展的新兴产业。目前，青岛已有20余家工业机器人企业，实现年产值约3亿元，初步形成了环形胎面硫化翻新工业机器人、直角坐标取料机械手、全液压重载机器人、码垛机器人、高速捡拾机器人、包装机器人等优势产品。青岛国际机器人产业园已引进安川电机、新松机器人、软控科捷等35个机器人项目，总投资约84.2亿元。2014年，青岛获批成为首家国家机器人高新技术产业化基地。根据规划，青岛将建设成为北方工业机器人产业基地。预计到2020年，机器人产

---

① 宋薇萍：《上海工业机器人产业2015年将达200亿　国内外巨头争食盛宴》，中国证券网，2013年11月6日。
② 苏州－吴江：《我省将出台工业机器人产业推进方案》，江苏省经济和信息化委员会网站，2014年6月25日。

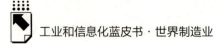

业链基本形成，在机器人本体制造和集成应用等重点领域青岛将成为全国重要的研发制造基地①。

（2）中部：安徽成为国家机器人产业集聚试点

近年来，安徽工业机器人产业逐渐发展壮大，埃夫特等一批在国内有较强影响力的生产企业迅速崛起。同时，随着工业转型升级步伐的加快，江淮汽车、奇瑞汽车、合力叉车等大型企业对工业机器人的需求旺盛。2013 年10 月，国家批复安徽省战略性新兴产业区域集聚发展试点实施方案，支持安徽打造机器人产业集聚试点。其中，试点将以埃夫特所在的芜湖市为龙头。为建设具有国际竞争力的机器人产业集聚区，芜湖已规划 5000 亩产业园，建设机器人本体及核心零部件研发制造、机器人系统及成套装备集成应用等六大功能区域，计划到 2015 年形成产业规模超 200 亿元的芜马合工业机器人产业集群②。

（3）西部：重庆建设"机器人之都"

2011 年，重庆提出建设"机器人之都"，并于 2013 年 10 月发布了《关于推进机器人产业发展的指导意见》，计划到 2015 年，全市机器人产业销售收入达到 300 亿元；初步形成集聚检测设计平台、系统集成、整机及关键零部件研发制造的综合产业集群，机器人产业基地初具规模。到 2020 年，机器人产业销售收入达到 1000 亿元，形成完善的产业体系，成为国内重要的、具有全球影响力的机器人产业基地，机器人产业成为新的支柱产业③。在打造"机器人之都"的框架下，为实现错位发展，重庆重点规划工业机器人和配套功能区、特种机器人功能区、服务机器人功能区。目前，双福工业园服务机器人功能区已有元谱机器人、社平科技等 13 家机器人系统集成企业落户，年产值达 2 亿元，4 年后将超过 50 亿元④。

---

① 《2015 年全国科技工作会议交流材料–青岛高新区》，科技部网站，2015 年 1 月 10 日。
② 李东标：《"机器人"或引爆新科技革命 安徽有望抢占发展先机》，新华网，2014 年 10 月11 日。
③ 《重庆市人民政府关于推进机器人产业发展的指导意见》，渝府发〔2013〕74 号。
④ 罗永攀：《双福新区"迎娶"工业机器人》，《重庆商报》2014 年 1 月 7 日。

（三）工业机器人企业动态

1. 国外企业

（1）瞄准日益增长的需求，日本工业机器人企业加快扩张

发那科（FANUC）在日本建设新工厂，扩大数控设备产能。日本FANUC 于 2014 年宣布，2016 年将启用在日本栃木县建设的数控设备新工厂，预计总投资额达 500 亿日元。新工厂月产能为 1 万台，数控设备总产能将提高 40%。数控设备主要用来操控工业机器人和数控机床的动作和速度，FANUC 的数控设备产品在全球市场占有率高达 50% 以上，是 FANUC 自动化领域的主力产品①。

日本纳博特斯克（Nabtesco）将在中国建设首座国外工厂。公司将投资约 50 亿日元在中国新建工厂生产精密减速器，产能将增加 20% 左右，达到70 万台。中国工厂计划从 2016 年开始年产 10 万台，到 2020 年提高至年产20 万台。该公司现有的日本三重县工厂的产能利用率已经超过 90%②，增产空间越来越小，亟须扩大产能。

安川电机的首个海外机器人生产基地正式投产。在江苏常州建设的工业机器人工厂于 2013 年 6 月投入运行，共投资约 40 亿日元。工厂使用最新的设备生产用于汽车相关制造的熔接用机器人，设计产能 12000 台套/年。

（2）欧洲两大工业机器人巨头拓展亚太地区业务

ABB 参与珠海项目并成立新加坡应用中心。2014 年，上海 ABB 工程有限公司与珠海高新区、国机（珠海）机器人科技园签署投资合作协议。根据协议，国机集团将在珠海高新区投资建设国机（珠海）机器人科技园，引进包括 ABB 在内的机器人研发设计、制造、销售公司，打造珠海高端智能装备产业基地。为进一步强化在泛亚太地区的工业机器人业务，ABB 将在新加坡成立机器人应用中心。新中心将针对亚洲市场的需求提

---

① 《发那科日本拟建新工厂》，沈阳新松机器人网站。
② 《日本工业机器人巨头将在华生产核心部件》，日经中文网，2014 年 8 月 12 日。

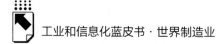

供关于工业制造过程增值的工程解决方案服务。中心将成为开发先进机器人制造解决方案的软硬件平台、协作和学习现场、研究和解决实际的工业案例。ABB将协助工业伙伴和教育机构进行培训，帮助培养具有竞争力的工程人才，加速提高地区技术水平。技术中心将配备用于拾取、包装和码垛等工艺的样机，可以让最终用户、渠道合作伙伴以及ABB试运行相关产品，组装机器人系统以及进行交付前的工厂验收测试等①。

库卡上海新工厂投产，将在广东建设新项目。在上海松江投资的新工厂于2014年初启用，生产面向亚洲地区的库卡工业机器人和控制器。新工厂初步年产3000台配备KRC4通用控制器的QUANTEC系列机器人，单班制最大产能为5000台/年，仍保留较大的扩产潜力。2014年，库卡公司与广东顺德智能制造产业基地签订意向投资协议，库卡计划把在中国的第一个机器人研发应用基地落户顺德，通过建设机器人研发应用基地，引导更多先进的工业机器人相关企业在园区内聚集，并为进驻企业提供服务和协助，用8年时间形成工业机器人及智能化装备产业集群②。

2. 国内企业

国内工业机器人企业竞争力相对较弱，国内市场占有率在25%左右，拥有百台以上制造能力的也仅有沈阳新松机器人、广州数控、安徽埃夫特等少数几家企业。2014年，国内企业的投资情况有以下特点：一是国内领先企业均进一步增加投资，新松机器人、南京埃斯顿等企业通过投资设厂、募投项目等方式扩大产能；二是一大批国内传统机械制造企业或非机械制造企业通过收购、参股以及合资方式进入工业机器人领域；三是国内企业通过股权和知识产权收购等方式加强同国外企业的合作，如安徽埃夫特与意大利CMA签订合作协议等（见表4）。

---

① 付洪军：《ABB机器项目将落户珠海》，《珠海特区报》2014年5月16日。Judith Pfeffer：《ABB加码东南亚机器人业务　在新加坡成立技术中心》，机器人网，2014年8月18日。
② 徐金忠：《库卡在华首台机器人下线　外贸布局中国机器人市场》，《中国证券报·中证网》2014年12月10日。余娜：《国际机器人巨头库卡落子顺德高新区》，《珠江商报》2014年8月15日。

表 4　2014 年国内工业机器人企业动态

主要企业	扩张形式	对公司未来发展的影响
新松机器人	在青岛建设国家级机器人产业创新平台、新松北方区域总部项目,在青岛高新区设立区域性控股集团公司	建设产业创新平台及产业化基地,生产各类新型工业机器人、服务机器人、智能制造装备及能源自动化成套装备等
南京埃斯顿	募投项目 3.41 亿元,用于金属成形机床数控系统产能扩充项目、金属成形机床电液伺服系统扩产项目、交流伺服系统产能扩建项目等 5 个项目	到 2016 年,大幅提升各类金属成形机床数控系统、各类金属成形机床电液伺服系统、高性能交流伺服系统、大功率交流伺服系统产能
安徽埃夫特	与慈星股份合资组建慈星机器人技术有限公司,其中,慈星股份出资 800 万元,占比 80%,埃夫特出资 200 万元,占比 20%	合资公司主要以埃夫特的工业机器人的销售和系统集成为主,主要整合双方技术、管理及营销的优势和资源
	与意大利 CMA 机器人公司签订战略合作协议	引进先进机器人技术,与现有机器人产品线形成互补;整合埃夫特现有业务基础,快速获得提供成套涂装系统解决能力
均胜电子	收购德国 IMA100% 股权和相关知识产权	开展工业机器人的研发、制造、集成和销售业务
华昌达公司	100% 股权收购上海德梅柯汽车装备制造有限公司	掌握集成及焊装生产线方面的技术和实现产品的纵深化
上海新时达	收购众为兴	提供高性能运动控制系统,包括整体解决方案和关键部件的设计、研发、生产、销售及服务
秦川发展	秦川集团的优质资产注入秦川发展	加工车铣类机床、螺纹加工机床、复杂刀具、精密量仪、功能部件和现代制造服务业等
锐奇股份	通过设立全资子公司、合资公司以及参股江苏精湛光电仪器股份有限公司	开展智能工业机器人控制系统、控制器及机器人成套设备等的研发、生产和销售业务
巨星科技	增资入股浙江国自机器人技术有限公司	生产智能服务机器人、智能系统、电气自动化设备、计算机、电子计算机设备等
亚威股份	与德国库卡控股的徕斯公司成立合资公司	推动机器人本体业务与机器人相关系统集成业务的发展;同时将加速公司数控机床智能化

资料来源:根据公司年报和公开资料整理。

三 工业机器人产业技术进展

（一）技术研发进展

1. 2014年，国际工业机器人领军企业将人机协作、小型化和轻量化作为工业机器人重点研发方向

ABB 在 2014 年研发了多款工业机器人产品，提出解决方案，研发人机协作的双臂机器人 YuMi 和全新小型机器人 IRB1200。YuMi 是 ABB 中国研发团队参与设计的一款机器人，具有视觉和触觉功能。YuMi 可以满足电子消费品行业对柔性和灵活制造的需求，并将逐渐应用于更多领域，提高小件装配等领域的自动化水平。小型机器人 IRB1200 可以广泛应用于上下料、小件组装、抛光打磨等工业过程，使生产设备所占空间缩小 15%、生产速度加快 10%，将提高设备生产效率并降低成本[①]。

库卡在 2014 年推出了 LBR IIWA 系列产品，LBR 代表"轻型机器人"，IIWA 代表"智能型工业助手"，有最大负载为 7kg 和 14kg 的两种产品。LBR IIWA 可以实现人类与机器人之间的直接合作，完成高灵敏度需求的工作任务[②]。

那智不二越 2014 年研发出超高速、轻量紧凑型机器人 MZ04，其主要特点是高速动作，手臂实现轻量化。配线内置于中空手腕，减少与周边设备的干扰风险，提升了适用性，机器更容易进入狭小的区域。新产品提供丰富的应用程序支持，除标准规格之外，还有视觉规格、力传感器规格以及选配机器人监视单元，可满足生产过程的不同需求[③]。

2. 在工业机器人零部件领域，传感器实现技术升级

2014 年 9 月，欧姆龙发布 MEMS 绝对压力传感器新产品。经过一年

---

① 根据 ABB 产品信息整理。
② 根据库卡产品信息整理。
③ 根据不二越产品信息整理。

的研发，用于移动设备的第二代 MEMS 绝对压力传感器 2SMPB－02 具有高精度、低功耗以及超小型、超薄等优势。新品使用欧姆龙核心技术之一的 MEMS 技术进行研发，该技术已应用于欧姆龙声频传感器和非接触式温度传感器。通过高度的感应技术，提高了对声音和温度识别的精准度。新型传感器将强化机器人的情境感知功能，避免对工作人员造成意外伤害。

3. 国内厂商的技术研发仍集中在减速器、伺服电机等核心零部件的自主化

上海新时达的工业机器人专用伺服系统项目被列入"2013 年上海市重大技术装备研制专项"并得到政府资金支持。公司 2014 年半年报显示，报告期内公司累计投入研发费用近 4000 万元，研发投入占营业收入比例达到 7.86%，主要研发项目有工业机器人、机器人专用控制器与伺服系统、机器人控驱一体机、运动控制与驱动一体机等[1]。

汇川技术重点专注工业机器人产业链的上游，主要研发机器人核心零部件，再搭配通用伺服销售。2014 年，汇川组建了研发团队，进行机器人专用控制器的研发，搭配通用伺服系统后可为机器人提供电控解决方案。IS620P 伺服驱动器 5～7.5kW 机型已经进行了小批量试制，2014 年底转入量产阶段。第二代 20 位编码器已经完成样机功能测试，关键性能指标仍在攻关阶段[2]。

双环传动的机器人减速器技术将取得突破。双环传动将机器人核心零部件业务定位为未来五年的重要支柱业务。目前，公司已完成五个型号减速器的研发设计，进入测试和优化阶段。根据研发进展和行业通行的研发周期，双环传动机器人减速器将于 2015 年上半年进行台架测试，下半年机试，年底试供货。在市场反馈良好的情况下，2016 年将可以实现批量供货[3]。

---

① 根据公司年报整理。
② 根据公司年报整理。
③ 根据公开资料整理。

（二）工业机器人技术应用进展

工业机器人的核心零部件主要包括减速器、控制器、伺服电机。其中，减速器是工业机器人最重要的零部件，目前占本土生产企业近30%的生产成本。近年来，为改变工业机器人核心零部件长期受制于国外供应商的被动地位，我国工业机器人企业积极研发创新、推广应用，2014年在减速器的技术应用环节取得了重要突破。

1. 国产关节减速器将于2015年量产

2013年7月，秦川发展董事会通过投资1.94亿元实施9万套工业机器人关节减速器技改项目的议案。在关节减速器方面，秦川发展曾承担国家863项目——机器人用减速器的研发设计工作，公司机器人项目组以此基础更新设计、改进工艺。目前，工业机器人关节减速器生产线项目已收到政府2014年度第一批拨款1304万元。在配套体系方面，秦川发展的一条齿轮自动生产线已经可为机器人关节减速器批量化生产零件。样机经国外公司的技术测试，传动精度等关键指标与国外水平接近，能够满足用户对性能指标的要求。同等规格的产品定价是国外品牌的50%左右，并且随着产量的逐渐扩大，成本还有进一步压缩的空间。到2015年，关节减速器将新增销售收入6.5亿元，实现新增利润总额1.82亿元[①]。

2. 谐波齿轮减速器出台国家标准

在谐波齿轮减速器的技术应用方面，由江苏省减速机产品质量监督检验中心、苏州绿的、上海ABB和北京工商大学作为主要负责单位起草的《机器人用谐波齿轮减速器》（GB/T30819–2014）于2014年12月31日起正式实施。《机器人用谐波齿轮减速器》国家标准基本涵盖了机器人用谐波齿轮减速器分类原则、技术要求、性能指标等方面的内容，对谐波齿轮减速器的产品型号、分类、外形尺寸等技术指标以及相应的试验方法、设备和检验规则等内容进行了规范，对我国研发和生产机器人用精密谐波产品具有重要指

---

① 根据公司公开资料整理。

导意义。

3. RV 减速器取得重要技术突破，开始应用推广

被誉为"中国南方数控产业基地"的广州数控设备有限公司在 RV 减速器的应用推广上取得突破。2008 年，广州数控开始立项研发工业机器人减速器。2014 年，公司 RV 减速器最重要的两个性能——精确性和稳定性都取得了突破，获得两项工业机器人减速器专利，已经应用于机器人生产。目前，公司的 RV 减速器已达到年产 300 台套以上，精度已经接近世界先进水平，能满足市场的大部分需求。此外，广州数控成功研制了 RB 系列工业机器人，可应用于搬运、弧焊、涂胶、切割、喷漆、机床加工、科研及教学等领域，其搬运、码垛、装配等机器人产品进入批量生产推广阶段，并已经在 100 多家企业的自动化生产线上应用①。

（三）我国工业机器人核心零部件与国外的差距

工业机器人主要包括控制器、伺服系统、减速器、机械本体四部分。其中，我国能实现国产化的只有机械本体，占全部成本的 20% 左右，其他的大部分关键部件依赖进口，这使国产工业机器人与国外产品相比缺乏价格优势。

（1）传感器。我国的生产装备落后、工艺不稳定等问题造成产品指标分散、稳定性差。高端产品的芯片主要依赖进口，仿制产品的灵敏度低，数字化、智能化、微型化的产品严重短缺，国外限制对我国出口涉及国家安全和重大工程所需的传感器及智能仪器仪表。

（2）控制器。目前，新松机器人、新时达、南京埃斯顿等企业均实现了控制器的自主生产，但运动控制的核心技术和制造工艺仍不成熟，主要部件绝缘栅双极型晶体管（IGBT）依赖进口。该项技术掌握在国外生产商和专业协会手中，属于对中国禁止转让的技术。

---

① 马晓澄：《广州数控：自主创新突破机器人核心零部件技术难题》，新华网，2014 年 11 月 4 日。

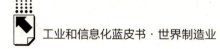

（3）伺服电机。与国外产品相比，同规格的国产电机存在质量一致性差、电流较大、温度提升快、电机易退磁等问题。开放式、模块化、网络化的软伺服和全数字驱动技术比较落后，高精度交流伺服电机自主品牌处于起步阶段，大功率交流永磁同步电机及驱动部分的动态性能、开放性和可靠性仍需进一步验证。

（4）减速器。国内减速器技术已经取得积极进展，但目前市场上多为通用性的中低端产品。国产减速器模块化设计薄弱，齿轮传动装置技术性能落后，降噪声能力差，铸件质量参差不齐。

四　我国工业机器人产业发展存在的问题

1. 产业基础薄弱，配套能力差，关键零部件进口依存度高

工业机器人作为"制造业皇冠顶端的明珠"，需要材料、机床、电子等行业的配套支撑。我国在相关零部件方面的产业基础薄弱，工业机器人配套企业的加工能力和水平参差不齐，质量、产品系列和批量化供给能力都与国际知名企业有较大的差距。特别是高性能交流伺服电机和高精密减速器的差距尤为明显，研发能力落后。以 RV 减速器为例，国外申请人在华申请专利47 件，其中有效的 26 件全部是发明专利；中国申请人申请专利 26 件，其中 13 件为有效专利，仅 2 件为发明专利[①]。目前，国内工业机器人的核心零部件 70% 以上依赖进口，进口成本已占总成本的 40% 以上，严重削弱了国产工业机器人的竞争优势。

2. 公共服务平台、技术标准、人才等产业体系尚待完善

工业机器人强国高度重视完善公共服务平台、技术标准和人才等产业体系。以日本为例，日本政府通过建设机器人公共服务平台将关键共性技术、标准化的工艺实现信息共享、推广应用，日本机器人协会也积极推广日本工业机器人的技术标准。同时，FANUC 等国外工业机器人企业大都设立培训

---

① 刘松柏：《工业机器人：万亿大市场呼唤专利总动员》，《经济日报》2014 年 8 月 11 日。

中心，培养专业人才。我国早期的机器人研发多以高等院校和科研院所为主，存在技术研发与市场应用脱节的现象。企业的科研也各自为政，科研机构、生产企业、用户之间缺少协同创新和信息共享的平台。在技术标准等方面缺少话语权，对专业技术人才的培养力度不足。

3. 规模化水平低，自主品牌工业机器人市场占有率低

工业机器人行业存在"100 台起步、500 台持平、1000 台盈利"的说法，反映了规模化对工业机器人行业发展的重要性。我国工业机器人的发展尚未形成规模化、产业化的运营模式，年产 500 台的工业机器人企业比较少见，高端工业机器人仍依赖进口，国产工业机器人主要以中低档产品为主。2013 年，我国自主品牌工业机器人仍以中低端的三轴、四轴为主，高端的六轴关节机器人占比不足 6%[①]。尽管我国早在国家 863 计划就已开展了机器人技术的科研攻关，但是，由于当时工业机器人的广泛使用未现端倪，机器人技术的产业化和市场化水平不高。机器人技术水平和市场化程度的滞后以及应用企业较长的验证周期导致我国自主品牌的工业机器人缺乏影响力，推广应用难度较大。

4. 市场同质化竞争不断加剧，"野蛮生长"隐忧显现

在中国工业机器人需求迅速增长的形势下，大量企业和地方政府看好工业机器人市场，企业通过并购、合资、参股等方式进军工业机器人行业，地方政府也积极布局工业机器人产业园区建设。目前，我国工业机器人企业主要集中在系统集成环节，通过采购国外工业机器人为下游用户设计方案，徘徊在高技术产业领域的低附加值环节。因此，我国工业机器人产业存在低端锁定的风险。国内工业机器人企业的恶性竞争和"一哄而上"式的重复建设，使得国内生产工业机器人的企业利润微薄，最终可能制约国产机器人向产业链高端升级的进程。

5. 国家工业机器人的产业扶持政策需进一步跟进

工业机器人是衡量一个国家科技创新和高端制造业水平的重要标志之

---

① 王政：《机器人托起"中国智造"（机器人·产业创新做大做强）》，《人民日报》2014 年 11 月 5 日。

一，世界主要经济体纷纷将发展机器人产业上升为国家战略。随着近几年国内机器人概念的持续升温，机器人产业的相关扶持政策也不断跟进。目前，国家 863 计划、科技支撑计划重大项目、智能制造装备发展专项等多个项目涉及机器人领域，但这些扶持计划总体上系统性不强，缺乏对全产业链的支持，难以形成协同发展合力。因此，我国亟待由工业主管部门牵头，出台工业机器人行业发展专项规划等"顶层设计"，整合"碎片化"的各项政策。

五　我国工业机器人产业发展思路及对策建议

一是坚持规划引领，尽快出台工业机器人的专项发展规划。我国应由工业主管部门牵头，根据《关于推进工业机器人产业发展的指导意见》尽快出台针对工业机器人产业发展的专项规划，围绕市场需求，制订未来我国工业机器人研发及推广应用的基本方略和技术路线图，将掌握关键技术、强化制造能力、提高市场占有率和引导产业合理布局等作为重要任务，着力完善工业机器人产业链、创新链和资金链。

二是加强创新驱动，着力突破基础理论、核心专利技术和促进科研成果产业化。目前，我国各地的工业机器人投资和承接海外转移都集中在本体制造环节，存在低端锁定的风险。未来应根据主机厂的实际技术需求，整合企业、高校和科研院所的科研力量，开展核心部件和关键共性技术攻关，解决技术研发与行业应用"两张皮"的问题。重点提高永磁电机效率，研制高精度 RV 减速器、谐波减速器；通过提高关节伺服性能，突破高速平稳控制技术。将先进机器人技术研发所需要的高端人才引进列入国家引进高层次海外人才计划，提高国内研发水平。建立国家机器人通用技术平台和科研专利转让平台，加强机器人技术实验室与企业需求对接，加快科研成果尽快实现商用和产业化。

三是强化配套支撑，高度重视工业机器人重点相关及配套产业的发展。我国应着力依托"工业强基"等重大工程，提高包括高端数控机床、关键新材料、智能仪器仪表等在内的高端和基础配套能力，为工业机器人本体制造提供轻量、抑振的结构性材料，满足本体的刚度、强度和稳定性参数，适应机器人的高速化、高载荷化及高精度化等特性要求，提升机器人本体的制造能力和质量水平。优化工业机器人产业布局，避免低水平重复建设，依托先进制造业基地，充分发挥产业集聚效应。

四是开展定向扶持，重点加强自主品牌工业机器人的市场推广应用。目前，我国自主品牌工业机器人市场占有率仅为 25% 左右，处于产业化早期，亟须国家重点扶持。充分利用国产工业机器人在系统集成方面的优势，开展应用示范工程，在东北老工业基地、长三角、珠三角、环渤海等制造业基地，鼓励汽车、电子等制造企业推广使用自主品牌的工业机器人。研究提高工业机器人整机进口的关税幅度，加强对自主品牌的保护力度。通过提高研发费用加计抵扣比例、给予购置补贴、工业机器人设备加速折旧等措施提升自主品牌工业机器人的市场占有率。工业机器人企业可以联合职业院校建立工业机器人培训项目，在课程设计、教材编写、系统教学、操作实训等方面开展合作，打造支撑工业机器人应用的专业工程师队伍。

B.3

深海油气资源钻探与开发装备发展现状及对策

李 彬 孔腾淇*

摘 要： 欧美国家占据高端海工装备制造、关键配套设备和装备设计领域，韩国、新加坡及我国为海工装备建造领域主要国家。国外主流的深海钻采设备已经发展到第六代半潜式钻井平台和钻井船，我国与国外相比还存在技术水平落后、关键装备国产化程度低、自主设计研发能力薄弱等问题。发展对策方面，在政府层面可继续发挥国家中长期科技发展规划对海洋工程装备产业支持；企业层面形成以大型企业为主力、中小企业为辅助，以国有资本为支撑、民营资本为补充的产业组织；技术层面缩小与发达国家深海钻井平台发展的差距。

关键词： 海工装备 研发设计 产业布局

在当前资源危机的背景下，科学合理地开发利用海洋油气资源，对解决能源问题、实现可持续发展有着重要意义。海洋油气资源钻探和开发装备是人类开发及利用海洋资源的重要工具，大力发展海洋油气资源钻探机开发装备，可以提高海洋资源利用能力，提高海洋产业及相关产业发展，有助于推进我国国民经济转型升级。2014年9月，"海洋石油981"钻采南海北部获得高产油气流，标志着中国正式具有了深海油气的开发能力。中国深海油气的开发才刚开始，

* 李彬，工业和信息化部电子科学技术情报研究所，高级工程师，博士，研究方向为工业经济；孔腾淇，工业和信息化部电子科学技术情报研究所，工程师。

未来的发展道路还很漫长，通过研究深海油气资源钻探与开发装备产业发展情况，对我国今后大力开展深海油气的开发利用有着重要的指导意义。

一 产业概况

（一）产业概念和分类

海洋钻井平台深水装备随着技术进步逐步加深，海洋油气勘探开发通常划分水深500米以内为常规水深，500~1500米为深水，超过1500米为超深水。深海油气资源开采装备主要包括深水半潜式钻井平台、钻井船、起重铺管船、铺缆船、海底挖沟埋管船、浮式生产储油卸油系统等，以及以上钻采设备配套设备如石油钻机、钻井泵、井控设备、井下动力钻具及仪表、海底完井系统等。

（二）产业链条

深海油气资源钻探和开发装备制造的产业链主要包括3大环节：装备设计、装备总装建造和配套设备。在价值分布方面，装备设计约占5%，装备总装建造约占40%，而配套设备占比高达55%（见图1）。

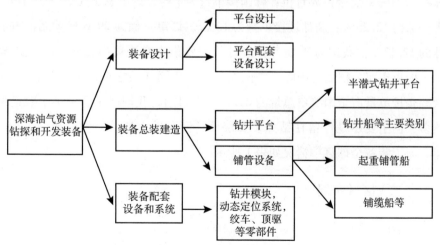

图1 深海油气资源钻探和开发装备产业链

资料来源：课题组资料搜集整理。

二 产业发展及动态

（一）产业规模

从海工装备产业发展情况看，2013 年，全球海工装备制造市场全年订单增长迅速，总额达到约 610 亿美元。世界海工装备市场主要呈现中国、韩国和新加坡三足鼎立的局面，这三个国家约占全球市场份额的 85%。其中，2013 年，韩国接单量超过 250 亿美元，仍然位居世界第一；中国订单超过 180 亿美元，占世界份额约 29.5%，比 2012 年提高了 16 个百分点，且订单金额超过新加坡，位居世界第二；新加坡 2013 年总体接单量下降明显，市场份额降到 20% 以下。虽然在市场份额上亚洲船企占据了绝对优势，但是，世界海工装备高端制造却被欧美国家垄断。

2014 年上半年，全球海工装备接单总数为 194 台，订单总金额为 244 亿美元。其中，中国海工装备接单量为 81 台，订单总额为 79 亿美元，占全球的 32.4%，居全世界首位；韩国接单量为 4 台，订单总额为 29.9 亿美元，占全球的 12.25%；新加坡接单量为 12 台，订单总额为 29.6 亿美元，占全球的 12.13%。我国海工装备新接订单主要集中在中船重工集团、中远集团、中集集团、招商局国际、中国船舶工业集团和振华重工等 6 大船企，6 大船企接单量占全国接单总量的 61.73%。目前，我国海工装备接单数量虽然多，但主要还是停留在钻井装置层面，没有进入最难的生产平台。2014 年，海工装备全球订单情况如表 1 所示。

（二）区域布局

1. 全球布局

欧美国家目前占据高端海工装备制造、关键配套设备和装备设计领域。韩国和新加坡是全球深水钻井平台的制造强国，其中，在钻井船市场，韩国占据第一位,大宇造船、三星重工、现代重工等钻井船市场占有率达到90%,三星重工是全球钻井船市场龙头企业,占全球市场份额的60%左右(见表2)。

表1 2014年上半年全球海工设备新接订单情况

单位:台,百万美元

设备		韩国	新加坡	中国	其他	总计
钻探设备	数量	2	9	19	7	37
	金额	1270	2900	4580	1930	10680
浮式生产装置	数量	2	—	2	3	7
	金额	1730	—	200	4050	5970
固定平台	数量	—	—	1	3	4
	金额	—	—	200	2140	2340
工程船	数量	—	—	9	6	15
	金额	—	—	1930	860	2790
PVC/OVS等	数量	—	3	50	78	131
	金额	—	60	1000	1560	2620
总计	数量	4	12	81	97	194
	金额	2990	2960	7910	10540	24400
	金额占比	12.25%	12.13%	32.42%	43.20%	100%

资料来源:中国船舶工业经济与市场研究中心。

表2 全球海洋工程装备建造商阵营

区域	特点及主要业务领域	主要产品	主要企业
欧洲和美国	总包开发、设计制造、集成平台安装、海底管线装配、关键配套系统集成供货	大型综合性一体化模块、钻采设备、动力、电气、控制等关键设备	J. R. McDermott美国国家油井等。卡特彼勒、西门子、GE、挪威Arker公司、瑞典ABB公司、芬兰Wartsila公司、英国Rolls-royce公司等知名海工配套供应商
新加坡和韩国	海洋工程装备总装建造及改装	新加坡:半潜式平台及FPSO改装。韩国:钻井船、新建FPSO	吉宝岸外与海事、胜科海事公司、现代重工、三星重工、大宇造船等
中国	平台总装建造及改装	自升式、半潜式、平台供应船	中船重工、中船工业、中集来福士、上海外高桥、中远船务等

资料来源:课题组资料搜集整理。

从研发设计环节来看，世界海洋工程产业链最高端主要掌握在美国和欧洲等国家手中，这些国家的海工企业具备很强的研发设计能力。从供应环节来看，美国和欧洲还垄断了海工装备核心配套设备，包括动力设备、钻采设备、电力设备，如目前国际市场移动设备、电气设备主要由美国卡特彼勒公司、瑞士ABB公司提供；电气设备主要由美国通用、德国西门子等提供。从模块建造、总装及安装调试、工程总包等环节来看，高端海洋油气钻采装备的模块建造与总装主要在韩国、新加坡等国家，韩国的三星重工、大宇造船海洋、现代重工在钻井船、FPSO等高端海工装备总装建造领域占据主导地位；新加坡的吉宝和胜科海事两大集团在FPSO改造、半潜式钻井平台建造和升级占有率较高。

2. 国内布局

海工装备国内布局呈现一定的地域性特点。由于海工装备用途的特殊性，我国海工装备企业主要集中在沿海地区，目前在环渤海地区、长三角地区及珠三角地区初步形成了一定的海洋工程装备产业区。例如，环渤海地区有中集来福士等企业，长三角地区有上海外高桥造船厂（中船工业），珠三角地区有中远船务。这些大型海洋工程装备企业还在多个区域有所分布，如中远船务，在连云港、南通、大连、舟山、广州、上海等地区均设有公司，形成了覆盖三大经济圈的大型海工公司（见表3）。

表3 部分重点海洋工程装备企业国内分布

公司	地区	所属区域
中集来福士	山东	环渤海地区
上海外高桥造船厂（中船工业）	上海	长三角地区
振华重工	上海	长三角地区
中远船务	连云港、南通、大连、舟山、广州、上海等	珠三角地区、长三角地区、环渤海地区
太平洋（舟山）	浙江	长三角地区

（三）企业动态

1. 国外企业

海工装备产业整体格局 2013 年以来未发生较大变化，行业整体仍保持较好的发展态势，订单数量及金额也有所进步。从不同环节来看，企业发展动态又有其各自特点。

作为海工领域产业链的最高端，海工装备设计及核心配套设备公司整体稳定，未发生较大变化，包括美国 McDermott 公司、法国 Technip 公司、ABB、卡特彼勒、西门子等。2013 年 3 月，大连船舶重工集团海洋工程有限公司与 Friede & Goldman（F&G）公司签署了两座"JU - 2000E"设计自升式钻井平台的专利许可证合同。2014 年 12 月，日本 MODEC 公司及其巴西的合作伙伴 Schahin 集团将为巴西国家石油公司在坎普斯盆地的 Tartaruga Verde 和 Tartaruga Mestica 油田提供一艘浮式储存卸油船（FPSO）。

国外海工装备制造商主要集中在新加坡与韩国，2013 年以来，韩国与新加坡海工装备制造商合同订单不断，且不断涌现百亿元级别的大型订单。同时公司收购活动比较活跃，例如，新加坡胜科海事收购了美国浮式生产及钻井装置设计工程公司 SPP Offshore，这也意味着公司向北美市场扩进的步伐加快（见表4）。

海洋工程承包商环节，主要包括美国 ENSCO、荷兰 Blue water、挪威 BW offshore 等企业，2013 年以来，订单数量较为稳定，技术范围不断扩大，投资也比较活跃。2013 年 9 月，三星重工为 Ensco Plc 建造的"ENSCO DS -7"号超深水钻井船顺利交付，该船将前往安哥拉为道达尔服役 3 年，日费率约为610000 美元。BW Offshore 与马来西亚 Yinson Holdings 达成协议，购入 Petroleo Nautipa 号浮式生产储卸油船（FPSO）的剩余 50 年所有权。

2. 国内企业

我国处于全球海工装备第三梯队，国内重点企业中集来福士、上海外高桥造船、大连船舶重工、上海振华重工、中远船务等企业，2013 年以来不但订单收获颇丰，质量还有很大提高。海工装备制造重点企业 2013 年以来的发展情况如表 5 所示。

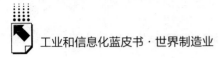

表4　新加坡、韩国主要海洋工程装备制造商

公司名称	企业简述	企业动态
吉宝岸外与海事公司	新加坡吉宝岸外与海事公司,可建造自升式平台、半潜式平台和FPSO,FPSO改装也在全球首屈一指	2013年初,吉宝岸外与海事公司(KeppelO&M)争取到三项总值3.43亿美元的新合同,使该集团今年所获得的合约总值达到81亿美元 吉宝岸外与海事(KeppelOffshore&Marine)2014年上半年获得总计32亿元新订单,截至6月底,订单累计达141亿元,交货期排至2019年
新加坡胜科海事	新加坡胜科海事擅长制造半潜式钻井平台、FPSO及FPSO改装	2014年,新加坡胜科海事(Sembcorp Marine)的子公司PPL船厂获得价值2.4亿美元的合约,建造一个升降式钻油台,预计于2016年10月底交付。旗下子公司裕廊船厂近日获得了一份改装合同,将1艘穿梭油船"Navion Norvegia"号改装成1艘浮式生产储卸油船,合同价值约为6.96亿美元 2014年收购了美国浮式生产及钻井装置设计工程公司SPP Offshore,收购价格约为2100万美元。这次收购由胜科海事旗下的裕廊船厂完成,收购内容还包括SPP Offshore最成功的SPP Floater圆筒形船体技术
韩国大宇造船(DSME)	成立于1978年,擅长制造钻井船、FPSO、半潜式钻井平台等	截至2014年11月,韩国大宇造船海洋共获得了50艘/座新船舶及海洋装置订单,总值相当于105.3亿美元

资料来源:课题组资料搜集整理。

表5　海工装备平台建造重点企业

重点企业	主营业务板块	2013年营业收入	企业动态
中集来福士	专注于自升式钻井平台、半潜式钻井平台、FPSO、FSO、平台供应船、铺管船、豪华游艇等设施的建造	实现营业收入69.82亿元,比上年同期(18.29亿元)增长281.74%	截至2013年底,中集来福士手持半潜式钻井平台订单5座,占全球当年市场份额的20%。在挪威北海市场,中集来福士已有3座半潜钻井平台在作业,另有3座半潜钻井平台正在建造,中集来福士已成为欧洲北海严酷作业环境下半潜钻井平台主流供应商。在巴西市场,中集来福士已有两座深水半潜钻井平台在作业,另有两座半潜起重生活平台获得主流客户巴西国家石油公司的长期租赁

续表

重点企业	主营业务板块	2013年营业收入	企业动态
上海外高桥造船厂（中船工业）	船舶、港口机械等设计制造修理、海洋工程	—	2014年10月，山东海洋工程装备有限公司旗下的蓝色钻井有限公司与上海外高桥造船有限公司签订了两座Gus to MSC CJ50高性能自升式海洋钻井平台的建造合同，山东海工企业将再造两座高端自升式钻井平台
大连船舶重工（中船重工）	从事海洋工程设计、建造、修理和改装的总承包公司。主要业务范围包括自升式和半潜式钻井/生产平台、钻井船、FPSO、风车安装船以及各类海洋工程船等固定/浮式钻井/油气生产及海洋工作设施	—	2013年，集团批量承接了自升式钻井平台、半潜式钻井平台、海洋工程配套设备等
振华重工	设计、建造、安装和承包大型港口装卸系统和设备、海上重型装备等	营业收入为232.02亿元	2013年1+1座400英尺自升式钻井平台订单

资料来源：作者根据各公司年报整理而成。

三　产业技术进展

深海油气资源钻探和开发装备的关键技术包括：钻井平台（船舶）功能规划及总布置技术，钻井与井身维护的流程设计及设备集成技术，大型深水起重铺管船基本设计技术，深海超深钻、定向钻井和水平钻井制造技术，深海动力定位技术等。近年来，国内外技术研发及应用发展迅速，取得了很大进步。

（一）国外技术进展

目前，国外主流的钻井平台（船）是开始第六代半潜式钻井平台和钻井船，具有在水深1500米以上水域工作能力。预计未来20年钻井平台工作水深将达到4000～5000米，钻井深度将突破15000米；装备先进的超深井钻机和浮式钻井专用设备；配有最先进、大功率、高精度的动力定位系统（DPS-3或DPS-4）等（见表6）。

表6　第六代钻井平台

项目	第六代钻井平台的特点
时间	2003年以后
钻井深度	工作水深：3048～3810米。钻井深度：10668～12200米，乃至更深
配套设备	钻机、顶驱和泥浆泵的驱动方式多为交流变频驱动或静液驱动；动力定位系统多为DP3或更高级
代表项目	发现者企业号（Discoverer Enterprise）

资料来源：课题组资料搜集整理。

（二）国内技术进展

我国近年来建造了工作水深2000米的半潜式平台主体结构，超深水钻井平台已有良好起步。2012年，中国首座自主设计、建造的第六代深水半潜式钻井平台"海洋石油981"在中国南海海域正式开钻，使我国深水油气资源的勘探开发能力跨入世界先进行列。

在配套设备方面，近几年，我国深海油气资源钻探与开发的关键核心装备也取得了重要突破。我国已基本掌握深水隔水管、深水防喷器的研究、设计、制造、工厂试验关键技术，基本形成了上述装备产业化的技术和设施能力（见表7）。

表7 近年我国承建的其他代表性深海钻井平台参数

类别	发展概况
NobleDannyAdkins 号半潜式平台	2006 年由 Noble Corporation 公司拥有。由中国大连船厂建造(已完成船体建造),2009 年完成改造
石油钻井装置 1 号(PETRORIG)	2009 年完成建造交货。主要参数:工作水深 3048 米,钻井深 12200 米,可变载荷 7114 吨
舍凡钻工(Sevan Driller)号半潜式平台	由 Sevan Drilling 公司拥有,由江苏韩通船舶重工承担建造,是世界第一艘 SSP,用于墨西哥湾的钻井采油

资料来源:课题组资料搜集整理。

四 存在的问题

虽然我国深海油气资源钻探与开发装备产业发展迅速,近年来也取得了很好的成绩,但其发展也存在一些问题,具体表现为以下几点。

一是技术水平落后。我国深海技术装备整体研制和生产能力与发达国家有一定差距,国外钻探的最大水深为 3050 米,我国仅有 1500 米。针对我国海洋钻井平台发展的实际水平,进一步发展需要解决以下关键技术:结构关键节点的疲劳分析;悬臂梁结构的设计,结构设计载荷与强度分析等。

二是关键装备国产化程度低。我国海洋石油钻井平台的国产化率仅为 30% 左右,关键设备几乎全部依赖进口,进口所用费用占到设备建造费用的 1/2 以上。目前平台(船)配套的电控系统、大型吊机、船舶主机、主推进系统及绝大多数的海洋钻机的顶部驱动系统等主要依赖进口。

三是自主设计研发能力薄弱。自 2000 年以来,我国所建造的海上钻井平台,70% 以上为美国 F&G 公司、意大利 Saipem 公司等欧美公司设计,我国海洋石油钻井平台只有制造能力而不具备大型石油钻井平台的自主研发能力。

五 发展思路及对策建议

（一）发展思路

一是配套装备技术指标提升。目前，深海钻井平台对平台可变载荷要求越来越高，对平台主尺度要求越来越大，主要由于更大的物资需求和更大的钻采能力、存储能力及自持能力的需求。相应的配套海工产品也需要符合逐渐苛刻的工况。

二是海洋工程装备一体化服务。一体化服务指设计、采办、集成建造、安装、调试的全过程项目管理及实施。目前，欧美大型企业具有一体化服务能力，新加坡、韩国的主要企业也逐步进入此领域。我国高度重视海洋工程装备的发展，也将逐步推进我国海工企业进入一体化服务领域，提高总承包项目的利润，并占据高端环节，逐步实现自主化。

（二）对策建议

一是政府层面。继续发挥国家中长期科技发展规划重点项目，国家863高科技发展规划，以及国家重大科技专项与企业联合开发的机制，如我国"海洋石油201深水铺管起重船""海洋石油981"项目都来自国家重大科技专项成果。

二是企业层面。我国必须强化以船舶制造、油气开发企业为代表的多行业合作，打造一批规模大、国际竞争力强的大型跨国集团。实力雄厚的大型企业主要承担大型海洋工程装备的总体设计、总装建造、资金投入等。拥有高技术的中小企业可承担配套设备制造、系统模块设计、产品工艺研发等。海洋工程装备产业将形成以大型企业为主力、中小企业为辅助，以国有资本为支撑、民营资本为补充的产业组织。

三是技术层面。要缩小与发达国家深海钻井平台发展的差距，重点发展深海技术，应从抓好深海通用技术研究，研发重点包括3000米水深钻井船研发，研发目标瞄准当代钻井船的主流结构形式和功能配置，掌握深水钻井船的设计建造关键技术等。

OLED 显示产业发展现状及对策

唐 静[*]

摘　要：　OLED 新型显示技术因其视角宽、响应时间快、无须背光源、对比度高等特点，已越来越多地应用于手机和电视等新型应用中，2014 年，国内外厂商在 OLED 的市场和技术研发方面也纷纷推出了最新举措。本文首先介绍了 OLED 的产业概况，从产业规模、区域布局和企业动态三个方面阐述了 OLED 产业 2014 年的发展动态，阐明了 OLED 产业技术的最新突破，分析了我国 OLED 产业发展存在的问题，并针对问题提出了发展思路及对策建议。

关键词：　OLED 产业　技术进展　有源驱动（AMOLED）

平板显示近年来规模迅速扩大，面板自给率大幅提升。2014 年，我国平板显示行业进入了从追赶者到成为挑战者的关键阶段，在目前被业界看好的各类新型显示技术当中，OLED（Organic Light-Emitting Diode）因其性能优势在市场上表现了快速发展的势头。

一　产业概况

（一）产业概念

OLED 是一种在电场驱动下，通过载流子注入和复合导致有机材料发光

---

* 唐静，工业和信息化部电子科学技术情报研究所工业经济与政策研究部，高级工程师，研究方向为产业经济。

的显示器件。OLED 的基本结构是由一薄而透明具半导体特性的铟锡氧化物（ITO），与电力的正极相连，再加上另一个金属阴极，包成如三明治的结构。整个结构层中包括空穴传输层（HTL）、发光层（EL）与电子传输层（ETL）。当电力供应至适当电压时，正极空穴与阴极电荷就会在发光层中结合，产生光亮，依其配方不同，产生红、绿和蓝 RGB 三原色，构成基本色彩（见图1）。[①]

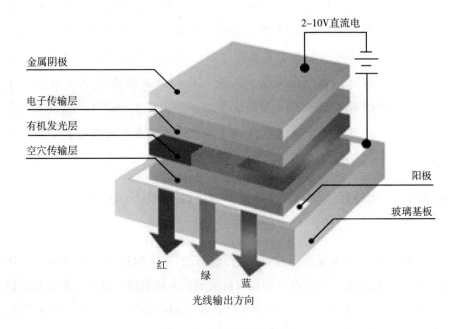

图1　OLED 发光原件结构

OLED 与 TFT – LCD 有所不同，其特性是自己发光，并不需要背光。OLED 的亮度和可视度同 LCD（液晶显示器）相比，都有长足进步。此外，反应速度快，材料重量轻且厚度薄，构造相对简单，成本又相对较低，因此，业界均认为 OLED 是下一代平板显示技术的代表（见表1、表2）。

---

① 《新材料产业》，2013 年 3 月 5 日。

表1　OLED 与 LCD 比较

项目	OLED	LCD	OLED 显示产品技术优势
视角宽度	不受限制	受限制	视角宽，侧视画面色彩不失真
响应时间	微秒（μs）	毫秒（ms）	更适合播放动态图像，无拖尾现象
发光方式	主动发光	被动发光	无须背光源，器件更薄，对比度更高，色彩更鲜艳
温度范围	-40~80度	0~60度	高低温性能更优越，适应严寒等特殊环境

资料来源：根据工业和信息化部电子科学技术情报研究所资料搜集整理。

表2　OLED 与 LED（发光二极管）比较

项目	OLED	LED	OLED 显示产品技术优势
发光区域	面发光	点发光	OLED 更轻薄，并可用于高分辨率显示，如手机屏、电脑显示器、电视机等。而 LED 只用于户外大屏幕显示
像素大小与像素间距	微米级	毫米级	
显示屏厚度	<2毫米	>4毫米	

注：严格意义上的 LED 电视是指完全采用 LED（发光二极管）作为显像器件的电视机，一般用于低精度显示或户外大屏幕。目前，中国大陆地区家电行业中通常所指的 LED 电视严格的名称是"LED 背光源液晶电视"，是指以 LED 作为背光源的液晶电视，仍是 LCD 的一种。它用 LED 光源替代了传统的荧光灯管，画面更优质，理论寿命更长，制作工艺更环保，并且能使液晶显示面板更薄。

资料来源：根据工业和信息化部电子科学技术情报研究所资料搜集整理。

（二）产业分类

目前，OLED 有两种分类方法，一是按照有机发光材料来划分为小分子电致发光器件（SMOLED）和高分子电致发光器件（PLED），二是以驱动方式分类将 OLED 分为无源驱动（PMOLED）和有源驱动（AMOLED）。

（1）小分子电致发光器件从1987年开始发展，时至今日其技术水平早已达到商业化生产水平，高分子电致发光器件从1990年开始发展，目前在产品的色彩化上仍存在不足。小分子电致发光器件和高分子电致发光器件的不同主要体现在器件制备工艺方面，前者使用真空热蒸发工艺，后者则是旋转涂覆或喷涂印刷工艺（见表3）。

表3 小分子 OLED 和高分子 PLED 比较

项目	小分子 OLED	聚合物 PLED
特色	易彩色化、简单驱动电路即可发光、制造简单、可制成可弯曲面板	不需要薄膜工艺、真空装置，元件构成只有两层，投资成本低、色彩表现不如前者，需对色彩偏差做补偿
有机薄膜材料	燃料及颜料为材料的小分子元件	以共轭高分子为材料的高分子元件
制造工艺	真空蒸镀技术	涂布技术
制备关键	真空蒸镀及封装	喷墨印刷
优点	• 容易彩色化 • 蒸镀全自动流程技术成熟 • 材料的合成与纯化、精制容易 • 材料研发厂商较多、供应较稳定	• 溶液旋转涂布流程设备成本低、易于大尺寸化的发展 • 元件特性可容忍较高的电流密度与温度环境 • 技术领导商 CDT 采取开发式的专利授权
缺点	采用多腔体的真空设备，设备成本高 对水分耐受性不好 热稳定性不如 PLED	受限于红蓝绿三色定位困难，尚无全彩化产品 蓝光材料寿命短，仅 2000 小时
应用范围	高单价小尺寸面板	低单价的大尺寸面板

资料来源：根据工业和信息化部电子科学技术情报研究所资料收集整理。

（2）有源驱动（AMOLED）和无源驱动（PMOLED）相比，更适合于大尺寸全彩色动态图像的显示，其半导体驱动背板技术路线与 TFT – LCD 相同，可做到各像素单独快速响应，可满足从手机到电视的各种尺寸、各类产品。因此，AMOLED 显示是一项极具战略前景的技术（见表4）。①

表4 AMOLED 与 PMOLED 的比较

AMOLED	PMOLED
制作复杂	制作简单
开口良率低	开口良率高
不串线	易串线
高亮度、低功耗	低亮度、高功耗

---

① 未来真正能对 TFT – LCD 起到替代作用的是 AMOLED，因此本报告如无特别说明，OLED 所指的即为 AMOLED。

续表

AMOLED	PMOLED
大、中、小尺寸	小尺寸
像素高、全彩	像素低、单色或多彩
成本高	低成本

资料来源：中国产业信息网整理。

目前，OLED 主要应用在中小尺寸面板上，如智能手机、移动 PC。由于技术的限制（成本昂贵、使用寿命低），大尺寸 OLED 的应用还不够广泛。其他应用方面还有智能穿戴、照明、军工等。以头戴式显示器为例，OLED 与 LCD 相比，具有更清晰鲜亮的全彩显示和超低的功耗。目前，OLED 在大尺寸方面还无法与 TFT – LCD 相提并论。但 LG Display 认为，当 OLED 电视价格下滑至 LCD 电视的 1.3 ~ 1.4 倍之际，消费者就会转而购买 OLED TV。这也意味着，如果企业找到了将大尺寸 OLED 价格降低的途径，其在平板显示领域将建立新一轮竞争优势。此外，除了显示领域，OLED 在照明领域也应用广泛。本报告仅针对 OLED 显示产业进行研究分析（见表 5）。

表 5　OLED 的应用领域

应用	内容
电视	受制于高成本、短寿命，目前普及率低
PC	平板电脑
智能手机	普及率高
音响设备	MP3 屏幕，更轻更薄，可视角度更大，显著节省电能
仪器仪表	汽车仪表盘等
照明	应用于各种指示、显示、装饰、背光源、普通照明和城市夜景等领域
军工	视频眼镜、数字士兵
航天应用	舱外航天服，用于显示航天员舱外行走时航天服的状态数据

资料来源：中国产业信息网。

根据目前业界对 OLED 制备工艺的划分，本研究将 OLED 产业划分为上、中、下游（见图 2）。

上游：设备制造、材料制造、零组件。

中游：面板制造、模组组装。

下游：显示和照明等市场应用。

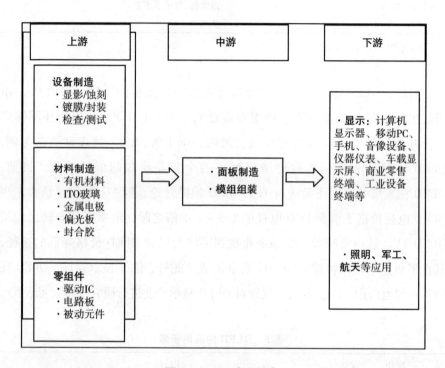

图2　OLED产业链条

资料来源：课题组搜集资料整理。

二　产业发展及动态

（一）产业规模

据Display Search测算，2013年，AMOLED产值突破114亿美元，相比于2012年的69亿美元，产值几乎是成倍增长。Nanomarkets在对过去八年包括OLED照明和OLED面板材料供应商的情况进行分析后预测，OLED市场规模将会从 2012 年的 5.24 亿美元增到 2019 年的 74 亿美元，年复合增长率达到 45%（见图 3）。

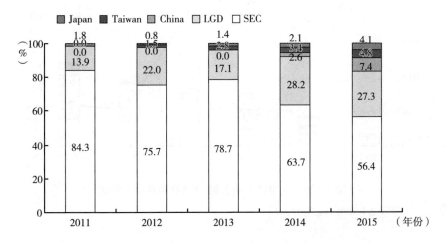

图 3　2011~2015 年全球 AMOLED 产能比重变化及预测

资料来源：DIGITIMES Research。

从 OLED 材料制造领域来看，2014 年，由于 AMOLED 显示器在技术上难有突破，OLED 产业发展缓慢，且制造成本仍然高于液晶显示面板。根据 NPD DisplaySearch 的测算，由于 OLED 电视出货延迟，2014 年，OLED 材料产业规模预计仅有 7.95 亿美元，低于先前预测的 10 亿美元（见图 4）。

从 OLED 面板应用的不同领域来看，据 Displaybank 预估，2014 年，全球 AMOLED 面板市场规模达 4.5 亿美元。据 Display Search 测算，到 2017 年，OLED 面板产业领域中，手机产品仍将占主导地位；移动电脑产品（Tablet、Notebook）所占量产份额将会实现较大突破；此外，PMOLED 仍将稳定占有一定份额。而技术难度最高的 OLED TV，届时会占有少量的份额（见图 5）。

智能手机。智能手机产品是 OLED 技术量产时间最长、相对最先进的一类产品应用。智能手机最初的兴起离不开智能操作系统（iOS、Android 等）和触控技术（电阻式、电容式等），智能手机所需要的面板属于中小尺寸面板；而 AMOLED 面板受量产技术所限，其能够满足商品化应用的也是中小

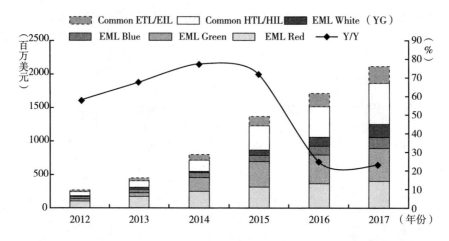

图4 2012～2017年各类型OLED材料收入预测

资料来源：NPD Display Search。

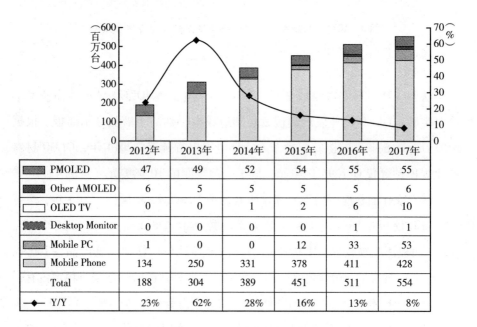

	2012年	2013年	2014年	2015年	2016年	2017年
PMOLED	47	49	52	54	55	55
Other AMOLED	6	5	5	5	5	6
OLED TV	0	0	1	2	6	10
Desktop Monitor	0	0	0	0	1	1
Mobile PC	1	0	0	12	33	53
Mobile Phone	134	250	331	378	411	428
Total	188	304	389	451	511	554
Y/Y	23%	62%	28%	16%	13%	8%

图5 OLED产品出货量预测

尺寸面板。AMOLED 技术应用于手机产品，是技术发展的必然，同时也是智能手机时代的机遇使然。按照 DiaplaySearch 的分析，未来几年智能手机

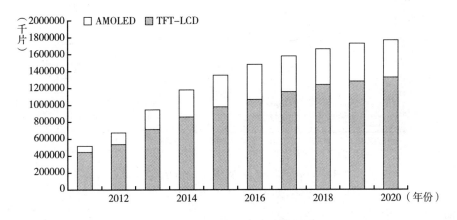

面板出货量将继续稳步增长，其中，AMOLED 面板份额近几年将加速发展（见图6）。

图6 智能手机面板出货量分析

平板电脑 AMOLED 面板。根据 DisplaySearch 测算，2014 年，平板电脑 AMOLED 面板的出货量预计将达 500 万片。虽然与年发货量超过 2.5 亿片的平板电脑面板市场相比，500 万片实属少量，但是，DisplaySearch 认为，OLED 面板能为平板电脑增添新价值，同时也能为相当成熟、分散却竞争激烈的平板电脑市场带来转机。DisplaySearch 预测，到 2015 年底，AMOLED 将占整个平板电脑面板市场的 5%。

可弯曲/可绕式 OLED 面板。据 Display Search 研究，可弯曲/可挠式 OLED 面板率先应用于手机产品，未来五年，可弯曲/可挠式 AMOLED 面板的市场规模有可能达到 200 亿美元，年复合增长率将达到 151%。

IDTechEx 公司也做出预测，由于可弯曲/可挠式 AMOLED 面板将于 2017 年应用在手机上，至 2020 年可弯曲/可挠式 AMOLED 的市场规模可攀升至 160 亿美元（见图7）。

OLED TV。据 Display Search 测算，至 2017 年，OLED TV 将实现量产 1000 万台，占比约为 1.8%。但若从另一维度——OLED 量产品面积来看，OLED TV 虽然出货量较少，但是显示屏面积大，因此面积占比达到近 2/3（见图8）。

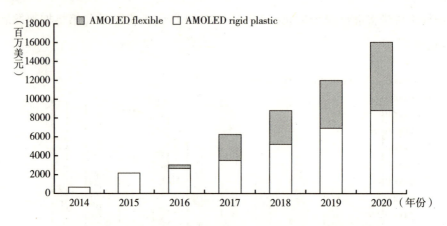

图 7 2014～2020 年可弯曲/可挠式 AMOLED 年复合增长率

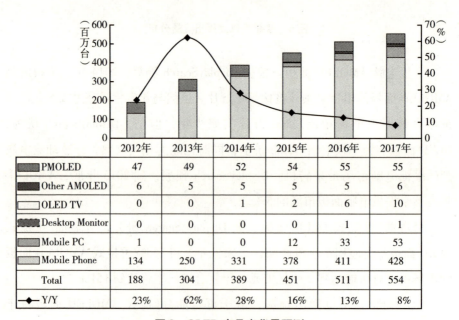

	2012年	2013年	2014年	2015年	2016年	2017年
PMOLED	47	49	52	54	55	55
Other AMOLED	6	5	5	5	5	6
OLED TV	0	0	1	2	6	10
Desktop Monitor	0	0	0	0	1	1
Mobile PC	1	0	0	12	33	53
Mobile Phone	134	250	331	378	411	428
Total	188	304	389	451	511	554
Y/Y	23%	62%	28%	16%	13%	8%

图 8 OLED 产品出货量预测

Display Search 认为，OLED TV 出货量今后几年将保持稳步增长，年增长速率保持在 4% 左右。

我国 OLED 技术经历了十余年的高速发展，目前已取得了一些重要成果，并成功实现产业化。2013 年，我国 OLED 出货量达到 1840 万片，预计

2014 年将达到 3125 万片，2015 年更可呈现高速发展态势，出货量预计将达到 8125 万片①，届时中国将成为全世界第二大 AMOLED 产能所在地（见图9）。

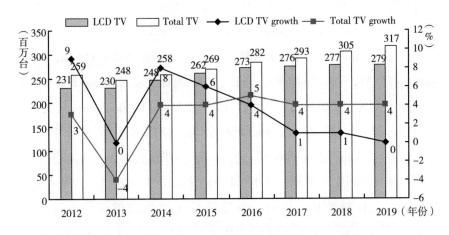

图9　未来几年 TFT-LCD 和 AMOLED TV 产品的出货量

（二）区域布局

1. 全球布局

目前，国际上 OLED 研发单位较多，但 OLED 的关键基础材料和核心关键设备主要掌握在欧美日韩等国家和地区手中（见表6）。

表6　世界主要国家和地区 OLED 领域重点企业

产业链环节	重点企业
设备制造	Tokki、Ulvac（日本真空技术株式会社）、3M、Seiko Epson（日本爱普生）、Suss Microtec（苏斯贸易）等
材料生产	Kodak、UDC、东洋 INK、CDT、Covin、日本住友化学等
驱动模组	Clare Micronix（美国）、NextSierra（美国）、Elia tech（韩国）、Leadis（韩国）等
面板制造	三星、LG、索尼、TDK（东京电气化学工业株式会社）、铼宝（中国台湾）等

资料来源：课题组搜集资料整理。

———————

① 赛迪顾问。

在 OLED 设备制造领域，目前，全球主要的设备商集中在韩日两国，日本厂商 Tokki 和 Ulvac 在 OLED 设备制造领域实力领先。全球 OLED 设备制造商主要包括日本 Tokki、Ulvac、Evatech 公司、Anelva Technix、岛津（Shimadzu）公司、精工爱普生（Seiko Epson）、凸版印刷（Toppan Printing）、大日本印刷（DNP），韩国包括 Sunic System、Advanced Neotech System（ANS）、Doosan Engineering&Construction（斗山工程建筑公司）、Digital Optics &Vision（DOV）、Viatron 科技（ViatronTechnologies）、STI 公司、周星工程（Jusung Engineering）、McScience 公司等，美国科特·莱思科（Kurt J. Lesker）、Rolltronics 公司、整体视觉（Integral Vision）公司、MicroFab 公司，德国爱思强股份有限公司（Aixtron AG）、M 布劳恩（Mbraun）公司，荷兰 OTBv 公司等（见表 7）。

在 OLED 材料生产领域，日本、韩国、德国、美国材料厂商基本垄断了 AMOLED 发光材料市场。目前，小分子发光材料的供应商主要有美国 Eastman Kodak 公司、美国新泽西的环宇显示技术公司（Universal Display Corporation，UDC，技术后盾是普林斯顿大学和南加州大学）、日本出光兴

表 7　全球 OLED 设备制造商一览

地区	企业	重点产品
日本	Tokki 公司	大规模及中小规模 OLED 显示器制造设备系统（包括真空蒸镀设备、全自动封装系统等），等离子体增强化学气相沉积（PECVD）设备等
	爱发科（Ulvac）公司	OLED 真空蒸镀设备（真空泵、低温泵和低温冷却器、仪表及阀门、真空镀膜设备等），等离子体化学气相沉积设备（PCVD），溅镀台等
	Anelva Technix	物理气相沉积（PVD）设备等
	凸版印刷（Toppan Printing）	OLED 用彩色滤光片、蚀刻设备等
	大日本印刷（DNP）	OLED 用彩色滤光片等
	Evatech 公司	清洗机、显影机、刻蚀机、OLED 用蒸镀设备，OLED 玻璃基板等
	岛津（Shimadzu）公司	质谱仪（如 MALDI-TOF MS 系列）、平板式等离子体增强化学气相沉积（PECVD）设备等
	精工爱普生（Seiko Epson）	喷墨打印机等

续表

地区	企业	重点产品
韩国	Advanced Neotech System(ANS)	薄膜封装设备等
	Sunic System	OLED 蒸镀设备等
	Doosan Engineering&Construction（斗山工程建筑公司）	OLED 用气相沉积设备和密封设备等
	Digital Optics &Vision(DOV)	OLED 真空蒸发器、OLED 封装设备、有机材料净化器等
	Viatron 科技(ViatronTechnologies)	增强型快速热处理设备(FE-RTP)、低压化学气相沉积设备(APCVD)、炉管系统等
	STI 公司	OLED 玻璃表面清洁设备、OLED 暗盒清洁设备、蚀刻设备等
	周星工程(Jusung Engineering)	OLED 照明用蒸镀设备、OLED 显示器用封装设备等
	McScience 公司	OLED 用测试设备（如 M6000、M6100 等）、OLED 用检查设备（如 M7000）、OLED 面板老化测试设备（如 M2000、M2500）等
	亚太系统公司（Asia Pacific Systems Incorporated）	AMOLED 用准分子激光退火设备(ELA)等
	UNITEX 公司	OLED 蒸镀设备、封装设备等
美国	Litrex（现为日本 Ulvac 控股公司）	高精密度工业喷墨打印机等
	科特·莱思科(Kurt J. Lesker)	薄膜沉积设备（包括物理气相沉积设备 PVD、化学气相沉积设备 CVD）、蒸镀材料（如高纯度金属或合金丝线、铝蒸镀材料）、热蒸镀及电子束蒸镀源、真空法兰等
	Rolltronics 公司	柔性薄膜微开关背板阵列 FASwitch 等
	整体视觉(Integral Vision)公司	平板显示器用检查设备（如 IVSee、SharpEye）等
	MicroFab 公司	喷墨打印(Ink-jet)整机设备（如 JetLab 系列打印机）及关键组件（如喷头、喷头电控器）等，是全球喷墨打印技术的领导者
德国	爱思强股份有限公司（Aixtron AG）	有机气相沉积(OVPD)设备等
	M 布劳恩(Mbraun)公司	OLED 用薄膜沉积设备、真空蒸发镀膜设备及真空舱等
荷兰	OTBv 公司	制造 OLED 显示器所需的内嵌式生产设备（如 PCAP20、PCAP48 等）及薄膜封装设备等
中国台湾	倍强科技(Branchy Technology)	OLED 蒸镀设备（如电子枪蒸镀设备）等

资料来源：根据工业和信息化部电子科学技术情报研究所资料搜集整理。

产（Idemitsu Kosan）、新日铁化学（Nippon Steel Chemical）、东洋油墨（Toyo Ink）、东丽（Toray）、三菱化学等，主要以日韩系厂商为主，共占约80%的市场份额。高分子发光材料的供应商主要有英国剑桥显示科技公司（CDT）、德国 Covion（已被美国 Merck 公司收购）、美国杜邦、陶氏化学、飞利浦、西门子及日本住友化学（Sumitomo Chemical）等，主要以欧美厂商开发为主（见表8）。

全球量产的 OLED 显示面板主要是以小分子材料为主。OLED 面板的生产厂商主要集中于日本、韩国、中国台湾这三个地区。

表8　全球 OLED 发光材料制造商一览

OLED 发光材料	地区	企业	重点产品
小分子发光材料	美国	伊士曼－柯达（Eastman Kodak）	荧光和磷光小分子发光材料等
		环宇显示技术公司（Universal Display Corporation）	磷光小分子发光材料等
		H. W. Sands 公司	—
		西格玛－奥德里奇（Sigma-Aldrich）	—
	日本	出光兴产（Idemitsu Kosan）	荧光小分子发光材料等
		三井化学（Mitsui Chemicals）	荧光小分子发光材料等
		新日铁化学（Nippon Steel Chemical）	磷光小分子发光材料等
		东洋油墨（Toyo Ink）	磷光小分子发光材料等
		三菱化学	磷光小分子发光材料等
		东丽（Toray）	荧光小分子发光材料等
		佳能（Cannon）	荧光小分子发光材料等
		先锋（Pioneer）	磷光小分子发光材料等
		Chisso 公司	荧光小分子发光材料等
		Chemipro Kasei Kaisha 公司	—
	德国	Novaled	磷光小分子发光材料等
	瑞士	汽巴（Ciba）公司	磷光小分子发光材料等
	中国台湾	昱镭光电	—
		机光科技	—
		晶宜科技	—
	韩国	LG 化学	—

续表

OLED 发光材料	地区	企业	重点产品
高分子发光材料	日本	住友化学	—
		Taiho 工业株式会社	—
		昭和电工（Showa Denko）	—
		NHK 公司	—
	英国	剑桥显示技术公司（CDT）（已被日本住友化学并购）	—
	美国	陶氏化学（Dow Chemical）	—
		杜邦（DuPont）	—
	加拿大	ADS（American Dye Source）	—
	德国	默克 OLED 材料股份有限公司（Merck OLED Materials GmbH）	—
		巴斯夫（BASF）公司	—

资料来源：根据工业和信息化部电子科学技术情报研究所搜集整理。

在 OLED 驱动模组制造领域，在 OLED 面板制造领域，小分子 OLED 面板的制造商主要有索尼、柯达、TDK、三洋、先锋、eMagin、三星、LG、铼宝、悠景、宏景、NEC 等；高分子 OLED 面板的制造商主要有爱普生、杜邦、东芝等。

OLED 下游生产企业主要集中在东亚，如韩国、日本、中国台湾等。目前，OLED 的供应商主要来自韩国。从目前最主流的 AMOLED 市场来看，2013 年，AMOLED 市场中韩国厂商占到 95.8%，预计 2015 年仍将占到 83.7%。其他地区中，2013 年日本占比为 1.4%，中国台湾占比为 2.8%。国内的 AMOLED 生产厂商有望在 2015 年将 AMOLED 市场份额比重提高到 7.4%，排在韩国之后，位居第二。

2. 国内布局

我国高度重视 OLED 产业发展，加强对 OLED 产业的扶持政策，各地也纷纷布局，中国内地主要有昆山维信诺、汕尾信利、四川虹视、佛山彩虹等企业从事小尺寸 OLED 生产，已形成昆山、佛山、厦门、成都等 AMOLED 产业基地。国内的 AMOLED 产线中，4.5 代线包括信阳激蓝、上海天马、上海和辉、佛山彩虹；5.5代线包括厦门天马、京东方以及昆山国显；京东方在合肥和重庆以及华星光电新建的8.5代TFT-LCD面板产线兼顾的AMOLED面板产线（见表9）。

表9　我国OLED产业主要集聚区情况

集聚区	基本情况
昆山高新区吴淞江产业园	● 以TFT-LCD、OLED技术为重点,集聚了大量液晶面板配套企业,打造了完善的上下游产业链,国内首条具有自主产权的OLED大规模生产线、江苏省平板显示技术研究中心、江苏省有机发光显示技术研究中心、江苏省薄膜晶体管工程技术研究中心、江苏OLED产业联盟等 ● 江苏省OLED产业联盟主要企业:维信诺、昆山工研院新型平板显示公司、熊猫电子、南邮电等
佛山市	● 电子信息(光电显示)类国家新兴工业化产业示范基地 ● 目前区域内已形成以液晶显示产业为主,OLED显示产业为亮点,兼顾发展数字视听、LED等相关产业的立体发展格局。目前,已有两个在建项目:广东中显科技有限公司投资的AMOLED显示屏生产线和彩虹集团投资的彩虹(佛山)OLED ● 2010年首个部省共建OLED产业示范基地落户佛山顺德。东莞在OLED产业化方面走在全国的前列,基本形成了涵盖设备制造、有机材料生产、工艺研发、器件制造等各个环节的比较完整的产业链,并拥有一批如东莞宏威数码机械、东莞彩显有机发光科技等知名企业
厦门火炬高技术产业开发区	● 电子信息(光电显示)类国家新兴工业化产业示范基地 ● 光电产业为主导产业,集中在平板显示和LED发光照明行业。平板显示产业链主要分为面板–模组–整机,以达发光电为龙头,目前主要生产TFT模组;以宸鸿科技为代表的触控板生产厂商;以达运、辅讯为代表的背光模组厂商;以天马微电子、冠捷、厦华、东元为代表的平板显示整机厂商;辅以戴尔、联想、松下为代表的中小尺寸显示器后端应用厂商
成都高新区	● 目前,高新区已集聚了2条4.5代TFT-LCD生产线及AMOLED项目,以及相关模组代工及LED封装、液晶玻璃基本、液晶电视等上下游项目 ● 主要项目:总投资27亿元的中建材液晶玻璃基板、总投资31亿元的京东方4.5代TFT-LCD、总投资30亿元的深圳天马4.5代TFT-LCD、总投资7亿元的虹视OLED项目
北京经济技术开发区数字电视产业园	● 电子信息(平板显示)类国家新兴工业化产业示范基地 ● 园区重点发展领域有液晶面板制造、数字高清电视整机制造、机顶盒及中小尺寸液晶屏消费电子等产品研发制造以及液晶面板生产线所需关键设备材料制造。主要企业:京东方、康宁(特殊玻璃和陶瓷材料)、柏瑞安等

资料来源：作者整理。

（三）企业动态

1. 国外企业

三星是目前全球最大的 OLED 屏幕制造商，三星旗下 SMD 的 OLED 技术一直在业内处于领先地位，无论在制程良率、开发成本还是面板品质、寿命方面均具优势。在技术路线的选择上，三星采用低温多晶硅（LTPS）TFT 背板驱动＋RGB 高精密金属掩膜版 OLED 蒸镀的技术路线。目前已有 2 条在量产 AMOLED 产线，一条 4.5 代线（2005 年投资，2007 年量产）和一条 5.5 代线（实际蒸镀制程基板尺寸为 650x750mm，5.5 代的 1/4，2011 年量产）。另外，三星的 8.5 代 OLED 面板生产线（苏州）于 2013 年底投产，预计将于 2014 年上半年量产（但截至本研究报告定稿前仍未得到量产规模数据），同时，三星正在建造它的第二座 5.5 代（全机板蒸镀）AMOLED 工厂，并测试其三大技术 "Flexible"（可挠曲式玻璃基板）、"LITI"（Laser Induced Thermal Imaging，激光热转换影像）以及免切割全机板蒸镀（No-Cut Evaporation）的量产性。

2013 年，OLED 产业的竞争进一步激烈化。企业间的竞争促进 OLED 向大尺寸、柔性方向发展。三星电子和 LG 电子都在 2012 年 5 月展出了各自的 55 寸大尺寸 OLED 电视产品。LG 在广州投资 7063 亿韩元，增设了一条 8.5 代 WRGB 电视面板的生产线，这也是全球最大的 OLED 面板生产线，该生产线于 2014 年底实现量产。2012 年 6 月，索尼与松下于 2012 年 6 月 25 日正式结盟，进攻大尺寸 OLED 电视领域，但进入 2014 年 5 月，索尼开始不断收缩期 OLED 战略，取消了与松下的合作生产计划，转而把重点投向液晶电视，业界分析其主要原因是价格更高的 OLED 电视在销量上不如其 4K 电视，除此之外，索尼还面临与三星和 LG 的激烈竞争，在 OLED 方面后两家企业对技术投入更多，更加占领市场先机。

在技术层面来看，几大厂商都均由各自领先的特点。

（1）松下：4K AMOLED 电视使用图像打印技术。

（2）索尼：蒸镀技术生产发光组件。

（3）LG：氧化物 TFT 背板和白色 OLED 蒸镀方法。

（4）三星：LTPS TFT 背板和 RGB OLED 蒸镀方法。

2013 年 10 月，LG 开始量产首款柔性 OLED 面板，用于智能手机。随后，三星发布曲面 OLED 显示屏手机 GalaxRound。三星和 LG 都投入了多条产线生产柔性 OLED 屏幕，三星的产能略占优势，其柔性 OLED 屏幕的产能大概在每月 150 万片，LG 的产能可能会比较低，但 LG 的优势是柔性 OLED 生产线可以用 LTPS 低温多晶硅液晶显示屏产线改造，成本更低。

进入 2014 年，LG 实现了第二条 OLED 量产线 E4 的建设。新生产线不仅工艺技术进步巨大，更是实现了产能方面 3 倍的提升。与 LG 持续高调地推进 OLED 电视用面板项目的市场化不同，三星选择了"暂缓"。因此，LG 成为 OLED 电视面板的唯一供应商，并树立了该领域的领头羊形象（见表10）。

表 10　三星和 LG 主要 AMOLED 生产线

厂商	世代线	蒸镀制程设备	设计产能	建设情况/量产时间	技术情况
SMD	4.5	460 * 730	5000 万片/年	2005 年投资,2007 年 1 月量产	AMOLED
	5.5	650 * 750	7.2 万片/月	投资 21 亿美元,2010 年 6 月建成,2011 年 5 月量产	AMOLED
	8.5	—	2.4 万片/月	2012 年投建试产,2013 年量产	专注高性能高画质,小光罩扫描（SMS）+ 低温多晶硅背板 + RGB 有机发光材蒸镀技术
LGD	3	—	—	2009 年小规模量产	AMOLED
	4.5	—	—	2011 年小规模量产	AMOLED
	8.5	—	2.4 万片/月	投资 28.3 亿美元,2012 年试生产,2013 年量产	着重在量产性与低成本,金属氧化物半导体（Oxide TFT）+ White AMOLED + 彩色滤光片

资料来源：Display Search。

2. 国内企业

目前，中国内地企业主要从事小尺寸 OLED 生产，大尺寸 OLED 生产方面还不成熟。小尺寸 OLED 生产方面的主要公司有昆山维信诺、汕尾信利、四川虹视、佛山彩虹等（见表11）。

表11 我国 OLED 产业链各环节的参与企业

产业链环节	主要参与单位
有机发光材料	吉林奥来德、无锡樱莱、北京阿格蕾雅、天津佰斯康、苏州纳凯等
玻璃基板	南玻、东旭
驱动 IC	深圳先科显示、上海航天欧德、杭州士兰微电子
导电膜	欧菲光、莱宝高科、苏大维格（柔性导电膜）
偏光片	深纺织（上游原材料技术仍受制于日本）
彩色滤光片	莱宝高科（产能下降，转做触摸屏为主）
面板制造	维信诺、京东方、信利半导体、四川虹视、彩虹股份、天马微电子、广东中显科技、南瑞新型显示技术

资料来源：作者整理。

在 OLED 机理、材料和器件结构等方面，我国 OLED 企业已经积累了相当丰富的经验，尤其是在蓝光配合物材料、有源有机发光显示驱动技术、小分子发光材料、界面材料等方面，同国外企业相比，我国企业较前些年来说，已经取得了较多有价值的研究成果。例如，我国自主研发的单层结构器件简化了材料、设备和工艺制备过程，极大地降低了成本，突破了传统的双层和多层结构，碱及碱土金属的氮化物和胺化物材料的新型阴极结构突破了柯达公司核心专利之一的 LiF/Al 阴极结构技术壁垒。此外，目前我国已经开发了一系列红色荧光材料，寿命超过 15000 小时（初始亮度 $1000cd/m^2$），该技术不仅是自主知识产权，而且极具产业开发前景。

目前，我国企业在高分子发光材料方面主要依靠自行研发，技术进展迅猛，发光效率大幅提高。在有源有机发光显示用硅基、金属氧化物基的

TFT 基板技术和驱动 IC 开发方面，我国企业也取得了较大的进展（见表12）。

表 12　国内 OLED 产业主要研发机构及研究成果

单位名称	主要研究方向与成果
清华大学、维信诺	开展 OLED 器件、材料的研究,发展了软屏、白光照明技术,已完成中试技术的研究,开发了 128×160、96×64 等彩色产品。小批量生产单色 OLED 产品;从事 OLED 器件的开发和大规模生产,目前已建成 OLED 大规模生产线,2008 年 10 月正式投产。2010 年维信诺打通了 LTPS-TFT 背板和 OLED 显示屏制造工艺技术,先后成功开发出 2.8 英寸、3.5 英寸、7.6 英寸和 12 英寸 AMOLED 全彩显示屏
华南理工大学	共轭功能高分子、光电纳米复合材料以及相关共聚物等材料开发和薄膜器件开发,研制出单色高分子发光显示屏,采用 ink-jet 和旋涂新工艺研制出全彩色高分子发光显示屏,像素 96×(3)×64。目前已经申请 OLED 显示相关专利 40 项,国际保护专利 4 项;与创维共同投资创立广州新视界广电科技有限公司,打破了国外技术垄断,在 3.5 代线上实现了 AMOLED 批量生产
京东方	2010 年与四川电子科技大学建设 OLED 联合实验室;2012 年初,京东方生产出第一片 18.5 英寸 HD Oxide TFT-LCD 面板以及 4 英寸 WQVGA 分辨率 Oxide AMOLED 面板
彩虹南方研究院	2011 年完成了 TFT 基板电路结构设计、有机发光材料膜层结构和 IC 设计,并于 2011 年 10 月 17 日顺利实现了第一款 3.2 寸 HVGA 面板单色点亮
广东有机发光显示产业技术研究院	开展 OLED 关键材料、设备技术、项目公关机构和建设 OLED 显示屏示范生产线,东莞投资 6 亿元建设的年产 150 万片 2.5 英寸 OLED 生产线于 2009 年底接受验收
四川虹视	OLED 器件的开发和大规模生产,目前通过引进韩国 ORION 公司的生产设备和技术,正在建设 OLED 大规模生产线,裸眼 3D AMOLED 样本成功点亮,建成首个国家级 OLED 工程实验室

资料来源：中国三星研究院。

目前，我国已经形成研发、驱动 IC、生产的完整产业链，OLED 生产线建设全面铺开，其中，小尺寸 OLED 生产是主流，大尺寸 OLED 生产方面还不成熟（见表13）。

表 13 我国主要 OLED 生产线建设情况

公司	地点	技术	投资额（亿元）	项目起始年份	最新进展
京东方	鄂尔多斯	5.5 代	220	2011	2013 年 11 月，京东方第 5.5 代 AMOLED 生产线在鄂尔多斯市投产
彩虹	佛山顺德	4.5 代（两条）	94.6	2010	受彩虹高层人士变动的影响，从 2012 年开始 4.5 代 AMOLED 项目便已暂缓推动
激蓝	信阳	4.5 代	100	2012	目前在建，预计 2014 年第二季度量产
和辉	上海	4.5 代	60	2012	低温多晶硅（LTPS）AMOLED 生产线，预计 2014 年第四季度量产
维信诺	昆山	4.5 代	—	2010	已建成并与 2010 年 12 月全线打通
维信诺	昆山	5.5 代	150	2012	主要生产 3～20 英寸 AMOLED 显示屏；计划五年内建设一条可生产 30 英寸以上电视产品的 AMOLED 生产线
天马	上海	4.5 代	14	2010	已建成并且设备调试基本完成，开始试验跑片，2012 年量产
天马	厦门	5.5 代 LTPS	70	2011	已投建，未来技术成熟后可迅速转化为 AMOLED 生产线
虹视	成都	4.5 代以上	—	2009	技术论证阶段，计划 2013 年底前建成

资料来源：课题组搜集整理。

目前，在 OLED 面板研制方面，国内领先的企业包括京东方、维信诺、信利半导体、广东宏威数码、上海广电电子集团、杭州东方通信等 40 多家企业，机构主要包括清华大学、华南理工大学、北京大学、吉林大学、上海大学、东南大学、南京邮电大学、合肥工业大学、长春光机所、中国科学院苏州纳米技术与纳米仿生研究所、中国科学院化学研究所等。材料生产企业主要包括吉林奥来德、无锡樱莱、北京阿格蕾雅、天津佰斯康、苏州纳凯等。

三 产业技术进展

（一）研发进展

OLED 显示器件的制备工艺如图 10 所示。

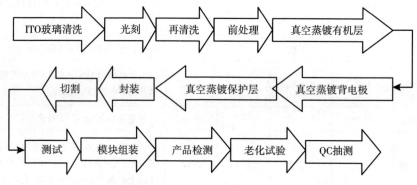

图 10 OLED 器件的制备工艺

背板技术是 OLED 的一大关键技术，主要包括低温多晶硅技术（LTPS TFT）、金属氧化物技术（Metal oxide TFT）、非晶硅技术（a-Si TFT）和微晶硅技术（Microcrystalline Silicon TFT）（见表 14）。

表 14 主要背板技术发展现状

主要背板技术	发展现状
低温多晶硅技术	该技术是唯一经过商业化量产验证的技术，在 4.5 代以下生产线比较成熟，商业化量产的良品率可达 90% 以上。但低温多晶硅的技术发展目前仍存在瓶颈，激光晶化造成 Mura 严重，使用在 TV 面板上，会造成视觉上的缺陷。此外，初期设备投入成本高，生产工艺比较复杂，受到激光晶化工艺的限制，大尺寸化比较困难等问题也阻碍了该技术的发展
金属氧化物技术	应用该技术的显示产品近两年正在成为业界主流。金属氧化物技术的电子迁移率是非晶硅技术器件的 10 倍以上，能够很好地适应 AMOLED 电流驱动的需求，同时，其 TFT 基板可以采用业界成熟的大面积溅镀成膜的方式，成本较低。因此，该技术目前已成为全球各大厂商布局的重点

主要背板技术	发展现状
非晶硅技术	最成功的应用是在液晶生产工艺中,除少数使用 LTPS 技术外,绝大部分 LCD 厂家使用 a – Si 技术。其制程比较简单,设备投入成本低。但在 OLED 应用中,其电子迁移率低,稳定度不佳,无法驱动 OLED
微晶硅技术	在材料使用和膜层结构上,和 LCD 常见的非晶硅技术基本上是相同的,是目前索尼选择的 OLED 技术。这种技术虽然也能达到驱动 OLED 的目的,但由于其电子迁移率低,在 OLED 没有成熟的生产经验,器件稳定性和工艺成熟性无法保证,目前选择作为研究方向的厂家较少

从各大 OLED 厂商 2014 年的技术进展来看,各个厂商仍在各自所坚持的技术路线上有所突破。

LG 的 WRGB OLED 技术是通过白色 OLED 和色彩提纯结合的方式,避免了蓝色有机物寿命较短的弊端,同时生产可不需要金属罩,可采用与传统非晶硅设备无缝衔接的氧化物(Oxide)TFT 技术制造,从节省投资的角度来看,业界普遍认为是大尺寸 OLED 量产的最佳技术。WRGB OLED 采用了4 色技术,在将红、绿、蓝有机物质垂直排列的基础上加入了白色有机物,白色有机物发出的光线通过 TFT 基板呈现色彩。这一技术可实现大型 OLED 量产,生产效率高,成功解决了传统的 RGB 方式下蓝色有机物使用寿命短、色彩存在偏差等问题。采用色彩提纯技术使得 OLED 电视中的 4 色相素发出的光更加均匀。与此同时,WRGB OLED 还有重要的优势,它具备 4 个基色,在 200 万像素的高清画面中具备 800 万个子像素,画质更加细腻、色彩还原更加准确。[①]

三星的 Super AMOLED 是其近年来一直推崇的技术,相对于传统的 AMOLED 来说,Super AMOLED 没有使用触控感应层 + 显示层的架构设计,使得操控更为敏捷,色纯度高,色域范围可达 110% NTSC,在室外强光下也有很好的显示效果。2014 年,三星对其 Super AMOLED 进行了深度优化和

---

① 《2014 LG WRGB OLED 技术大放异彩》,中华液晶网,2014 年 3 月 8 日。

调整，通过使用新技术和更为省电的有机材料，相对于以往三星的 AMOLED 面板来说，能耗更低，色彩更为真实。三星在驱动元件中增加了 RAM，只有屏幕被激活时才会耗电，此外色彩的呈现也可以在不影响表现和对比度的情况下，减少 WQHD 屏幕电量的消耗。

2014 年，在 OLED 技术上一直处于第一阵列的索尼和松下宣布改变其 OLED 路线，索尼转而聚焦成本较低的液晶 4K 电视，这主要是由 OLED 电视的成本较高，价格昂贵所造成的，但本研究认为，随着技术的进步，成本将会进一步降低，OLED 技术仍是未来显示技术的发展主流。

（二）国内外差距

从总体上看，我国正处于 OLED 产业发展的关键时期，具备了一定的技术研发及产业配套能力，多条 AMOLED 生产线已进入项目建设的关键时期。但是从设备、材料、专利发展等方面来看，我国 OLED 产业也面临基础研究不足、产业配套不完善、缺乏具备较强竞争力的龙头企业、在全球行业标准及知识产权领域缺乏话语权等问题，在一定程度上阻碍了我国 OLED 产业的持续健康发展。

在设备方面，我国目前还无法自制 AMOLED 面板的重要制程设备，国内企业不得不购买昂贵的国外设备和零部件进行生产，生产成本较高。

在材料方面，作为影响 AMOLED 面板性能的关键材料，有机发光层材料也决定了最终产品的成本高下。上述材料的生产掌握在欧洲、美国和日本的少部分厂商手中，我国面板企业目前只能依赖进口，价格较高，成本难以下降。其他 OLED 材料方面，目前主要由日本出光兴产、堡土谷化学，美国 UDC 公司以及一些韩国公司所控制，国内目前尚无能够稳定量产的厂商，因此，大部分 OLED 材料依赖进口。

在专利方面，我国企业仍处于专利积累的最初阶段，在未来相对较长的一段时间之内，仍需要将精力主要集中于技术研发工作的积累当中。相对来说，日本和韩国的厂商在 OLED 方面拥有较强实力。

此外，我国 OLED 发展的落后也受困于国家法令和知识产权技术壁垒的限制。以材料为例，我国要求从国外进口的 OLED 材料都要经过《化审法》的检测，国外厂商一方面认为检测存在材料信息外泄的可能性，另一方面检测审核的周期一般要几个月甚至更长，费用昂贵。因此，目前，OLED 材料在国内的销售额没有形成规模，这在一定程度上延缓了国内 OLED 产业的发展。

四 存在的问题

（一）产业链关键环节仍很薄弱

中国虽具有一定的 OLED 产业基础，但产业链核心环节还很薄弱。在产业的上游设备和原材料环节，中国企业涉足甚少，大部分 OLED 企业都集中在面板制造环节。在下游企业中，企业发展缺乏品牌意识，制约了 AMOLED 产业的可持续健康发展。在中游面板制造环节，由于我国 TFT 技术相对发展滞后，面板的制备工艺薄弱，在 AMOLED 的生产工艺方面落后于国外厂商。

我国还缺乏面向产业化的成套 OLED 生产设备制造企业，由日本、韩国和欧洲企业垄断了成套设备的制造和关键技术的研发。驱动 IC、ITO 玻璃、精密掩模板、光刻胶、干燥剂以及封装用的紫外固化胶等原材料基本上靠进口。

（二）在专利方面处于被动局面

我国虽然对 OLED 进行了大量的基础研究，但是在核心专利方面处于被动局面。在小分子 OLED 材料和结构的基本专利领域，国内企业无法同美国柯达公司以及日本出光兴产等公司抗衡。在高分子 PLED 材料和结构的基本专利领域，英国 CDT 公司和美国 DuPont 等公司远领先于国内企业；在有源驱动方面，中国大陆企业无法同日本的三洋、Sharp、SEL、Eldis，韩国的三星、LG 和中国台湾工研院相竞争。

（三）缺乏综合配套能力较强的领导型企业

三星、松下、LG、索尼是目前全球 OLED 行业出货量最大的企业，三星由于其产品线上的手机、电视等产品需求巨大，完全可以支撑三星公司在显示领域的投入更大的研发资本，此外，松下、LG 和索尼在电视方面也占据较大的市场份额。相对来说，我国 OLED 企业大部分处于起步阶段，缺乏大规模、全产品线的企业。

（四）融资环境不完善，资金压力大

OLED 产业在投入方面呈现投入高、周期长的特点，目前，我国的投融资环境与 OLED 发展所需还存在差距。目前国内的家电企业和手机制造商在大手笔的投资方面都与国外厂商存在差距，如一条 4.5 代 AMOLED 生产线大约需要 50 亿元的投入，在产业发展初期来看，国内现有的 OLED 企业仍达不到进入这一资本市场的门槛。

此外，行业标准，行业资源整合，OLED 产业的生产、开发及管理人才等方面，都是我国 OLED 产业发展所面临的问题。

五　发展思路及对策建议

第一，建设适应 OLED 技术发展的创新体系。对 OLED 共性技术及未来技术的研发，建议政府通过项目的形式给予支持，由政府主导，企业参与，产学研结合。建立国家工程中心或国家工程实验室，面向全行业开放共性技术研发和转化的平台，从人才培养的角度，开展企业横纵的整合与合作，推进 OLED 产业快速扩大规模。

第二，培育领军企业，打造企业的国际竞争力。建议出台鼓励 OLED 产业发展的相关配套政策，在产业布局、投融资、财政、税收、专项资金、人才等方面给予政策支持，加大对 OLED 产业的扶植力度和频度。目前，我国的投融资环境尚不能很好地支持 OLED 这类投资门槛高、投入规模大的产业，在培育企业核心竞争力的关键时期，需要国家在初期投入一定比例的资本，集中资源来支持骨干企业，为其创造参与国际竞争的良好环境，尤其是那些具有自主创新意识、能力强、能参与国际竞争的龙头企业。在科学统筹规划的基础上，加大对 OLED 产业发展宏观调控的力度，着重培育 OLED 上游原材料和设备产业的发展，促进 OLED 产业链的成熟。

第三，借鉴集成电路的做法，累积核心关键技术。借鉴国家支持集成电路发展的做法和优惠政策，由国家设立重大技术专项，从课题角度给予大力度扶持，并从研发资金方面予以支持。同时，注重成果转化，将研发成果切实转化为产业发展增长点。核心专利技术是 OLED 产业发展的关键，要抓住产业发展的战略机遇，抢占知识产权制高点。

第四，加强产业上中下游的协同。下游企业是市场和技术的风向标，上游企业应积极开展与下游企业的合作，协同发展，更多地开发出适应市场需求的新产品，推动 OLED 的快速发展。

B.5

碳纤维及其复合材料产业
发展现状及对策

陈雪琴*

摘　要：碳纤维及其复合材料在航空航天及其他工业领域的应用逐
步普及。发达国家主要企业纷纷扩大产能，延伸产业链条，
巩固产业发展优势。我国碳纤维产业初步建立了具备自主
知识产权的全产业链生产体系，具备小规模生产 T800 级碳
纤维的能力。但整体上碳纤维产能还远远不能满足需求，
进口依赖度较高，且在规模化生产、质量稳定性等方面与
国际相比仍有较大差距，应通过优化发展环境、推动需求
市场牵引、加强数据库建设等方面推动我国碳纤维产业
发展。

关键词：碳纤维　技术差距　复合材料

　　由于用碳纤维制成的复合材料具有极高的强度，碳纤维被国际上称为
"第三代材料"，随着生产技术的提高，碳纤维价格逐步平稳，应用范围进
一步扩大。2013 年，日本碳纤维协会召开的复合材料研讨会上，三菱丽阳
公司预测，2012～2020 年，世界碳纤维的需求将以年均 15% 的增长率增长，
其中，产业用途是其主要牵引力。美日欧主要碳纤维厂家已开始纷纷扩大产

＊ 陈雪琴，工业和信息化部电子科学技术情报研究所，工程师，研究方向为新材料产业。

能，形成新一轮的投资和并购热潮。中国是碳纤维应用大国，近年来，随着航空航天、汽车、新能源装备、高铁等的迅猛发展，对碳纤维复合材料的需求呈爆发式增长，国内高品质碳纤维供应还远远不够。因此，应加快突破碳纤维生产核心技术，推动在相关产业领域的应用，掌握碳纤维产业发展的主导权。

一 产业概况

（一）产业概念

碳纤维是由聚丙烯腈或沥青等有机母体纤维，在 1000～3000℃ 高温的惰性气体下，碳化制成的无机高分子纤维，含碳量高于 90%。它既具备耐高温、耐摩擦、导热导电及耐腐蚀等碳素材料的特性，又具备纺织纤维的可加工性。碳纤维与金属、陶瓷、树脂、玻璃等复合，可以制得具有高模量、高强度、耐高温、耐腐蚀、高导电性、抗疲劳等众多优异性能的复合材料，广泛应用于国防军工、体育休闲及其他工业领域。

（二）产业分类

按原料的不同，碳纤维可分为聚丙烯腈（PAN）基、沥青基、粘胶基碳纤维以及新兴的纳米碳纤维等。其中，粘胶基和沥青基碳纤维产量相对有限，且用途单一，而纳米碳纤维尚处于研究阶段。PAN 基碳纤维生产工业成熟稳定、综合性能较好、生产成本较低，占世界碳纤维市场的 90% 以上，是当今世界碳纤维发展的主流。因此，本文将重点分析 PAN 基碳纤维的发展情况。

按照力学性能差异，碳纤维包含通用型和高性能型。其中，通用型碳纤维强度大致在 1000MPa，模量在 100GPa 左右。而高性能型碳纤维强度在 2000MPa 以上，模量在 250GPa 以上，高模型碳纤维模量在 300GPa 以上。在 PAN 基碳纤维中，日本东丽公司 T 系列碳化碳纤维和 M 系列石墨化碳纤维是国际上公认的代表性产品，通常被作为衡量其他产品性能的标准。

根据产品规格不同，碳纤维可分为宇航级（小丝束碳纤维）和工业级（大丝束碳纤维）两类。大丝束碳纤维一般是指 48K 以上的碳纤维，目前市场上已有的产品规格包括 48K、60K、128K 及 360K 等。而小丝束碳纤维则包括 1K、3K、6K、12K 和 24K 等。其中，大丝束碳纤维由于对前驱体的要求相对较低，生产成本也较低，一般适用于 T700 及以下性能产品系列的开发，多用于一般工业领域。而小丝束碳纤维则更注重高性能，多用于军工及特殊工业领域。大丝束碳纤维的未来发展方向是规模化并降低成本，小丝束碳纤维的未来发展方向则是质量的进一步提升。

（三）产业链条

PAN 基碳纤维产业链包括上游的 PAN 基碳纤维原丝生产，中游的碳纤维、碳纤维预浸料及其复合材料生产，下游的碳纤维制品开发。

PAN 基碳纤维生产制备过程如下：将聚丙烯腈通过聚合和纺纱工艺加工形成丙烯腈纤维原丝，在氧化炉中以 200～300℃进行氧化，并在碳化炉中以1000～2000℃进行碳化制成碳纤维，制备流程如图 1 所示。

碳纤维较少直接使用，通常作为增强型复合材料一起应用，包括碳纤维增强陶瓷基、金属基、树脂基等复合材料及 C/C 复合材料。碳纤维预浸料是把碳纤维浸渍在环氧树脂、聚酯树脂或热塑性树脂中制成的具有不同用途的中间材料。一般情况，预浸料在产业链中承上启下，将预浸料进行层压、缠绕等加热固化可得到复合材料。

目前，世界范围内，碳纤维消费主要集中在工业应用、体育休闲和航空航天等领域，具体应用如表 1 所示。

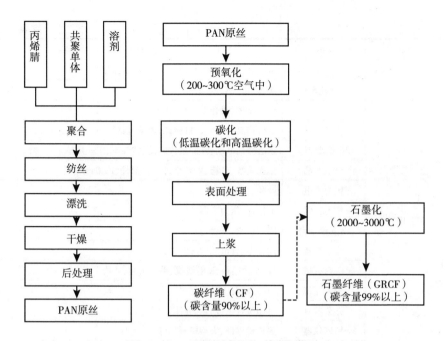

图1 PAN基碳纤维制备产业链条

资料来源：日本东邦特耐克斯公司网站。

表1 碳纤维及其复合材料的应用

领域	名称	具体应用
航空航天	飞机 火箭 人造卫星	一次构造件：主翼、尾翼、机体 二次构造件：辅助翼、方向舵、升降舵 内装材：地板、间隔、梁、洗面所、座席 助推器、发动机罩 天线、太阳能电池板、结构件
体育休闲	钓竿	钓具、卷线器
	高尔夫	杆头、面板、鞋
	球拍	网球、羽毛球、壁球
	自行车	车架、车轮、龙头
	海洋	帆船、巡洋舰、竞技艇、主桅
	其他	棒球杆、滑雪板、滑雪杆、训练用日本刀 日本弓、西洋弓、乒乓球、台球、遥控车、冰球棒

续表

领域	名称	具体应用
工业用途	汽车	传动轴、赛车、车用气瓶、引擎盖、整流罩
	摩托车	头盔、排气管罩
	列车	列车车体、磁悬浮列车、座席
	机械零件	纤维产品、弹簧板、机械臂、轴承、齿轮、凸轮、滚轴
	高速回转体	远心分离器回转轴、轴浓缩筒、防弹车、工业用轴承、杆材
	机电产品	抛面天线、音箱、VTR 部件、CD 部件、IC Carrier
	风力发电	叶片、主机
	压力容器	油压片、压力容器
	海底油平台	固定链锁、平台
	化学装置	搅拌器、管道、贮存罐
	医疗机械	板、X 片暗箱、X 射线仪、手术用品、轮椅
	土木建筑	缆绳、混凝土补强材料
	办公器具	打印机轴承、凸轮、壳体
	精密仪器	照相机零件、大型机械零件
	耐腐蚀器具	泵零件、大型机械零件
	其他	树脂模具、洋伞、安全帽、面状发热体眼镜框

资料来源：日本东邦特耐克斯公司网站。

二 产业发展及动态

（一）产业规模

1. 全球发展情况

2013 年，全球 PAN 基碳纤维产能规模达到 11.6 万吨，较上年同期增长 17.5%。2013 年，全球 PAN 基碳纤维产量为 6.55 万吨左右，其中，PAN 基大丝束碳纤维全球产量约为 2.21 万吨，占 33.7%，小丝束产量约为 4.34 万吨，占 66.3%。2004～2013 年，全球 PAN 基碳纤维产能如图 2 所示。目前，全球碳纤维的产能总体上供大于求。

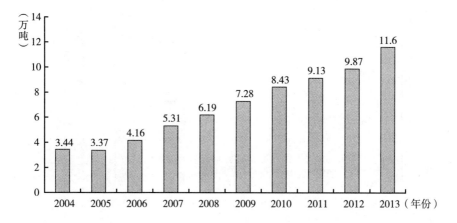

图 2　2004～2013 年全球 PAN 基碳纤维产能

资料来源：www. jeccomposites. com。

2. 我国发展情况

从 2008 年开始，我国碳纤维在技术上相继取得突破，进入碳纤维领域的企业逐步增多，2013 年，碳纤维生产企业达到 30 余家，总产能已近 1.4 万吨，但实际产量不足 3000 吨，装置平均开工率仅为 20% 左右。相比 2012 年，2013 年，我国碳纤维产能增长 40% 左右，产量增长 20% 以上，但仍远远不能满足国内需求。2013 年，我国大陆碳纤维表观消费量为 1 万吨左右，进口碳纤维及其制品 12386.2 吨，同比增长了 34.5%，进口额达 3.83 亿美元，主要来自日本、中国台湾、美国、韩国、土耳其等国家和地区，进口依赖度高达 74%，其中，从日本进口占到总量的 50% 左右。2007～2013 年，我国 PAN 基碳纤维产量如图 3 所示。

从碳纤维上游原料来看，近年来，我国丙烯腈产能增速低于下游需求增速，国内市场每年仍需大量进口补充供给。2013 年，我国国产丙烯腈供不应求，年内进口量大致为 54.7 万吨，进口金额达 9.83 亿美元，进口依存度高达 32%，不过未来三年随着国内新建装置投产，丙烯腈供应紧张局面将有所缓解。从碳纤维下游来看，我国有百余家企业从事碳纤维复合材料产品生产，主要集中在体育休闲类碳纤维制品，研制和生产航空航天等高端碳纤维复合材料的企业仅 10 家左右。受国际上高性能纤维技术与工艺的垄断封

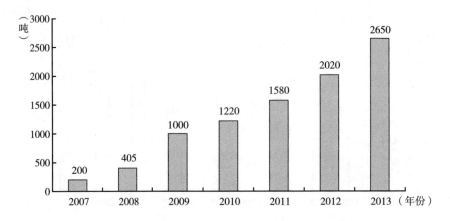

图3　2007～2013年我国PAN基碳纤维产量

资料来源：中国化纤工业协会。

锁，我国国产碳纤维产品仍然以小丝束低档产品（T300，3K、12K）为主，且低端碳纤维产品领域，国际上各厂商有向我国倾销的趋势，国产生产成本高于进口同类产品价格，全行业基本呈亏损状态。

（二）区域布局

全球PAN基碳纤维产能主要集中在日本、美国、德国、韩国及我国台湾地区。在小丝束方面，日本东丽公司、东邦特耐克斯、三菱丽阳和中国台湾台塑集团等4家公司的生产能力约占世界总生产能力的75%；大丝束方面，原美国卓尔泰克集团（2013年被日本东丽公司收购）、德国SGL集团和日本东邦特耐克斯三家的市场占有率总计达80%左右。国外碳纤维生产企业从规模到产品的性能都远远强于我国碳纤维企业。

由于碳纤维产业具有高技术壁垒特性，且我国进入时间较晚，我国碳纤维产业分布相对比较集中，主要分布在东北的吉林、辽宁，以大连兴科、奇峰化纤等为代表；东部沿海地区的山东、江苏、上海、广东、浙江等地，以中复神鹰、中简科技、威海拓展、金发科技等为代表；以及传统碳纤维工程化研发基地山西、安徽、陕西、甘肃等地，包括甘肃郝氏碳纤维、山西恒天纺织新纤维等。

（三）企业动态

1. 国外企业动态：投资扩建力度加大，向下游复合材料应用延伸

2013 年，世界主要碳纤维厂商加大扩建和投资力度，企业新建厂房和投资并购行为突出，并呈现向下游碳纤维复合材料应用领域的发展趋势。世界主要碳纤维厂商产能、产品情况及扩建计划如表 2 所示。

表 2　2013 年全球主要碳纤维厂商产能、产品情况及扩建计划

产能排序	生产企业	产能（万吨/年）	比例（%）	最新动态及扩建计划	主要产品及性能
1	日本东丽实业公司（Toray）	2.11	20.63	• 2013 年 9 月，收购卓尔泰克，扩展在风力发电和汽车结构体等应用市场 • 2013 年 4 月，韩国公司新工厂竣工 • 2013 年 4 月收购泰国童梦（DCM） • 计划到 2015 年达到 2.71 万吨/年，2020 年达到 5 万吨/年	普通型 T300，高强型 T800、T1000，高强中模型 M40、M46、M50，高强高模型（MJ 系列）M40J、M46J、M50J、M60J、M65J
2	日本东邦特耐克斯公司	1.89	18.48	• 2012 年 11 月，在松山事业所投产日产 1 万个碳纤维增强热塑性树脂制品的中试设备，可进行试制品的快速性能评价和复杂成型品的试制 • 在美国田纳西州投资约 300 亿日元兴建 5000 吨/年新碳纤维厂	HMA35、STS40、HTS40、UTS50、IMS40、IMS60、UMS40、UMS45、UMS55（抗拉强度最高相当于东丽公司 T800 水平）
3	美国卓尔泰克公司	1.95	19.06	• 拟在中山设立亚洲首个生产基地生产大丝束碳纤维，首期投产后年产量将达到 5000 吨，而其达产后将超过 1.5 万吨 • 2013 年 9 月，被日本东丽公司收购	PANEX33（相当于 T300）、PANEX35（高强度）、PANEX30（高纯度）大丝束，成本低

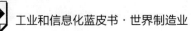
续表

产能排序	生产企业	产能(万吨/年)	比例(%)	最新动态及扩建计划	主要产品及性能
4	日本三菱丽阳公司	1.29	12.61	• 美国地区小丝束生产线于正式投产 • 2012 年在大竹事业所投产 2700 吨/年的大丝束"P330"PAN-CF(T700 型) • 计划再建 1 条 2700 吨/年的同样生产线 • 收购日本レンヂ和德国 TK Industries 两家 CFRP 企业 • 与韩国 SK 化学品公司协作,生产预浸料 • 收购了美国 Aldila 公司,发展预浸料	—
5	中国大陆生产企业	1.05	10.26	—	最高水平已达到 T800, T300 已实现 100% 国产化。偏重小丝束
6	台湾台塑集团	0.875	8.55	—	TC‒33、TC35、TC36S、TC42S 等。产品达到 T800。T1000 已研制还未量产
7	德国 SGL 集团	1.0	9.78	• 2012 年 5 月在奥地利新建了碳纤维汽车零部件工厂,投入 3600 万欧元,2013 年达产 • 2012 年 2 月在印度普纳扩建石墨类纤维生产基地,预计建设工期为 10 个月	PANOX、SIGRAFIL C、SIGRAFIL T
8	美国赫氏公司	0.72	7.04	—	AS4/AS4C/AS4D/AS7/IM2/IM6/IM7/IM8/IM9/IM10,产品性能达到 T1000 水平。3K ~ 12K 小丝束生产

产能排序	生产企业	产能(万吨/年)	比例(%)	最新动态及扩建计划	主要产品及性能
9	美国氰特工业公司(Cytec)	0.70	6.84	• 2012年7月收购英国复材制造商Umeco • 2012年6月,重启美国南卡罗来纳州的碳纤维扩建项目(前体制造和碳化)和得克萨斯州的预浸料扩建项目	主要是军工复合材料,碳纤维对外销售很少,主要是供内部系统使用
10	韩国熊津	0.03	0.29	—	—
11	土耳其AKSA公司	0.35	3.42	• 2012年,与陶氏化学组建DowAksa,生产碳纤维并致力于下游制品研发 • 只专注于工业级碳纤维的生产	—
12	印度Chemrock	0.03	0.29	—	—

资料来源:各公司官方网站。

（1）东丽公司

受美国页岩气革命带来压力容器需求快速增长,汽车用CFRP中间体及成型技术成功实现开发,燃料电池市场加速开拓等因素的推动,碳纤维市场快速复苏,东丽公司盈利增加,并加速扩张。

2013年9月,东丽公司以每股16.75美元,总价5.84亿美元的价格购买美国卓尔泰克的所有股份,扩展其在风力发电和汽车结构体等应用更加广泛的工业领域的市场。同时,东丽公司宣布将加盟美国碳纤维硬塑汽车零件厂商PCC(美国通用汽车等的主要供应商),目前已经取得该公司20%的股份,从而扩展在美国的销售渠道,确保北美碳纤维硬塑制品的生产据点,形成一个从碳纤维到成品的供应链。

2013年4月3日,东丽高性能材料韩国公司(简称"TAK")在韩国庆尚北道的碳纤维新工厂竣工，主要生产高强度普通弹性模量碳纤维应用于工业和体育领域，产能为2200吨/年。2013年4月，东丽从梦童集团收购童梦 Carbon Magic（简称"DCM"）的所有股份，将其百分之百子公司化，更名为"东丽·Carbon Magic 株式会社"。同时，东丽也将收购梦童集团设立于泰国的负责生产的子公司 Dome Composites（Thailand）Co. Ltd.（简称"DCT"）75%的股份，将其子公司化。DCM 拥有高精度热压罐技术，可生产汽车部件、医疗器械部件（CT 床板、X 射线盒等）。此次收购扩充了东丽在碳纤维汽车复合材料及 CFRP 配件的设计能力，与现有的各种 CFRP 成型技术相辅相成。

东丽目前的产能为2.11万吨/年，计划到2015年3月 PAN－CF 总产能达到2.71万吨/年，2020年达到5万吨/年，相当于现有的2.4倍，预期销售额将从2012年的750亿日元，扩大至2020年的3000亿日元，提高3倍。

（2）三菱丽阳

2012年以来，三菱丽阳进一步扩大碳纤维产业规模，延长产业链条。吸收合并了三菱化学下属的丙烯腈、丙烯酰胺企业，并强化在美国的碳纤维与复合材料制造与销售企业 Grafil 公司，实现从单体原料至 CFRP 制品的整套产业链，增强全球竞争力。收购日本 Challenge 公司、德国 TK Industries 及德国汽车零部件供应商 Wethje 公司等 CFRP 企业，扩大其在热压罐设备、汽车零部件上的 CFRP 份额。同时，三菱丽阳和 SK 化学签署了长期的碳纤维供应协议，明确 SK 化学在韩国蔚山和中国青岛使用三菱丽阳碳纤维生产碳纤维预浸料。为强化碳纤维高尔夫球杆和预浸料产业，三菱丽阳收购了美国最大和世界领先的碳纤维制高尔夫球杆生产厂家 Aldila 公司。

（3）东邦 Tenax 及其母公司帝人

2012年11月中旬，帝人在松山事业所投入日产1万个碳纤维增强热塑性树脂（CFRTP）制品的中试设备，可进行复杂成型品的试制和试制品的快速性能评价，成型时间在1分钟以内，与以往相比生产速度提高了10倍。

同时，帝人在美国田纳西州投资约 300 亿日元兴建 5000 吨/年新碳纤维厂，使该公司的总产能达到 1.89 万吨/年，预期到 2021 年 3 月碳纤维产业化的销售额由目前的 400 亿日元增至 1500 亿~2000 亿日元。

（4）其他公司

韩国晓星经过 3 年的自主研发，已成功开发了中档性能的 PAN 基碳纤维（PAN-CF），并为全州高技术综合企业投资 2 亿欧元建设新 PAN-CF 厂，产能 2000 吨/年，2013 年 4 月中旬投产运营，公司下一步还将投入 1.2 万亿韩元（约合 11 亿美元），扩大其自主品牌"TANSOME"碳纤维的产能，有望在 2020 年实现年产量 17000 吨。

俄罗斯 Alabuga 纤维公司预计将兴建 2 条 PAN-CF 生产线，一期工程将投资 6300 万欧元（250 万卢布）兴建 1500 吨/年的工厂，总工程费 1.06 亿欧元（420 万卢布）。

2013 年，宝马集团斥资 1 亿美元与德国 SGL 集团在美国摩西湖合资建立了碳纤维工厂，所生产的碳纤维将应用于宝马旗下的电动车 i3。鉴于宝马集团对于碳纤维需求量的增加，2014 年 5 月宣布追加投资 2 亿美元，扩大生产线，从而将该工厂的碳纤维原料的产能提升 1 倍，届时这些碳纤维材料将不再仅用于宝马 i3 车型。

2. 国内企业动态：国际竞争中处于弱势，利润空间小或亏损

2013 年，我国国内碳纤维企业由于在价格和产品的竞争与国际对比处于劣势且国内下游碳纤市场发展缓慢，大部分企业处于亏损状态，原定的产能扩建进展较慢。如吉林奇峰化纤公司 2013 年亏损达到 9247.2 万元，截至 2014 年 6 月，亏损额由上年同期 4704 万元，扩至 5089 万元。2013 年主要 PAN 基碳纤维生产企业及拟/在建项目统计如表 3 所示。

从主要企业的动态来看，2013 年 1 月，方大炭素以 2.33 亿元的价格收购方泰精密全部股权。2013 年 9 月，方大炭素以 7205.77 万元的价格受让中钢江城碳纤维公司 70% 的股权，成为碳纤维行业的龙头，可以看出方大炭素不断向碳纤维复合材料领域拓展，从而衍生产业链，打造新的利润增长

表3 2013 年我国主要 PAN 基碳纤维生产企业及拟/在建项目

单位：吨/年

地区	生产企业	原丝产能	碳纤维产能	产品性能/规格	生产方法及应用
东北	吉林奇峰化纤 吉林碳谷碳纤维	5000	500	T300 以上 1K/12K/24K	二甲基乙酰胺两步法 设备由意大利进口
	吉林东方神舟碳纤维	0	10	T300 以上 1K/3K	军用碳纤维
	中油吉化	400	163	T300 级 1K/3K/6K/12K	自主研发 T300 级碳纤维及原丝成套技术
	吉研高科技纤维	10	200	T300 级 1～12K	以工业、民用、体育休闲为主。国外原丝
	中钢江城碳纤维	25	500	—	主要应用于高端民用和工业领域
	沈阳中恒新材料	1500	500	达到 4.9GPa	成套装备全部国产化
	大连兴科碳纤维	800	360	3K/6K/12K	
华北	山西煤化工研究所	100	10	1K/3K	DMSO 法原丝
	山西恒天纺织新纤维	1200	在建	—	
	河北硅谷化工	1200	40	T700 级	
西北	西安康本材料	1000	500	—	
	兰州蓝星纤维	5300	3100	48K 大丝束	原丝一部分自产,一部分在英国生产
	甘肃郝氏碳纤维	0	60	6K/12K	
华东	连云港中复神鹰	10000	2500	6K/12K	原丝和碳化全套生产线,主要设备自主设计制造
	中简科技	120	50	T700 级	未达到全面国产化
	上海金山石化	1000	—	32K	NaSCN 法
	扬州惠通聚酯技术	240	20	1K/3K	DMSO 法原丝
	江苏航科复合材料	100	—	T800 级 6K/12K	
	大元股份下属嘉兴中宝碳纤维	—	预浸料及复合材料	—	
	江苏恒神	1000	在建	—	
	威海拓展纤维	2500	百吨及千吨级碳纤维生产线各两条	T300 3K/12K	DMSO 法原丝
华南	广州金发科技	—	200		碳纤维主要自用,用于生产 1 万吨碳纤维复合材料

资料来源：各公司网站，作者整理。

点。2013 年 3 月，金发科技产能为 2000 吨/年的碳纤维及 1 万吨碳纤维复合材料产业化项目顺利生产，目前，碳纤维年产量为 200 吨左右，主要用于企业内部自主生产碳纤维复合材料。2012 年江苏航科复合材料建成国内首条 T800 碳纤维生产线并实现稳定批量生产。2014 年，T1000 碳纤维产品已经中试成功，中试生产线规模为 50 吨/年，中试产品在拉伸强度、模量、断裂延伸等主要性能指标以上均达到国际水平。

三 产业技术进展

目前，我国碳纤维产业初步建立了从上游的原丝、中游的碳纤维到下游的复合材料及制品的全产业链生产体系，其中，已完全掌握 T300 级碳纤维的工业化生产技术，基本掌握 T700 级碳纤维生产，具备小规模生产 T800 级碳纤维的能力，M40 和 T1000 级碳纤维处于研发、试制阶段。

（一）PAN 基碳纤维技术进展

从世界范围看，PAN 基碳纤维产品主要有以美国为代表的大丝束碳纤维（LT：48K～480K）和以日本为代表的小丝束碳纤维（CT：1K～24K）两大类。美国和日本这两个碳纤维技术前沿国家的碳纤维强度水平如表 4 所示。2014 年 3 月 10 日，继 T800S 和 T1000G 之后，日本东丽公司又成功开发出兼备高模和高强优势的 Torayca T1100G 碳纤维及其预浸料。

从我国发展情况来看，2012 年江苏常州的中简科技发展有限公司依托中科院山西煤炭化学研究院的技术团队，经过 4 年时间，建立了 T700 碳纤维产业化生产线，年产量可达 300 吨，主要设备的国产化率达 98%，同时拥有湿法纺丝和干喷混纺两种纺丝技术。目前，T700 已经处于我国航空领域稳定供货阶段，T800 级碳纤维、石墨纤维等新产品也突破工程化技术，达到稳定量产。2012 年 9 月，中复神鹰碳纤维有限公司宣布成为我国首个

表 4　美国和日本碳纤维强度水平对比

型号	拉伸强度 （MPa）	拉升模量 （GPa）	密度 （g/cm³）	比模量 （10^9cm）	比强度 （10^7cm）	产地
IM6	5200	276	1.70	1.62	3.06	美国
IM7	5379	276	1.80	1.53	3.00	美国
IM8	5447	303	1.70	1.78	3.20	美国
IM9	6343	290	2.00	1.45	3.17	美国
IM10	6964	310	1.79	—	—	美国
P30	4000	210	1.76	1.19	2.27	日本
T700	4800	230	1.80	1.28	2.67	日本
T800	5490	294	1.80	1.62	3.03	日本
T1000	7060	294	1.82	—	—	日本

资料来源：美国赫氏（Hexcel）公司、日本东丽公司网站。

实现干喷湿纺 SYT45 级（相当于 T700 级）碳纤维产业化的企业[①]。2012年，江苏航科复合材料科技有限公司成功地利用自主研发设备和技术，建设成我国国内首条 T800 的碳纤维生产线，并实现了稳定生产，从原丝到成品技术均为自主研发，生产线的开工负荷已提升到 90%，并于 2014 年，T1000 碳纤维产品中试成功，中试生产线规模为 50 吨/年。2014 年，中科院山西煤炭化学研究所与太原钢铁集团合作，实现 30 吨/年 T800 级高性能聚丙烯腈碳纤维工程化及侧线 5 吨/年 M55J 石墨纤维的中试生产。

（二）碳纤维复合材料工艺及技术

碳纤维预浸料在应用于下游工业和航空航天领域时，要通过各种技术进行成型，形成各种复合材料。当前国际上的成型技术主要包括树脂灌注成型、RTM 成型、挤拉成型、高速缠绕（FW）成型、SMC/BMC 成型等技术。

国际上，宝马 i3 使用的碳纤维复合材料采用树脂传递模塑（RTM）工艺，在预成型的碳纤维布中高压注入树脂，快速成型。日本三菱丽阳与 ENKEI 公司（车轮生产厂家）共同开发出碳纤维复合材料与铝合金相粘接

[①] 中复神鹰碳纤维新品发布会。

的车轮，使压缩成型时间大大缩短。日本碳纤维复合材料企业 UCHIPA 公司与兰博基尼公司在名古屋大学设立研究所，批量生产碳纤维复合材料汽车部件和无人直升机叶片。

我国在碳纤维预浸料及增强复合材料的研发和产业化上也取得了一定进展。2012 年，四川省乐山新万兴碳纤维复合材料有限公司与清华大学共同合作，形成了年产 400 万平方米的碳纤维高性能织物纤维预浸料的生产能力，一定程度上填补了我国在热塑性预浸料生产技术方面的空白，打破了国际上的相关垄断。博云新材在炭/炭复合材料方面取得技术突破，打破了国际技术垄断，实现在航空航天、汽车刹车片、高性能模具材料等领域的应用。2013 年，我国成功开发了碳纤维多层角联机织装备及技术、多轴向经编机及技术和立体管状织造装备，填补了国内多层织造装备的空白，实现新型复合材料骨架的自动化、批量化生产。2014 年，中科院宁波材料技术与工程研究所及化学研究所等，联合研制出连续碳纤维复合材料快速热压成型成套装备，能够自动化生产连续碳纤维复合材料汽车部件，效率高达 56 件/天。目前，我军新型装备已广泛应用我国国产军用碳纤维材料，如歼－11B 和歼－11BS 战斗机的垂直尾翼部件由国产碳纤维材料制备，而直－10 和直－19 武装直升机的机身框架结构、直升机旋翼和直升机尾翼部件等也大量使用国产军用碳纤维。

四　存在的问题

（一）工艺技术落后，产品质量低下

碳纤维制备过程分为纯化聚合、纺丝、氧化炭化、石墨化和表面处理等多道工艺，任意一道工艺和设备都会影响碳纤维的质量。目前，我国工艺技术相对落后和雷同（见表 5），主要体现在：一是虽然我国目前已实现以二甲基亚砜为溶剂的间歇式溶液聚合、湿法（或干湿法）纺丝技术工艺的突破，但我国在预氧化碳化工艺技术、工艺保障性控制方法等方面亟待完善；

二是大部分国产碳纤维未经过表面处理，不能用作高性能要求的先进复合材料增强体；三是我国的碳纤维企业 90% 用的是二甲基亚砜原丝技术，技术趋同使产品同质化严重，而日本 3 个企业采取 3 种不同的技术路线，产品差异化明显。

表5　国际国内碳纤维重点工艺对比

工艺流程	国际情况	国内情况
原丝纺丝工艺	专利:日本企业占据了全球碳纤维原丝专利申请量的前十,其中,东丽、三菱丽阳和帝人东邦位列前三,纺丝技术垄断程度高。截至 2012 年,东丽公司原丝纺丝技术的发明专利申请量达到 160 项,三菱丽阳 135 项,排名第 3 的帝人东邦申请量为 26 项 纺丝技术:国际上一般采用湿法纺丝和干喷湿纺两种工艺。其中,日本东丽的 T800H、T300 等型号碳纤维及三菱丽阳、帝人东邦、土耳其 Dow-Aksa、美国赫氏均采用湿法工艺生产。而日本东丽的 JP2555826B2 是干喷湿纺工艺中最具代表性的专利,应用于东丽生产的 T700S、T800S、T1000 等型号产品生产,纺丝速率最高可达 480m/min。三菱丽阳、赫氏、韩国晓星等也拥有该技术 溶剂:日本东丽公司采用二甲基亚砜(DMSO)为溶剂的间歇溶液聚合技术开发原丝。东邦公司采用以氯化锌水溶液为溶剂的溶液聚合技术。土耳其 AKSACA 原丝使用的是 DMAC 二甲基乙酰胺溶剂 收丝速率:国外原丝收丝速率平均达到 300m/min	专利:中国原丝专利申请数量占比不到世界的 20%,且申请单位主要为国内的高校和科研院所,技术的开发和应用不够 纺丝技术:我国多数碳纤维原丝生产厂家采用湿法纺丝工艺生产 T300 级碳纤维原丝。仅中复神鹰、中油吉化、广州金发、常州中简等少数企业掌握了干喷湿纺 T700 级碳纤维原丝生产技术,但产品性能和质量稳定性不高 溶剂:大部分国内碳纤维生产商使用二甲基亚砜(DMSO)法。我国吉林奇峰原丝所用溶剂是二甲基乙酰胺。上海石化采取硫氰酸钠二步法。不同的原丝工艺路线在世界上都有成功案例,关键在于过程控制 收丝速率:目前,我国湿法纺丝原丝收丝速率为 50～120m/min
预氧化碳化工艺	• 国际龙头企业不仅在氧化炉、炭化炉等关键设备上遥遥领先,其对碳化环境的温度场控制、牵伸张力的匹配性、压力强度等方面已经摸索出一套精确的系统数据,产品稳定,合格率高 • 目前,国际上碳化收丝速率已达到了 900h/h	• 我国碳化收丝速率仅为 150～400m/h,远低于国际水平 • 我国碳纤维生产在氧化、碳化、表面处理、水洗、干燥、上浆等各主要工艺环节的停留时间、温度设置、张力设置、废物排除速度等均存在不匹配和不精确的问题,产品质量随机性突出

资料来源:作者根据相关文献整理。

（二）关键原料欠缺，核心设备依赖进口

我国在碳纤维用硅油剂和上浆剂等关键原料方面与以日本东丽公司为代表的国际先进水平差距较大，目前我国这些原料开发仍处于实验阶段，各个批次之间生产的质量不够稳定，影响产品的整体性能，而日本基本上已完成开发包括低硅、高硅和无硅等全系列的油剂及各类上浆剂，实现规模化生产且质量稳定。

在碳纤维装置方面，我国已经实现了百吨级中试规模生产设备的自主保障，但自主设计的预氧化、碳化生产线，在运行丝束数、速度等重点指标上仍然无法与引进的生产线相媲美。如目前我国聚合釜的容量为 $6 \sim 10m^3$，而国际上先进的聚合釜容量现在已达到 $20 \sim 45m^3$；国际上残单控制指标为 0.3% 以下，而我国是 0.5% 左右。目前，我国的纺丝设备、预氧化和碳化设备等基本引自意大利、美国、德国、日本、英国等先进国家，装备国产化方面差距较大（见表6）。

表6　国际国内碳纤维关键设备发展对比

装备	国际情况	国内情况
聚合釜	国际上先进的聚合釜容量现在已达到 $20 \sim 45m^3$	受国外封锁，目前，我国聚合釜的容量仅在 $10m^3$ 以下，为 $6 \sim 10m^3$。2013 年，由中复神鹰碳纤维、连云港鹰游纺机有限公司、中国复合材料集团以及江苏奥神集团承担的"干喷湿纺 GQ45 高性能碳纤维工程化关键技术及设备研发"项目自主开发设计了快速换热的全混式 $60m^3$ 聚合釜
脱单反应器	国际上通常采用薄膜蒸发器进行脱单，残单控制指标在 0.3% 以下	我国国内目前主要采用流延成膜的脱单方式，脱单控制指标在 0.5% 以上
多工位蒸汽牵伸机	国外主要采用孔道式和狭缝式蒸汽牵伸机进行蒸汽牵伸，蒸汽压力可以达到 0.5MPa	我国目前采用的主要也是工位孔道式蒸汽牵伸机和 10 工位以上的狭缝式蒸汽牵伸机，但孔道或者狭缝较大，总体上可承受的蒸汽压力相对较低，蒸汽泄漏较多

续表

装备	国际情况	国内情况
预氧化炉	氧化炉技术主要掌握在美国、英国、德国等发达国家。美国 DESPATCH 公司、哈勃(Harper)、利兹勒(Litzler)等都是世界氧化炉技术的领导者,其预氧化系统可加工 1~350K 的丝束。进口丝束宽度可达 4m	• 我国的氧化炉设备主要采用了国际上流行的几种循环风模式,已基本实现国产化,但目前仍然停留在被动借鉴设计制造层面上,在根据原丝特点进行设备的优化改造的能力仍然较差,且装备的节能水平还相对较弱 • 跟进口设备相比,国产设备在温度、张力等精度控制方面还有一定差距,导致产品不匀率上升,生产效率也难以提高 • 目前,国内高端氧化炉大部分是进口的
温炭化炉和高温石墨化炉	• 炭化炉和石墨化炉是国外对我国禁运的关键技术和设备。当前,德国等国家也对中国的炭化炉出口有所松动 • 国际上高温炭化炉最高年生产能力达到千吨以上,主要有东丽公司、东邦株式会社和三菱公司,美国 Harpper 公司以及英国的考陶尔公司	国内碳纤维高温炭化炉、石墨化炉的厂家极少,技术落后 • 我国高温炭化炉由于大部分采用硅碳、硅钼等作为发热体材料,温度通常不大于1300℃ • 由于采用感应加热,升华炭易沉积在绝缘件上,形成电流通路,寿命短,稳定性差,且由于炉内的温差大,产品一致性较差 • 由于采用窄通道炉型,丝束间运行角度差异造成性能的差异,同时容易损伤纤维 • 缺乏张力、露点、氧含量等控制信息
自动铺带机	目前,国际上自动铺带机的厂家主要集中在美国、法国、西班牙等欧美发达国家,如美国的 MAG Cincinnati、Ingersoll、西班牙的 M-Torres 等,可实现 32 条内任何数量表面的高精度铺放	发达国家在大型自动铺带机上对我国实施严格的许可证出口管理制度,我国可进口的数量有限。目前,我国南京航空航天大学研发的自动铺带(纤)设备,已开始在国内实现应用

资料来源:作者根据相关文献整理所得。

(三)消费结构不合理,终端市场发展滞后

从全球消费结构看,2013 年,碳纤维在工业领域的应用(包括汽车用、风能用、土木工程用、压力容器用、海洋工程及油气资源建设用、压研装备用及其他)约占总消费量的 61%;航空航天方面应用约占 22%,体育运动

器材应用仅占 17%（北美、欧洲、日本这一比例仅为 3%、1% 和 8%[①]）。而我国文体休闲产品用量占比高达 65%，工业应用约为 31%，航空航天仅 4% 左右，其中，我国军用航空器的碳纤维复合材料使用比例不足 10%，商业飞机 ARJ-21 中碳纤维复合材料的使用率也仅 2%。目前，我国高端领域对碳纤维的需求明显滞后。

国际上，军用和民用工业都广泛应用碳纤维复合材料。例如，宝马汽车入股德国 SGL 集团，推出了世界第一款大量采用碳纤维复合材料的商用车 Megcity。阿斯顿马丁、奔驰、兰博基尼、捷豹等超跑品牌也在大规模采用碳纤维材料。几乎每家国外著名汽车厂商都和碳纤维巨头强强联手，建立了广泛的合作开发和稳定的供求关系，积极开发新型和专用的大丝束碳纤维，降低碳纤维的整体成本。然而，此举在国内却显得比较冷清。终端市场发展的滞后在一定程度上阻碍了我国碳纤维产业的技术突破。

（四）生产成本偏高，市场竞争力较弱

规模化生产是降低成本、参与市场竞争的重要前提。我国碳纤维产业目前没有规模效应，产业化规模的单线产能以 500 吨级和 1000 吨级为主，与国际平均单线产能 1800 吨的水平存在较大差距。如我国 GQ3522 碳纤维的单线最高产能是 1000 吨，且产品的规格相对较为单一，主要集中在 6K 和 12K，更为精细的和成本更低可规模化的丝束规格仍然难以生产。而日本同性能（T300 级）的标准型碳纤维单线年产能已经达到 2000 吨以上，且涵盖各种丝束规格，产品的质量稳定性较高。

依据美国 ORNL 的研究报告，国际上聚丙烯腈基碳纤维的成本结构主要是：聚丙烯腈原丝成本在 11.11US＄/kg 左右，稳定化与氧化过程成本控制在 3.40US＄/kg 左右，碳化、石墨化工艺过程成本保持 5.11US＄/kg 左右，其他表面整理和卷曲与包装成本大致在 2.16US＄/kg 左右，总的成本基本上可以控制在 21.78US＄/kg 上下。而基于我国大陆现有的技术水平和

---

① 东丽集团公布的 2011 年世界碳纤维消费数据。

工艺生产能力，12K 的 T300 级碳纤维的单位成本至少需要 33.3US＄/kg，远远高于国际生产的平均水平，更比不上土耳其 AKSA 公司 22.5～24.2US＄/kg 和中国台湾 26.7US＄/kg 左右的价格。

国际上中低性能的碳纤维产品，价格相对低廉且质量相对稳定，使我国国产碳纤维供应商在国际竞争中处于劣势地位，且几乎无利可图，目前，我国国产碳纤维为获得市场，不得不以低于成本的价格抛售，销售越多，企业亏损越大。

五　发展思路及对策建议

（一）加大技术攻关力度，突破关键核心技术

首先，要积极研制高纯度原丝。目前，我国国产聚丙烯腈原丝和碳纤维中碱、碱土金属和铁的含量相对较大，严重影响了原丝在聚合和纺丝过程中的稳定性，且在后续高温碳化过程中容易溢走而残留下孔隙。所以，聚合所用原料要纯，纺丝空间应洁净化，设备应耐腐蚀。其次，应在较为成熟的 T300 级碳纤维领域，构建起生产工艺及设备运行过程中的包含温度、压力、风向、气流等的系统控制体系，提高产品质量的稳定性。最后，进一步完善和提升 T700、T800 级碳纤维的工艺技术水平及设备运行能力，推动高性能碳纤维工程化生产上碳纤维的批量和稳定生产，并积极推动产业化。

（二）推动市场需求牵引，吸纳终端应用企业加入产业联盟

碳纤维产业要靠应用来拉动市场，应加快推动国产碳纤维的复合材料应用，碳纤维质量的提升靠国防军工牵引，产业化技术的提升主要体现在一般工业领域的应用推动，因此，我国应该加快推进前端碳纤维制备技术与后端军民用市场应用牵引的双向驱动，从政策层面上进一步打开国产碳纤维的应用市场。

首先，加快国产碳纤维复合材料在风力发电、电力输送、油气开采、

汽车、压力容器、高铁等工业领域和重大基础设施中的示范应用，引导碳纤维及其复合材料的制造企业、研究设计部门及下游的应用单位的联合开发，明确发展需求，形成长期的共赢合作。其次，推动碳纤维及其复合材料产品的主要应用领域的优势企业及预浸料、织物、短切纤维等复合材料加工企业，加入"碳纤维及其复合材料产业技术创新战略联盟"，形成上下游紧密结合的碳纤维及其复合材料产业研发、生产和应用的群体。最后，鼓励有条件的碳纤维生产企业通过自产或对外合作等方式，向后端的预浸料及复合材料发展，构筑全产业链生产体系，结合后端需求不断调整和提升碳纤维的性能。

（三）优化国产碳纤维发展环境，推动国内企业的差异化发展

目前，我国国产碳纤维生产仍未摆脱"一哄而上"式的中低端生产和投资模式，未来应加强统筹规划、突出重点，结合各地的产业基础和市场资源优势，合理布局碳纤维及其复合材料的区域发展和产业链发展模式。同时，应注重培育国内碳纤维良性发展的生态环境，建立以企业为主的创新体系，兼顾不同工艺特色的研发与工程化创新体系。

首先，要研究制订应对西方发达国家压制我国碳纤维发展的相关预案，例如，压价倾销、收购兼并以及在我国建厂等，适当提高碳纤维及制品进口税率及其他非关税壁垒。其次，由于我国国内碳纤维生产企业产品规格及生产工艺雷同，大部分集中在12K及以下的小丝束生产。小丝束产品主要应用于军工和航空航天领域，对产品的品质要求高，对我国技术攻关的技术难度要求提升，而另一方面未来工业领域的碳纤维需求将大幅攀升。因此，要着力推动我国碳纤维企业的差异化发展，结合当前发展优势和条件，推动部分企业继续巩固小丝束高品质碳纤维生产，而部分厂家则专注于生产大丝束的工业用和民用产品。最后，基于现有产业特色与基础，重点支持3~4家不同溶剂路线的碳纤维原丝制备工艺的大型企业，推动不同工艺技术的同步研发试验与工程化，构建我国碳纤维制备的多元化技术体系。

（四）建立碳纤维及其复合材料的工艺及性能数据库

我国国产碳纤维及其复合材料产品与国外同类产品的差距在于质量稳定性差，各项性能随机性较大，降低了用户使用国产产品的信心。应加强扶持我国碳纤维及其复合材料生产制造企业、下游材料应用机构，提供各类生产工艺过程控制、产品性能及实验验证数据，构建各种指标和系数的数据库，通过精细化管理和上下游反馈机制推动上游碳纤维生产厂家不断完善工艺流程，提升产品性能。同时，逐步在碳纤维及其复合材料行业引入并实行第三方独立评价，提高产品质量的稳定性，逐步解决目前有产能没产量、有产量没质量、有质量没应用、有应用没效益的怪圈，构建国产高性能碳纤维表征与评价标准体系，形成战略性新兴产业的市场竞争优势。

稀土永磁材料产业发展现状及对策

陈雪琴*

摘　要：　我国是世界上最大的钕铁硼磁体生产国，产业基础雄厚，产品大量出口到欧美国家，但依然存在低端产能严重过剩、高性能材料终端应用滞后、专利受制于美日主要企业等突出问题。目前，美国和日本进一步加强在稀土材料专利上的控制力度，并加快开发新型稀土永磁材料，把握发展的主导权。我国应加大对低/无重稀土永磁材料、新型稀土永磁材料等的开发力度，积极展开专利布局，应对国际专利垄断，通过产业兼并重组，培育一批大型龙头企业，提升产业的国际竞争力。

关键词：　钕铁硼永磁　专利保护　制备技术

由于具有独特的电子层结构和耐热特性，稀土在石油化工、冶金机械、玻璃陶瓷等传统领域和永磁材料、催化材料、发光材料等新材料领域都具有广泛应用。随着我国战略性新兴产业的发展，稀土在新材料领域的消费比例逐步上升，2013年占比达到65%左右。目前，稀土永磁材料已经成为稀土新材料中最大的消费领域，也是我国在国际上具有重要地位和较大影响力的高技术产业之一。随着新能源汽车、风电、变频空调等的发展，我国对稀土永磁材料的需求将进一步增长。钕铁硼磁体（$Nd_2Fe_{14}B$）是目前应用最广的

---

* 陈雪琴，工业和信息化部电子科学技术情报研究所，工程师，研究方向为新材料产业。

稀土永磁，也是迄今为止性能价格比最佳的商品化磁性材料，本文重点分析钕铁硼永磁材料。

一 产业概况

（一）产业概念

钕铁硼永磁体的主要原材料为钕、镨钕、镝铁等稀土金属或稀土合金以及纯铁、硼铁合金和其他添加剂，其中，钕占 15% ~ 25%（按质量，下同）、镨占 0 ~ 5%、镝占 0 ~ 5%、铽占 0 ~ 2%。钕铁硼永磁体拥有极高的磁能积和矫顽力，且具有高能量密度的优点，在现代工业和电子技术中得到了广泛应用，推动仪器仪表、电声电机、磁选磁化等设备的轻量化、小型化、薄型化①。

（二）产业分类

根据原材料及制造工艺流程的差异，钕铁硼分为烧结钕铁硼、粘结钕铁硼和热压钕铁硼等，并表现出不同的特性。其中，热压钕铁硼具有致密度高、取向度高、耐蚀性好、矫顽力高和近终成型等优点，但机械性能不好且由于专利垄断，加工成本较高，目前市场上仅美国通用、日本大同（Daido）和欧洲达美三家公司拥有生产技术，且仅有日本大同公司实现批量生产，因此热压钕铁硼的总产量远小于烧结和粘接钕铁硼磁体，我国国内热压钕铁硼磁体生产仍为空白。因此，本文着重分析烧结钕铁硼和粘接钕铁硼。

烧结钕铁硼采用粉末冶金工艺，熔炼后的合金制成粉末在磁场中压制成压胚，具体生产工艺流程为：配料→真空熔炼→破碎磨粉→磁场取向→烧结→热处理→机加工→钕铁硼磁体成品。其优点主要是磁性能极高，是

---

① 资料来源于正海磁材官方网站及其招股书。

当前磁性能最大的磁性材料，广泛应用于电子、电力机械、新能源汽车、医疗器械、航空航天等领域。其主要缺点包括：一是需要添加中重稀土镝/铽以提高磁体的内禀矫顽力与工作温度，而为了适应高温工作环境，部分烧结钕铁硼含较大比例高价值中重稀土（镝、铽），使得产品单位成本较高；二是制造过程是先烧结为毛坯再进行机加工，使加工过程损耗较高①。

粘结钕铁硼是由钕铁硼磁粉加入黏合剂制成，并采用一定的成型方法制备磁体，工艺流程主要分为制粉工艺、粘结工艺和成型工艺三大步骤，具体流程如下：磁粉→与粘结剂等混料→射出/压缩成型→固化研磨→表面处理→注塑组装→充磁→粘结钕铁硼磁体成品。其中，磁粉又可分为各向同性和各向异性两种，磁粉制造方法主要有快淬法、HDDR法（氢化—歧化—脱氢—重组工艺）、气体雾化法等。粘结钕铁硼的主要优点：一是产品易成型、具有极高的尺寸精度，在生产硬盘、光盘等高精度上具有相当大的优势；二是产品不含中重稀土，使得产品单位原料成本相对较低；三是由于采用直接成型工艺，因此，加工过程损耗较低。其主要缺点是相比烧结钕铁硼，粘结钕铁硼的磁性能较低，内禀矫顽力与工作温度偏低（见表1）。

表1 烧结、粘结、热压钕铁硼的性能及优缺点对比

类别	最大磁能积（MGOe）	内禀矫顽力（kOe）	剩磁（kGs）	优缺点
烧结钕铁硼	35～56	12～30	11～15	优点:磁性能极高 缺点:含较多高价值中重稀土、加工过程损耗高
粘结钕铁硼	6～12	7～18	6～8	优点:易成型、精度极高、加工过程损耗低、不含中重稀土 缺点:磁性能低、垄断导致价格高昂、工作温度较低

资料来源：《烧结、粘结、热压钕铁硼发展前景辨析》，《申万研究》，2013年1月。

---

① 《烧结、粘结、热压钕铁硼发展前景辨析》，《申万研究》，2013年1月。

（三）产业链条

钕铁硼永磁材料产业链分为上游稀土冶炼、中游稀土永磁材料制造以及下游的终端产品和设备。其中，上游企业主要从事稀土矿产的开发粗选、冶炼分离（包括稀土氧化物、稀土金属、混合稀土金属、稀土化合物等的生产）；下游企业则主要是永磁材料的应用，主要在风电、汽车助力转向系统（EPS）、新能源汽车、硬盘音圈电机（VCM）、核磁共振成像仪（MRI）、变频空调、磁选设备、光盘驱动器、微特电机等领域（见图1）。其中，高性能钕铁硼永磁材料主要应用于新能源和节能环保等新兴领域，应用领域如表2所示。

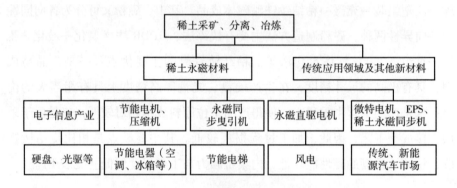

图1 稀土永磁材料产业链条

表2 高性能钕铁硼永磁材料广泛应用与新能源和节能环保等新兴领域

主要领域	主要应用	主要优点
风力发电	永磁直驱风机	采用全功率变流技术，具备较强无功补偿、低电压穿越能力，对电网冲击小，发电效率平均提高5%～10%
节能电梯	永磁同步曳引机	采用直接驱动的方式，省去了涡轮蜗杆结构，传动效率比传统异步曳引机提高了20%～30%，总体能耗比传统异步曳引机降低45%～60%
节能环保空调	变频空调的压缩机	与定频空调相比，可节能30%以上，其寿命一般能达到12～15年

续表

主要领域	主要应用	主要优点
新能源汽车	驱动电机	新能源汽车的心脏,具有更高的驱动功率
汽车电动助力转向系统	EPS核心零部件	为汽车驾驶提供最佳助力,同时各种外在因素引起的对转向系统的扰动,提高转向稳定性
节能石油抽油机	直线电机抽油机	将电能直接转变为直线往复运动,具有效率高、作业方便、启动电流低、高运行稳定、节能效果可达45%

资料来源:长江证券研究部,《政策号角响起,新能源汽车助推钕铁硼产业持续繁荣》,2014。

二 产业发展及动态

(一)产业规模

1. 全球规模情况

2013年,全球钕铁硼总产量达到11万吨左右,其中,烧结钕铁硼材料占主要市场,达到90%以上,粘结钕铁硼永磁材料的市场份额较小。1997~2013年,全球烧结钕铁硼产量的年复合增长率达15%,而粘结钕铁硼的年复合增长率只有7%。目前,粘结钕铁硼的产业规模较小的原因主要有两个方面,一是相比烧结钕铁硼,其磁性性能和机械强度较弱,应用范围受限;二是上游原材料磁粉成分及制备工艺专利被麦克昆磁公司(MQ)控制(专利覆盖范围主要为日本、美国和欧洲地区①),且不向其他制造商授权专利许可,目前麦克昆磁公司生产的钕铁硼磁粉占有全球市场80%以上的市场份额。2014年7月,MQ磁粉专利到期,有助于降低磁粉成本,推动粘结钕铁硼对铁氧体的大规模替代,从而促进全球粘结钕铁硼的规模增长。

2013年,在全球钕铁硼永磁材料中,高性能钕铁硼产量达到4.28万

① 凡是在日本、美国和欧洲等专利覆盖地区生产、销售的粘结钕铁硼磁体所用的原材料磁粉必须为麦克昆磁磁粉。

吨,同比增长 16.56%,在钕铁硼总产量中占比达 35% 以上。在高性能钕铁硼的需求中,驱动电机占主要部分,占比达到 45%;其次是风电领域,占比为 23%,变频家电占比为 10%,消费电子占比为 8% 等(见图2)。

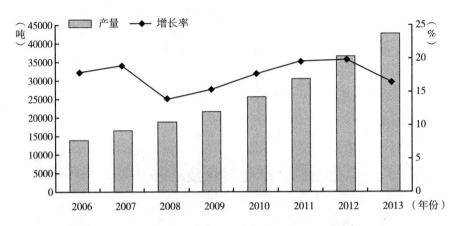

图2 2006~2013年全球高性能钕铁硼永磁材料产量及增长率

资料来源:中国稀土行业协会。

2. 我国规模情况

我国钕铁硼永磁材料产业从1984年开始,经过30年的发展,已经形成了完整的工业体系。2000年,我国钕铁硼永磁材料产量超过日本,成为世界上最大的钕铁硼磁体生产国。2011年,我国稀土产业整合,稀土原材料价格巨幅波动抑制了对下游钕铁硼永磁材料的需求,产量增速出现放缓,从2010年36.84%的增速放缓至2011年的6.41%、2012年的7.95%、2013年的5.24%。2013年,我国钕铁硼产量为9.4万吨,占到全球总产量的90%左右(烧结钕铁硼产量占全球的90%以上,粘结钕铁硼磁体产量占65%~67%),高性能钕铁硼产量为2.2万吨,全球占比为54.3%。虽然产量增速放缓,但2013年我国钕铁硼运行产能增幅仍保持在10%左右,达到33万吨。其中,烧结钕铁硼的运行产能接近33万吨,粘结钕铁硼运行产能在8300吨左右。而我国的钕铁硼磁体的需求仅在8.5万吨以下,钕铁硼运行总产能和总需求的比值增加到3.88倍,大于2012年的3.75倍。

作为稀土永磁产品的主要生产国，我国钕铁硼出口增长较快。2013 年，我国共出口钕铁硼类产品约 2.4 万吨，其中，钕铁硼永磁体 18825.5 吨，钕铁硼磁粉 3277.1 吨，甩带片 1333.5 吨，其他钕铁硼合金 585.7 吨[1]。我国内地钕铁硼永磁体出口各地区，其中，中国香港占 14%，美国占 13%，德国占 12%，韩国占 10%，泰国占 6%，意大利占 5%。钕铁硼磁粉是生产粘结钕铁硼磁体的半成品，2013 年，我国大陆共出口到 20 个国家和地区，其中，出口日本 78%、德国 12%、芬兰 5%、韩国 1.35%，我国台湾 1.26%，美国 0.87%。甩带片是生产钕铁硼的中间合金，2013 年，我国共出口到 7 个国家或地区，其中，出口日本 85%，德国占 14%。

当前，我国烧结钕铁硼永磁产品档次和质量显著提高，合金冶炼采用的速凝薄片和氢处理技术，使我国从最初只能生产 N40 以下的中低档产品，发展到可生产 N45～N50 的高牌号产品。同时，近年来我国粘结钕铁硼磁粉生产厂商大幅增加，生产效率逐步提升，国产磁粉的产量进一步增大且价格较美国麦克昆磁（MQ）磁粉便宜 30%～40%。随着国内技术工艺水平的升级、专有设备的研发突破以及国外各种专利权限制的取消，我国大型厂商将重点发展高性能钕铁硼永磁材料。

（二）区域布局

1. 全球布局情况

目前，中国和日本已成为钕铁硼永磁材料的主要生产中心，产量总和占世界的 95% 以上。而美国、欧洲等发达国家和地区出于成本和利润考虑，逐步调整稀土永磁材料产业布局，将磁体特别是永磁合金的生产向主要稀土原料地——中国进行转移（见表 3）。当前，美国已无高性能钕铁硼永磁材料生产基地，欧洲只有一家烧结钕铁硼企业——德国的真空熔炼公司（VAC），包括位于德国 Hanau 的总部以及位于芬兰 Pori 的子公司 Neorem，总共不到 2000 吨/年的产能。同时，日立金属 Neomax 公司、TDK 公司、

---

[1]　陈占恒：《2013 年稀土价格走势与出口统计分析》，《新材料产业》2014 年第 7 期。

Neorem 公司等国际主要钕铁硼永磁生产企业，都已经在中国建立磁体后加工基地。而德国的真空熔炼公司则与中科三环合作，在北京成立了烧结钕铁硼合资企业。

表3　国外钕铁硼产能纷纷关闭或向中国迁移

类型	国别	公司	产能转移情况
烧结钕铁硼	美国	摩根大通	21世纪初，收购德国的 VAC 公司和美国 Crucible 公司。2009年6月，摩根公司关闭美国 Crucible，产能转移到上海
		麦格昆磁（MQ）	2004年关闭 Ugimag 烧结钕铁硼工厂，并与中国厂商合作
	德国	真空冶炼公司（VAC）	2005年，在北京与中科三环成立合资公司三环瓦克华，产能1500吨，中科三环占15%
	荷兰	飞利浦（Phlips）	关闭烧结钕铁硼工厂
	芬兰	Neorem 公司	在中国建立磁体后加工基地
	日本	日立金属（Neomax）	在中国建立磁体后加工基地
		TDK	在中国建立磁体后加工基地
粘结钕铁硼	日本	精工爱普生（EPSON）	2000年，将粘结钕铁硼业务全部转到上海爱普生，与中科三环合资，中科三环控股
	美国	麦格昆磁（MQ）	2001年关闭了在 Anderson 工厂，将粘结钕铁硼磁粉生产转移到天津；2004年关闭了烧结钕铁硼工厂，转而与中国产商合作

资料来源：中国磁性材料产业发展分析，广发证券发展研究中心。

日本是除我国之外最大的钕铁硼磁体生产国家，烧结钕铁硼主要厂商包括 TDK、信越化工、日立金属旗下 Neomax 等。日立金属在全球范围内拥有烧结钕铁硼生产、销售专利，根据日立金属专利内容，只有拥有专利授权的企业才可以在专利保护区范围内生产、销售钕铁硼产品（包括钕铁硼合金及下游成品元件）[①]。虽然日立金属在中国的专利是工艺改进类型，对中国钕铁硼的生产和使用不构成障碍，但高端钕铁硼消费市

---

① 目前，日立金属烧结钕铁硼的专利保护区包括美国、加拿大、日本、德国、法国、英国、瑞士、意大利、荷兰、俄罗斯、韩国、中国香港、中国台湾等绝大多数发达国家和地区。

场主要在海外，因此，海外高端市场形成较高的进入门槛。2013 年之前，全球高端市场由中科三环、宁波韵升、安泰科技、北京京磁及清华银纳 5 家国内企业，日立金属、信越化学、TDK 公司 3 家日企和德国真空熔炼等 8 家公司共同分享。2013 年，正海磁材、宁波金鸡、安徽大地熊与日立金属签订了专利授权，我国国内拥有专利授权企业数量增至 8 家（见表 4）。

表 4　全球拥有日立金属专利授权企业产能、产量情况

单位：吨

企业	现有产能	未来产能	2011 年产量	2012 年产量	2013 年产量
日立金属	10000	10000	19000	20000	20000
信越化学	5000	5000			
TDK 公司	5000	5000			
德国真空熔炼	1000	1000	1000	1000	1000
中科三环	12000	2014 年底可增至 18000	10000	9500	11000
宁波韵升	6000	6000	4000	3500	4000
正海磁材	4300	2014 年可增至 6300	3224	1474	2180
安泰科技	3000	3000	1000	1000	1000
北京京磁	3500	约 1000	500	500	500
清华银纳	约 1000	约 1000	500	500	500
安徽大地熊	2000	2000	—	—	—
宁波金鸡	1800	1800	—	—	—

资料来源：课题组根据各官方网站公布资料整理。

全球粘结钕铁硼生产能力主要集中在亚洲地区，包括日本、中国等，代表性企业有日本大同电子公司、日本美培亚、上海爱普生磁性器件有限公司、成都银河、中国台湾天越和安泰科技下属的深圳海美格等[①]。按照钕铁硼粘结剂的不同加工工艺特征，粘接钕铁硼分为压缩、注射、挤出和

---

① 《论道：稀土有永磁，魅力长久远》，中财网，2013 年 10 月 15 日。

压延四种成形方式。压缩成形高精度磁环的代表是日本的大同电子、TDK
和爱普生。而我国中科三环通过引进、消化、吸收爱普生的技术，是世界
上唯一集压缩、注射和挤出成形等技术于一体的粘结钕铁硼磁体生产
厂商。

2. 我国布局情况

2000 ~ 2013 年，我国毛坯钕铁硼产能从 0.8 万吨扩大至 33.5 万吨，
2013 年的产能是 2000 年产能的 41.9 倍。目前，国内毛坯钕铁硼产能主要
集中在华东地区，占到全国的 61%，其次是华北，约占 26%。钕铁硼区域
布局如图 3 所示。

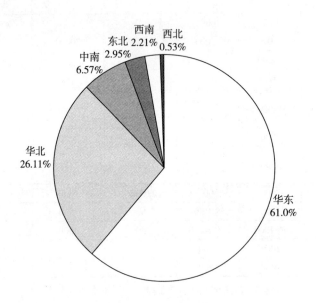

图 3　2013 年中国现有毛坯钕铁硼产能分布

资料来源：《产能过剩困扰中国稀土钕铁硼行业》，《电子产品世界》，2014。

中国现有包括烧结、粘结钕铁硼的稀土永磁生产企业 250 家左右，其
中一些正在建设中。从烧结钕铁硼产业来看，2013 年底，我国年产 3000
吨以上的生产厂商达 7 家左右，年产 1000 ~ 3000 吨的生产厂商在 25 家左
右，年产量约 500 吨的有 65 家左右，主要分布在沪浙地区、京津地区、山

西及相关稀土资源富集区域，形成以北京中科三环、宁波韵升、安泰科技等为代表的龙头企业。从粘结钕铁硼产业来看，我国 2013 年底粘结钕铁硼磁体生产的大小厂家有 20 余家，生产规模、产品质量相差较大。其中，年产量在 300 吨以上的企业仅有成都银河磁体和上海爱普生磁性器件有限公司两家；年产量在 100 ~ 300 吨的厂家主要有海美格磁石技术（深圳）有限公司、浙江英洛华磁业有限公司、乔智电子有限公司以及广东江粉磁材有限公司等。

由于当前钕铁硼的市场前景广阔且应用范围不断扩大，进入钕铁硼领域的企业逐步增多，并向我国包头和赣州等稀土原料产地集中。例如，赣州大力发展和延伸以稀土材料为主的稀土产业链，已有浙江英洛华磁业、横店东磁、赣州红帆稀土科技、赣州华京稀土新材料、江西金力永磁科技、五矿三德等近 20 家企业的钕铁硼项目落户。而随着包头加大对稀土深加工产业的支持力度，包括包钢、包头天和公司、包头金山磁材、拓力拓公司等在内的企业加快推进高性能钕铁硼项目建设和投产。

（三）企业动态

1. 国外企业动态：强化专利控制，加大新兴领域应用拓展

日本是除我国之外最大的钕铁硼生产国家，日立金属、信越化学、TDK 等 3 家企业垄断了全球高性能钕铁硼市场 48% 的份额。2012 年 8 月，日本经济产业省开始实行新的出口贸易管理政令，限制高性能磁石及其相关制造设备、零部件出口。受此影响，三大钕铁硼企业的扩张力度较小，并延迟或撤销在我国的相关投资，三大厂商加强对专利的控制，并强化对磁体材料下游应用的市场地位。

日立金属。日立金属是全球最大的高性能钕铁硼厂商，拥有 615 项专利，2013 年以来，钕铁硼磁性材料的产业扩张和投资并购并没有新的动作，生产基地全部集中在日本，在中国则以设立分/子公司或代理商的形式进行产品销售。2014 年 3 ~ 9 月，日立金属磁性材料及其应用部门的销售产值比上年同期增长 6.1%，主要来自混合动力汽车和电动助力转向系

统的汽车电子组件的需求增长。2013 年，日立金属与我国正海磁材、宁波金鸡和安徽大地熊等企业达成和解，允许三家企业可以通过给日立金属支付专利费及相关销售抽头费，出口到美国和欧盟等市场。同时，中科三环、北京京磁、宁波韵升、安泰科技和银钠金科等 5 家中国企业，继续同日立金属签署了新的专利许可协议，允许其在北美、欧洲和亚洲的大多数国家销售出口。

信越化学。由于中国对钕和镝（Dy）等钕铁硼合金的原材料实施出口限制，信越化学工业 2012 年在中国福建投资 9800 万元建立分厂，生产钕（Nd）磁铁中间材料——钕铁硼（Nd-Fe-B）合金，以便实现资源的稳定采购，产品全部出口日本，主要用于混合动力车、空调逆变器以及个人电脑 HDD 等高效率马达的生产上。为实现稀土资源的稳定采购及削减用量，信越化学工业正在推进可使钕磁铁的镝用量减半的"粒界扩散"技术，以及钕磁铁的再利用和原料采购的多渠道化。

日本电气化学工业（TDK）。2013 年，日本 TDL 株式会社及日本东海贸易株式会社，与我国广晟有色共同投资设立广东东电化广晟稀土高新材料有限公司，合作建设年产 1500 吨的钕铁硼磁材项目。而 TDK 与昭和电工计划于 2014 年在中国投资生产磁石的项目，由于新贸易出口管理政令而无限期延期。在加强市场合作的同时，TDK 加强对稀土磁性材料的研发力度。TDK 通过提高磁性材料的颗粒结构以及采用其他金属合金替代的方式来减少稀土元素的使用量，目前已研发出一种新型钕铁硼磁性材料，钕元素用量低于 50%，而且无须添加镝元素，此种新型钕铁硼材料于 CEATEC 电子展览会上公布。同时，TDK 拥有世界领先的纳米技术和薄膜技术，并通过整合实现这些技术在磁体材料方面的应用，从而进一步引导未来创新。

2. 国内企业动态：产业加速整合，大型厂商集中发展高性能磁体

近年来，我国加强对稀土产业的源头控制和整顿整合，再加上下游需求的迅速增长，稀土价格呈现较大幅度的上涨，从而推动我国钕铁硼永磁材料生产结构的调整：中低端钕铁硼厂商逐步退出市场或重新转向铁氧

体，而中科三环、正海磁材、宁波韵升、包钢稀土等国内大型钕铁硼厂商则将高性能钕铁硼作为其发展重点，并上马了多个项目，以提升高性能钕铁硼产能。

中科三环。中科三环是中国最大的钕铁硼生产企业，产能在全球仅次于日本日立金属，截至 2013 年，中科三环烧结钕铁硼毛坯产能为 12000 吨，粘结钕铁硼产能为 1500 吨。2014 年前三季度，中科三环中高端钕铁硼综合开工率达 80%，低端钕铁硼开工率较低，仅 30%。目前，产品生产主要集中于中高端钕铁硼材料，其主要下游用途为汽车用电机。2014 年 8 月底，中科三环控股子公司天津三环乐喜新材料计划以 2 亿元建设年产 2000 吨高性能钕铁硼自动化生产线，并根据市场需要将其产能拓展到 5000 吨/年。在新能源汽车用钕铁硼磁材的开发方面，中科三环早在 10 年前就与欧洲、美国等著名汽车厂商共同开展研发项目，但是，目前还仅仅止步于实验性供给阶段，2013 年，新能源汽车用钕铁硼销售不足百吨，主要是通过小批量供给的方式。

正海磁材。正海磁材的传统优势领域是风电，目前，随着产能扩张逐渐拓展至节能电梯、变频空调、车辆电机等领域。正海磁材 2012 年三期 800 吨扩产后，钕铁硼产能达到 4300 吨，其中，高性能钕铁硼将新增产能 2000 吨。由于 2012 年、2013 年风电行业景气度低，以及宏观经济疲软影响其他下游需求，公司实际钕铁硼产量从 2011 年的 3287 吨下降至 2013 年的 1495 万吨，2013 年的产能利用率仅为 39.4%。2013 年，金风科技仍是正海磁材的单一最大客户，占比 25.5%，其余重要客户主要是三菱电梯、德国蒂森、南车电机等，均是下游细分领域的龙头。

宁波韵升。宁波韵升是我国第二大钕铁硼生产企业，是国内最大汽车类粘结钕铁硼供应商。钕铁硼产品中，中高端占比为 65%，具备年产 5500 吨烧结钕铁硼和 250 吨粘结钕铁硼产能。由于传统电机业务门槛低，竞争激烈，利润率不高，宁波韵升于 2013 年 5 月将 4 家传统电机子公司股权转让，确立了做精、做强钕铁硼产业的战略发展方向。宁波韵升产品大部分出口，2013 年收入构成中，国内销售仅占 28%，出口占 72%。

三　产业技术进展

（一）高性能钕铁硼材料制备技术进一步突破

经过 30 多年的发展，全球钕铁硼磁体的磁能积有了大幅提高，烧结钕铁硼磁体的磁能积由最初的 $279kJ/m^3$（35MGOe）提高到目前实验室 $476.8kJ/m^3$（59.6MGOe）的水平；粘结钕铁硼磁体中，各向同性粘结钕铁硼磁体的磁能积为 $72\sim88kJ/m^3$（$9\sim11$MGOe），各向异性粘结钕铁硼磁体的磁能积已达 $200kJ/m^3$（25MGOe)[1]。

而我国钕铁硼制造技术也有了较为显著的进步，目前，我国烧结钕铁硼磁体生产已广泛掌握并采用了先进的速凝薄带（SC）和氢破碎制粉（HD）工艺技术，从而保证钕铁硼磁体具有优异的磁性能。同时我国也基本实现了烧结钕铁硼生产设备的国产化，使我国批量生产的烧结钕铁硼磁体的磁能积由最初的 $279kJ/m^3$（35MGOe）提升至 $430kJ/m^3$（45MGOe）。中科三环、宁波韵升、安泰科技等企业能够生产高磁能积、高矫顽力、高一致性产品。粘结钕铁硼制造技术方面，我国在 HDDR（吸氢—歧化—脱氢—再复合）制粉、辐向磁场注射成形、辐向磁场模压成型及辐向磁场温压成型等技术方面已获得了一些相关发明专利，并得到了国际认证，但各向异性粘结钕铁硼成型产业化关键技术尚未突破。

另外，我国也加强技术攻关，逐步完善高性能钕铁硼材料制备工艺。当前，中国钢铁研究总院等在 863 项目的支持下，在传统的速凝薄带技术的基础上，率先提出了"速凝薄带＋HD＋双合金"技术路线，解决了千吨级高性能钕铁硼生产中非平衡偏析的结晶控制、合金颗粒大小与织构控制、超细粉末有效利用等共性问题，提高了磁体的成品率，有

---

[1] 钟明龙、刘徽平：《我国钕铁硼永磁材料产业技术现状及发展趋势》，《电子元件与材料》2013 年第 10 期。

效降低了生产成本，从而有力地推动了中国稀土永磁产业整体水平的提升①。

（二）逐步开展低/无重稀土高稳定性稀土永磁材料研究

为了提高钕铁硼磁体的矫顽力和温度使用稳定性，在生产过程中一般需要添加一定比例的重稀土铽、镝，近年来，随着各国对稀土资源保护力度的加大，重稀土的原料价格涨幅较大，推动了各国加快开展低/无重稀土高稳定性稀土永磁材料的研发工作。

目前全球范围内的研究认为，稀土永磁材料抗退磁能力（矫顽力）主要取决于两大因素，即内禀的晶体结构参量和微观结构参量。其中，晶体结构参量取决于构成晶格的元素种类，而微观结构参量则取决于制备过程中形成的晶粒形态与晶界结构。目前，主要通过使用铽、镝来提升晶体结构，但价格较高。因此，当前研究主要集中于用技术手段优化磁体的微观结构来提高稳定性，并促进镧（La）、铈（Ce）等廉价的高丰度稀土元素的应用及降低重稀土的使用成本，主要技术手段包括：利用晶粒细化、双液相合金化以及掺杂稀土氢化物等技术制备高矫顽力磁体，利用晶界扩散技术添加重稀土单质或化合物的微米、纳米粉末，推动高丰度稀土应用技术发展等，相关研究进展如下表 5 所示。

表 5 国际低/无重稀土高稳定性稀土永磁材料研发进展

技术手段	研发进展
利用晶粒细化技术制备高矫顽力磁体	日本佐川真人领导的研究组利用高速气流磨技术，将磁粉尺寸降低至 1 微米左右，使最终烧结后的无重稀土磁体晶粒尺寸达到 1～2 微米，磁能积保持在 50MGOe，矫顽力提升到约 20kOe。随后与美国特拉华大学合作，对纳米晶粒结构的氢化—歧化—脱氢—再化合（HDDR）粉末进行再破碎，获得了至今平均为 500 纳米甚至更小的单晶颗粒

---

① 刘荣明：《中国稀土永磁产业现状及技术发展新动向》，《新材料产业》2013 年第 1 期。

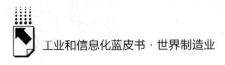

续表

技术手段	研发进展
晶界扩散技术	研究处在表面涂覆、镀膜等磁体晶界扩散技术，以及对初始粉末进行表面包覆后再进行成型烧结的扩散技术阶段。目前研究重点在于如何去除扩散过程中形成的梯度变化的重稀土元素含量和晶界结构优化对磁性能均匀性的影响
高丰度稀土应用技术	2012 年以来，美国通用电机研发中心利用快淬技术制备出 $Ce_2Fe_{14}B$ 基永磁材料，但磁性能较低。美国阿莫斯实验室利用传统的烧结与热变形技术，开发出钇-钕-镝和镧-钕-镝等混合稀土的钕铁硼基永磁材料

资料来源：参见闫阿儒、陈仁杰《稀土永磁材料研究新进展》，《2014 高技术发展报告》，中国科学院，2014。

我国在低中稀土高性能稀土永磁材料方面开展了大量工作，其中有代表性的研究方向包括：利用晶粒细化与晶界扩散技术制备低/无镝高矫顽力永磁体、混合稀土与高丰度稀土永磁材料，以及高温、高稳定性稀土永磁材料，并走在世界的前列。

（三）积极探索新一代稀土永磁材料的开发与应用

在第三代稀土永磁材料——钕铁硼磁体后，各国加强对更高性能的稀土永磁材料的探索，主要方向包括钐铁氮磁体、Fe-N 系合金及纳米复合磁体等。其中，钐铁氮磁体通过改进磁粉表面处理工艺，提高固化技术，有望达到 2 万 Oe 的矫顽力；Fe-N 系合金具有远超过钐钴磁体（30~40MGOe）和钕铁硼磁体（63MGOe）的磁能积，最高理论值可达 100MGOe。目前，我国有研稀土成功研制了钐铁氮磁粉，并自主设计研发了一套适合各向同性钐铁氮磁粉快淬装备，中试产品最大磁能积超过 16MGOe，并计划在燕郊投资新建钐铁氮磁粉项目。

纳米复合磁体是研究界认为最重要的探索方向，即将具有高磁化强度的软磁材料与具有强磁晶各向异性的永磁材料在纳米尺度下复合后会发生磁性的交换耦合现象，使磁体的磁性显著增强。2012 年，日本和德国的课题组分别宣布，研制出磁能积超过 60MGOe 的 $Nd_2Fe_{14}B/FeCo$ 和达到 50MGOe 的 $SmCo_5/Fe/SmCo_5$ 纳米复合永磁膜。近年来，国际上主要的进展包括用化学自组装法、物理沉积法、表面活性剂球磨法等制备纳米尺度的稀土永磁颗粒，以及在此基础上采用温压致密化等方法得到致密的纳米复合块体材料[①]。目前，我国北京工业大学、中国科学院宁波材料技术与工程研究所等单位在表面活性剂球磨法和化学自组装法制备各向异性纳米颗粒方面取得了显著的进展。我国已在 2012 年 8 月开发了室温环境中同时具有超高垂直矫顽力、超强垂直磁各向异性和大磁能积 Mn-Ga 单晶铁磁薄膜。

四 存在的问题

（一）专利受制于人，下游市场开拓难度较大

钕铁硼稀土永磁行业专利保护现象突出，目前全球稀土永磁材料的专利主要集中在日本、美国和中国大陆，日本专利申请量占总量的 53% 左右，位居第一；美国占申请总量的 16%，排在第二；中国大陆地区占申请总量的 10%，位居第三。我国在稀土永磁材料方面的专利拥有量与世界第一的产量不对称，说明我国的自主知识产权掌握和技术突破仍然不够。当前，日本日立金属和美国麦格昆磁垄断了欧美、日本等大部分国家和地区的关键技术专利，对烧结钕铁硼的全球市场形成技术垄断，这些专利涵盖磁体生产制造的全部制程，且每年不断更新专利包，抢先申请了相关专利，日本和欧美之间形成了交叉许可。这种专利垄断大大制约了我国高性能永磁材料产业的发展。一方面，我国钕铁硼产业在向欧美日等国家和地区销售出口产品时必须取得相关专利授权，这无疑增加了产品的费用，降低了利润；另一方面，我国钕铁硼厂商给客户研发相关产品，如汽车发动机、航空航天部件等，往往受到日立金属等相关专利拥有者的干预，从而增加了与下游应用商的合作难度，很难推动下游市场的开拓。

---

① 闫阿儒、陈仁杰：《稀土永磁材料研究新进展》，《2014 高技术发展报告》，中国科学院，2014。

（二）高性能钕铁硼永磁占比少，终端应用滞后

由于受生产水平和国外专利的双重限制，我国的钕铁硼磁体多为中低档产品，其中高端产品占比仅为15%，而中低档占比高达85%，总体售价也低于世界的平均水平。目前，我国大多数企业的烧结钕铁硼磁体的磁能积在N35～N45，只有少数大企业能生产N52以上和超高矫顽力产品。从目前国内钕铁硼下游市场应用结构上看，与国内钕铁硼行业发展状况类似，国内钕铁硼的应用亦主要以中低端产品为主（磁能积38～45MGOe），主要应用领域包括音像器材、电动自行（助力）车电机、磁选工具、磁化设备、电动玩具以及磁性组合积木玩具等。磁能积在50MGOe以上的高端钕铁硼的主要消费市场在日本、欧美等发达国家和地区，应用领域包括计算机驱动器电机（VCM）、汽车电动助力转向系统（EPS）、混合动力电动汽车（HEV）、核磁共振成像仪（MRI）、风力发电和高性能微特电机等。此外，我国生产的烧结钕铁硼磁体以毛坯产品为主，直接应用的终端磁部件较少。

总体来说，我国虽然是世界第一钕铁硼生产大国，但由于受生产设备、工艺控制水平、管理水平、工业和生产的自动化程度等的限制，我国钕铁硼磁体在产品的均匀性、一致性、稳定性等方面与日本相比有一定差距。钕铁硼产业属于典型的少批量、多批次产品，生产过程中的工艺技术控制是重要的因素，"质量稳定，工艺精细"是下游应用厂商的要求，且钕铁硼行业的"合作惯性"很强，前期对供应商的资格认证周期较长，一旦形成供货协议，则能形成较为长期持续的合作关系，因此，钕铁硼的"先期研发"及初期产品的品质至关重要。

（三）产能过剩较为严重，多数企业规模较小

目前我国拥有约33万吨/年的钕铁硼毛坯产能，但钕铁硼需求仅在8.5万吨以下，产能过剩较为严重。当前，我国钕铁硼行业内不同企业的开工情况呈现较为明显的分化状态，对于部分优势企业，由于产品结构相对高端，客户渠道相对稳定，受到整体宏观经济以及行业大幅波动的影响并不明显，

整体开工水平相对较高；但对于行业整体尤其是产能严重过剩的中低端产品生产企业，开工率水平相对较低，低端产能利用率仅为 30%。同时，除少数大型钕铁硼厂商外（如中科三环、安泰科技等永磁材料上市公司），大多数钕铁硼企业规模小、产能低、抗风险能力差。根据山西磁材联盟的统计数据，目前我国钕铁硼 61.2% 的生产企业年产量均不足 500 吨，有些甚至只有几十吨，小企业的涌入造成行业产能过剩，引发部分的恶性竞争。

（四）严重依赖重稀土，钕铁硼磁体受稀土价格波动影响大

为了提高磁体的矫顽力和温度使用稳定性，当前，钕铁硼磁体通常要添加过多比例的重稀土铽、镝，如混合动力汽车用磁钢中重稀土使用量占到稀土总量的 25% ~30%。而目前我国稀土元素分配极不平衡，铽储量仅为钕的 1/400，镝储量仅为钕的 1/60，与镧铈等量最大的轻稀土元素比就更为稀少，铽镝价格昂贵。在稀土永磁产品中，原材料的成本占到总成本的 70% 左右。因此，近年来稀土价格的剧烈波动，严重影响钕铁硼磁性材料的需求。在稀土价格最高的 2011 年，钕铁硼开工率不足 50%，一旦稀土原料成本提高到一定程度，下游应用容易重新回归成本较低、技术成熟的铁氧体永磁市场。如在低磁疗产品、箱包磁体、中低磁场磁选机等领域，低端烧结钕铁硼不再具有价格优势，已经完全退出市场；在中端市场如电子产品领域，厂家为了节省成本，开始重新使用铁氧体来代替钕铁硼，部分中小规模的生产厂商被迫停产。中低端钕铁硼永磁材料的需求发生萎缩，使得烧结钕铁硼整体供给的增速放缓，进而严重影响了我国整个稀土永磁材料产业的健康发展。

五　发展思路及对策建议

（一）加强知识产权保护，积极应对国际专利垄断

在钕铁硼稀土永磁材料中，知识产权和专利对企业来说至关重要，应加

强对该行业的知识产权保护，推动企业技术的自主创新。首先，应建立稀土永磁材料的关键技术专利检索、分析和预警平台，通过提供国际技术现状，预测未来发展趋势，为专利建设和技术开发提供信息基础。其次，加强中国稀土联盟在知识产权保护和专利诉讼中的作用。准确分析日本日立金属某些专利申请要求的正确性，打破其在钕铁硼永磁材料上的专利垄断，维护中国企业的专利，推动中国生产商的市场拓展。加强对我国钕铁硼企业的产品制程和相关设备进行研发和改进，并对核心技术进行专利申请，形成一整套具有自主知识产权的联盟工艺。

（二）加强与下游应用的合作对接，推动向高端应用延伸

加强政府的宏观指导功能，制订稀土材料开发和产业规划，构建健康完善的稀土材料及其应用的产业链条，支持稀土在高新技术领域的应用。建立研发机构、生产企业和下游应用的产学研用的技术创新体系，联合攻克核心关键技术和装备，建立稀土永磁创新应用示范基地，实现研发试验和工程化、产业化的无缝连接。重点突破新能源汽车、风力发电、核磁共振、国防军事等领域所需要的稀土永磁发展，促成高端稀土新材料在战略性新兴产业和高新技术领域的应用。积极与世界 500 强、国内重点企业及国内外知名高校和科研院所开展合作，做长、做深稀土永磁产业链，培育并深化高性能稀土永磁在工业节能装备、变频空调、新能源汽车、风力发电等新兴领域的创新应用，形成长期的合作和供应关系。

（三）稳定稀土产品价格，加快研发低成本高性能稀土永磁材料

稀土原料特别是重稀土在稀土永磁材料的成本构成中占比较大，稀土价格的较大变动容易引发稀土永磁材料市场的波动，从而制约产业的发展。因此，一是要维护稀土政策的持续性和一致性，形成良好的政策信号和预测，从而稳定我国稀土价格，同时要加强稀土永磁及其关联产业的交易平台建设，不断拓展稀土永磁材料及其关联产业的综合展示、交易、技术合作、信息与服务等功能，成立关联企业联盟，在价格上实行适度的联合，谋取全球

定价权。二是要加大对高性能、低成本烧结钕铁硼永磁材料产业化关键技术、高性能粘结钕铁硼磁粉产业化关键技术及烧结钕铁硼耐高温和防腐蚀表面处理技术的研发力度，获得比较优势，增加在下游产业的价格谈判能力。三是要加强稀土永磁技术科研投入，加强探索新型稀土过渡金属化合物和亚稳相，研发高性能纳米复合稀土永磁材料以及薄膜材料等基础性研究，推动高性能、低成本的新型稀土永磁材料的突破。

（四）推进产业兼并重组，培育一批具有国际竞争力的龙头企业

当前，我国钕铁硼稀土永磁生产能力已大大超过市场需求，但新企业仍然不断涌现，投资力度进一步加大，加剧行业的恶性竞争，不利于我国稀土永磁产业的健康发展。应按照市场规律和行业特性，依托重点骨干企业，以资本和产权为纽带，通过政府推动、市场拉动等多种方式，以产品的纵向联合和技术的横向拓展为方向，通过兼并、联合、重组，形成一批拥有自主知识产权、品牌、核心竞争力强的稀土永磁材料企业集团，实现优势资源向优势企业集中，坚持"以质取胜"和发挥集团优势的战略思想，树立名牌产品，参与国际竞争，赢得市场竞争的有利地位。

B.7

电动汽车产业发展现状及对策

张鲁生 *

摘　要：　全球电动汽车已呈规模化发展态势。2014 年 1 ~ 9 月，中国产量累计约 2.8 万辆；美国 1 ~ 10 月销量累计约 9.7 万辆；日本 1 ~ 7 月约 1.5 万辆；挪威 1 ~ 9 月约 1.4 万辆。厂商中，日本日产、三菱和丰田处于绝对领先地位；美国特斯拉、福特、通用处于第二梯队；我国比亚迪、康迪、奇瑞和众泰进入全球 16 强。从技术研发看，电池技术是核心，研究者试验和探索各种元素、材料和结构，改善各种工艺；无线充电开始商业化运作，且向大容量、标准化发展；车联网推动新的技术和服务不断涌现。我国电动汽车产业的发展虽然得到很大关注，但在技术研发、生产经营和消费环境等众多基础环节仍然问题和困难并存。

关键词：　电动汽车　产业发展　技术进展

　　发展新能源汽车是减少环境污染、降低原油对外依存度的有效途径，也是世界汽车产业未来的发展方向，是各主要国家和汽车制造厂商的战略选择。2009 ~ 2014 年，全球新能源汽车产业发展从无到有，产品从试验场走向商业化，逐渐呈现规模化趋势。从数量上看，全球 2009 年新能源汽车销量不足 4000 辆，2013 年销量超过 18 万辆。从车型系列上看，2010 年美国

---

　*　张鲁生，工业和信息化部电子科学技术情报研究所，博士，工程师，研究方向为产业经济。

市场仅有 Leaf 和 Volt 两款新能源车在销售，2013 年已经接近 20 款。从技术上看，技术渗透快速从少数几家公司扩张到行业内主流公司，已产生一批影响强大、崭新且动态的技术，各国家和各大企业均在大力研发。①

大力发展新能源汽车是我国汽车产业的一次重要机遇，是提升我国汽车工业国际竞争力的有效途径，也是国家的一项战略选择。我国新能源汽车已具备一定的研发和产业化基础。经过近十年的研究开发，我国电动汽车在一些关键技术（如电池、电机、电子控制和系统集成等）上取得明显进步，技术水平不断提高，市场小规模发展。

多数国家都将未来新能源车的发展方向锁定在电动车上，本文也将以电动汽车为主要研究对象。

一　产业概况

（一）产业概念

电动汽车的概念是相对内燃机车辆而言的。主要区别在于能源上电动汽车由蓄电池提供，结构上电力驱动及控制系统是电动汽车的核心。②

（二）产业分类

从能源角度看，已开发的电动汽车可分三类③：纯电动汽车（Battery Electric Vehicle，BEV）、混合动力电动汽车（Hybrid Electric Vehicle，HEV）和燃料电池汽车（Fuel Cell Electric Vehicle，FCEV）。纯电动汽车完全由可充电电池提供动力源。混合动力汽车则既有发动机，又有电机。燃料电池汽

---

① 《2014～2018 年中国新能源汽车电机市场调研与投资前景预测报告》，中国产业信息网。
② 节能和新能源汽车网，http：//www.chinaev.org，北京市示范应用新能源小客车公共服务平台，http：//bjxnyqc.org。
③ 节能和新能源汽车网，http：//www.chinaev.org，北京市示范应用新能源小客车公共服务平台，http：//bjxnyqc.org。

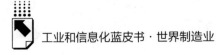

车是以氢气为燃料，产生电能。目前，燃料电池车还处于试验阶段，没有量产。

（三）产业链条

一般而言，汽车产业链条涉及国民经济众多领域和行业（见图1）。

图1 传统汽车产业链条

电动汽车在原有链条的基础上又有新的增加和变化，例如，上游增加了电池、电机等部件，以及电机上游的锂和稀土等相关原料制造行业；而电控系统、变速器等也与传统的部件不同。下游产业增加了充电设施和电池更换站等设施，服务上增加了电池租赁和回收等服务。

在电动汽车的产业链条中，电池、电机、变速器和电控系统是技术核心，也是价值增值所在，其中，锂离子电池产业是我国电动汽车产业发展的最大掣肘，电池的性能直接决定着汽车的各项基本性能，锂离子产业链的任何技术突破都将带动整个新能源汽车行业的发展。

二 产业发展及动态

（一）产业规模

新能源汽车产业的发展深受各国政府的政策影响。2008年经济危机之后，发达国家都开始主动寻找战略性新兴产业，新能源汽车产业是全球各国竞相追逐的战略性新兴产业之一。世界上主要汽车制造大国，皆制订了目标远大的新能源汽车推广计划（见表1）。

表 1　主要汽车生产国新能源汽车规划目标

国家	规划期（年）	新能源汽车产销量目标	新能源车类型
美国	2015	100 万辆保有量	插电式混动、纯电动
日本	2020	200 万辆年销量	电动车 80 万辆，混合动力 120 万辆
德国	2020	100 万辆保有量	电动车
德国	2030	500 万辆保有量	电动车
法国	2020	200 万辆累计产量	电动车
韩国	2015	120 万辆产量	电动车
中国	2015	50 万辆累计	纯电动、插电式混动
中国	2020	年产能力 200 万辆，累计产量 500 万辆	纯电动、插电式混动

资料来源：中国产业信息网。

来自德国巴登符腾堡州太阳能和氢能研究中心（ZSW）的一项研究表明[①]，截至 2013 年末，全球电动汽车（包括纯电动车和插电式混合动力车）销量超过 40 万辆。研究显示，2011 年底至 2012 年初统计时，全球电动汽车的销量仅为 20 万辆，而这个数字在 2013 年和 2014 年两年间有了突飞猛进的增长。2016 年，全球电动汽车的销量有望突破 100 万辆。

（二）区域布局

全球新能源汽车[②]的生产和销售主要集中在美国、欧洲、日本和中国四个国家和地区。其中，美国无论是产量还是销量都占到了全球的一半以上。从发展历程看，2009 年和 2010 年是新能源汽车产业的导入期，各国新能源汽车销量均未超过万辆，美国和欧洲销量还不到千辆。进入 2011 年后，美国、欧洲和日本销量均突破万辆。美国发展尤为迅猛，2011 年为 1.8 万辆，2012 年达到 5.3 万辆，2013 年则达到 9.7 万辆，接近 10 万辆。欧洲和日本增长平稳，2011 年突破万辆，2012 年突破 2 万辆，2013 年突破 3 万辆。中国发展相对较慢，2010~2013 年，销量由 0.74 万辆缓慢增长至 1.76 万辆。从 2013 年的新能源汽车销量看，美国占比超过一半，达到 55%；欧洲和日本占比不到两成，分别为 17% 和 18%。我国销量占一成（见图 2、图 3）。

---

① 第一电动网。
② 目前，全球新能源汽车主要以电动汽车为主。

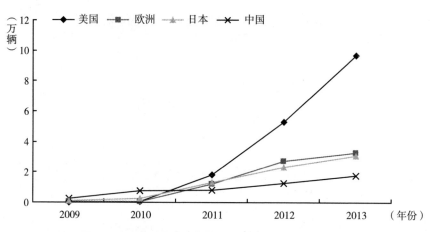

图2 2009~2013年主要国家和地区新能源汽车销量

资料来源：中国产业信息网。

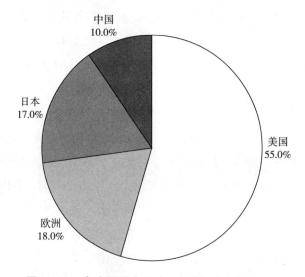

图3 2013年主要国家和地区新能源汽车销量布局

资料来源：中国产业信息网。

2014年，各国电动车市场销售增长迅速。中国第一季度纯电动乘用车产量①为4024辆、插入式混合动力乘用车产量为2627辆，合计6651辆；而

---

① 中国的数据来自工业和信息化部网站。

到了 9 月，纯电动乘用车产量累计达到 19900 辆、插入式混合动力乘用车产量为 8986 辆，合计 28886 辆，比第一季度增长了 3 倍多。美国 1 ~ 10 月插入式电动汽车销量①已累计达到约 9.8 万辆（见表 2），比上年同期增长约24.4%，月均销售已接近万辆。日本 1 ~ 7 月销量②累计达到 14662 辆。从1 ~ 8 月电动汽车销量看，法国略领先于德国，为 8121 辆，德国为 7955 辆，两国月均销量接近 1000 辆。作为欧洲第一大电动车市场，挪威 9 月电动汽车销售依然保持 10% 以上的强势增长，电动乘用车月销量达到 1300 辆，1 ~ 9 月销量累计达到 13781 辆，电动汽车市场份额为 11.2%（见图 4）。

表 2　2014 年 1 ~ 10 月美国插入式电动汽车销量

单位：辆

1 月	2 月	3 月	4 月	5 月	6 月	7 月	8 月	9 月	10 月	累计
5905	7045	9172	8905	12453	11493	11433	12403	9340	9553	97702

资料来源：数据来自 Wind 资讯。

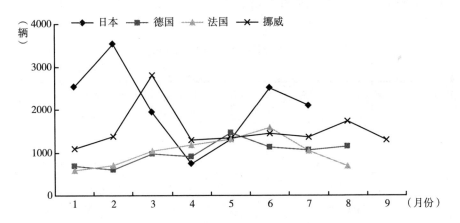

图 4　2014 年 1 ~ 9 月日本、德国、法国、挪威电动汽车销量

注：日本数据为日产 Leaf 和欧蓝德 PHEV 的合计。
资料来源：第一电动网。

① 美国的数据来自 Wind 资讯。
② 日本的数据仅包含日产 Leaf 和欧蓝德 PHEV 两款车型。

（三）企业动态

1. 企业销售情况

从全球电动汽车的制造和销售看，日本企业仍处于绝对领先的地位，日产、三菱和丰田这三家企业的市场份额就占到全球的40%。美国汽车厂商处于第二梯队，特斯拉、福特、通用三家的合计市场份额为28%。欧洲的汽车厂商迫于日美的压力，近两年才开始生产和销售电动汽车，因此全球市场份额较低，但其发展潜力很大。2014年8月，EV Sales Blog公布了全球2014年上半年电动汽车制造商销量排行（该网站没有获得韩国和比利时的数据），2014年上半年，日产汽车公司销量27253辆，市场占有率达20%，日产旗下车型聆风销量达27143辆。三菱、特斯拉、丰田、福特、克莱斯勒以及通用雪佛兰处于第二梯队，2014年上半年销量均破万辆。我国的比亚迪、康迪、奇瑞和众泰均进入16强，排名依次为第8、10、11和15位，四家销量合计占前16名的13%。

表3　2014年上半年全球电动汽车制造商排名

单位：辆，%

2014年上半年排名	汽车制造商	6月销量	上半年销量	市场份额	2013年排名
1	日产 Nissan	4852	27253	20	1
2	三菱 Mitsubishi	3469	16848	12	3
3	特斯拉 Tesla	3933	14036	10	5
4	丰田 Toyota	1916	11468	8	4
5	福特 Ford	3164	11327	8	7
6	通用雪佛兰 Chevrolet	2060	10530	8	2
7	雷诺 Renault	1882	7005	5	6
8	比亚迪 BYD	1312	6749	5	11
9	宝马 BMW	1269	5456	4	14
10	康迪 Kangdi	1414	5329	4	N/A
11	奇瑞 Chery	600	4013	3	9

2014 年上半年排名	汽车制造商	6 月销量	上半年销量	市场份额	2013 年排名
12	大众 Volkswagen	664	3830	3	13
13	沃尔沃 Volvo	346	3345	2	8
14	奔驰 Smart	523	2384	2	10
15	众泰 Zotye	780	1428	1	N/A
16	菲亚特 Fiat	166	1016	1	18

注：康迪、奇瑞为预估数据；沃蓝达的销量包括 Holden Volt、Opel 和 Vauxhall Ampera；三菱 i-Miev 的销量包括 Peugeot iOn 和 Citröen C-Zero；日产的销量包括 Nissan NMC。

资料来源：第一电动网。

2. 企业生产进展

（1）国外企业

第一，日系。日本电动汽车尤其是混合动力汽车，无论在技术研发，还是市场培育和发展方面都居世界前列。目前日本车企已经开始研发更高级别的燃料电池汽车。在充电桩的建设方面，日本的丰田、日产、本田以及三菱等四家汽车企业联合成立了一家名为 Nippon 充电服务有限公司的全新子公司。该全新子公司成立的目的就是推动可插电式电动汽车充电桩的广泛安装。

丰田。在混合动力领域技术上遥遥领先。车型上，2015 年丰田将推出雷凌混动版，2016 年将推出第四代普锐斯，该车基于丰田 TNGA（Toyota New Global Architecture）平台开发，其整备质量相比现款车型将减重 20%，采用新一代汽油发动机，发动机热效率可达 42%，比现款发动机高出 3.5%。在研发方面，2014 年 5 月丰田联合子公司电装和丰田中央研究所开发出了全新碳化硅功率半导体，可进一步提升混动车燃油经济性。在中国丰田先于日产和本田，大力推广混合动力，实施"云动计划"，普锐斯和凯美瑞尊瑞已陆续国产。

日产。2013 年推出"V 蓝战略"，以纯电动为发展的终极目标。在技术研发上关注于零排放领域和自动驾驶。2017 年日产计划推出下一代聆风纯电动车，从电池组和外观设计等角度改进新车，使续航里程比当前的聆风增加1倍以上，达到300千米左右。

本田。一直以燃料电池汽车为发展方向和目标，已投产85款车型。除车型研发生产外，也关注于汽车使用过程中的各种基础设施建设，如贮存、添加等使用环节的配套建设。在研发方面一直与通用合作，目前正在构建氢能源网络。

第二，美系。美国虽然是全球电动汽车最大的销售国，但由于电动汽车生产的关键环节中锂离子动力电池的研发和生产一直被控制在日本和韩国企业手中，因此，美国在电动汽车的研发和生产上逊色于日本。

特斯拉。特斯拉Model S自2012年6月推出，已有超过19000辆销往世界各地，特斯拉正在加州北部扩建工厂，2014年产能达56000辆以上。Tesla除满足自身生产外，还向丰田、戴姆勒等许多车型提供电池和电机。特斯拉还在美国和加拿大大量兴建超级充电站，以解决充电基础设施问题。特斯拉已登陆中国市场，先后在北京、上海、杭州、深圳、成都和重庆建立服务中心并向用户交付车辆。扩充充电网络布局是特斯拉汽车进入中国以来首要推进的事宜。目前，特斯拉在中国8个城市建立了20座超级充电站，在全国61个省市区建立了超过400个充电桩。且与中国民生银行、银泰、SOHO和中国联通签署了多项合作协议以建立充电桩。

通用。旗下雪佛兰品牌拓展其新能源产品阵容，打造第三款电动车，预计2017年左右问世，续航里程高达320千米（200英里）。2015款雪佛兰斯帕可电动车将采用全新的锂电池组，其容量为19千瓦时，电池系统总重量为215千克，配备最新的Siri Eyes Free语音控制技术、4GLTE网络和直流快充配置。在研发方面，通用汽车公司2013年在密歇根州庞蒂亚克通用汽车动力总成总部成立了全美最为先进的燃料电池研发实验室。自2002年开始，通用汽车公司的燃料电池授权专利总数便始终领跑于其他汽车企业。此外，通用汽车公司与美国国家能源部可再生能源实验室宣布将进行电动汽车燃料电池方面的合作研究，其主要研究内容为通过研发新的燃料电池材料以及新的加工制造工艺来降低电动汽车燃料电池的成本。

福特。2013 年，福特斥资 1.35 亿美元研发电池关键组件的设计工程和生产制造方案。2014 年，与三星 SDI（三星集团子公司）宣布联合开发下一代非混动车电池技术。短期内，研发目标将集中在双电池系统上——锂电池与 12 伏铅酸电池（负责制动能量回收）。福特表示双电池系统将很快能够进行量产。

第三，德系。一直钟情于柴油技术的欧洲车企和民众对电动汽车无论在研发生产还是销售使用都相对缺乏热情。但迫于日本车企带来的压力，为防止以日本为代表的亚洲车企在混合动力车上占领全部先机，欧洲主流车企纷纷在电动动力车上加大了研发力度。

大众。大众品牌以 e-UP！和 e-Glof 两款纯电动车宣告其电气化战略。大众计划在 2020 年将旗下纯电动汽车的续航提升至 500~600 千米。目前，公司正努力将电池能量密度从当下的 25Ah 提升至 2016 年的 37Ah，之后，进一步提升至 60Ah，使续航有望最高达到 600 千米。奥迪品牌，以 e-tron 和 g-tron 分别代表电气化战略和天然气化战略，具体车型涉及 A1、A3 和 R8 系列的部分车型。其中 R8 电动款将于 2015 年在欧洲销售，同时还将其续驶里程提升至 450 千米（280 英里）。此外，奥迪还描绘了其他高性能三厢和 SUV 电动车的发展蓝图。

宝马。未来宝马所有车系的车型都将推出新能源车型。目前，宝马、日产和特斯拉正在探讨充电网络的合作和充电标准等事宜。在研发方面，宝马集团和韩国三星 SDI 公司签署了一份合作协议，在合作协议中双方将扩大在电动汽车电池领域的合作关系。早在 2009 年，宝马就已经与博世和三星 SDI 的合资公司 SB Limotive 确立了合作关系。在中国，电动车 i3 和混合动力车 i8 已上市。在充电问题上宝马与政府机构、能源、房地产、物业等积极尝试合作。

奔驰。在纯电动车的发展方面戴姆勒作为特斯拉的第三大股东，已借力生产了奔驰 B 级和 Smart 系列的几款纯电动车。混合动力汽车是奔驰未来的发展重点。2014 年 9 月，奔驰 S 级推出一款插电式混合动力车型。接下来在 C 级产品寿命周期后半段，也将在其基础上打造插电式混动车。MRA 平台为加装插电式混合动力系统提供了方便的基础。在研发方面，戴姆勒奔驰与宝马正在就电动车无线充电技术展开合作，该技术包含汽车底盘安装的线圈和内置了线圈的地板两个部分。目前这种无线充电技术实现了不到两个小时的充电时间。

（2）国内企业

2014 年 8 月和 10 月工信部和国税总局分别公布免征车辆购置税的新能源汽车车型的第一批和第二批目录（详见附件）。第一批目录中乘用车领域不仅包括 17 款纯电动汽车车型，还包括 6 款插电式混合动力车型。第二批目录中乘用车只涉及纯电动汽车，且车型达 28 款。从目录中涉及的企业看，第一批目录包括：江淮、北汽、比亚迪、东风、东南、奇瑞、上汽、上海通用、四川汽车、吉利、长安、广汽共 12 家企业，第二批目录中企业数量为 11 家，与第一批相比新增 9 家：北京现代、北汽福田、东风悦达起亚、华晨宝马、华晨汽车、郑州日产、湖南江南、一汽、重庆力帆。总体看，共有 21 家企业在 2014 年免征车辆购置税的新能源汽车车型乘用车的目录内。

从各企业推出的车型看，推出车型最多的是北汽，共有 11 款车型。其次是湖南江南汽车，6 款；东风，5 款；比亚迪，4 款。这些车型中目前还是以自主品牌为主，但是第一批目录中的启辰（中国版 Leaf），第二批目录中之诺 1E、首望 500e、华骐，以及郑州日产的两款多用途乘用车等众多合资品牌的电动车已经也可以享受免征车辆购置税的优惠政策（见图 5）。

2014 年在电动汽车领域，比亚迪、一汽、北汽、上汽和江淮这五家企业表现相对活跃。具体情况如下。

比亚迪。2014 年 8 月，EV Sales Blog 公布了全球 2014 年上半年电动汽车制造商销量排名，比亚迪秦和 e6 全球销量排名分别为第 8 位和第 19 位，比亚迪公司也荣登公司排名的第 8 位。在国内，比亚迪先后在南京、

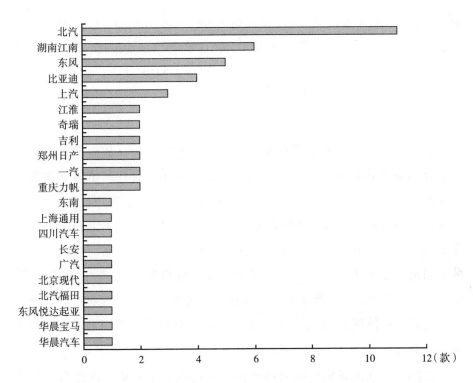

图5 2014年第一和第二批免征车辆购置税的新能源汽车厂商推出乘用车车型数量

长沙、天津、昆明、西安、深圳、惠州等9个国内城市建立新能源汽车工厂。2014年4月比亚迪又与广汽集团合资成立广汽比亚迪新能源客车有限公司。在海外，比亚迪纯电动大巴公司K9在南加州兰开斯特市下线并正式交付，标志着比亚迪纯电动大巴正式进入美国市场。目前工厂已获得47辆订单。4年前，比亚迪与戴姆勒合资建立研发公司，共同开发电动汽车。两公司合作研发的腾势电动车首款量产车，在深圳基地正式下线，并于9月在上海率先上市。比亚迪制定了"542"战略，即采用四驱，将百公里加速控制在5秒以内，百公里油耗控制在2升以内。比亚迪"汉"将于2015年推出，百公里加速更快于"唐"；比亚迪"明"将于2016年推出，定位6擎四驱双模车。未来，比亚迪将在"七大领域""四个特种"研发和投产新能源汽车车型。

一汽。目前，已有奔腾、威志和欧朗品牌下共计四款新能源汽车上市销售。一汽已制订了新能源汽车发展规划。明确了 2020 年的总目标和 2016 年与 2018 年的两个阶段化目标。具体看，2016 年初步形成电机、电池系统的产业化能力；2018 年实现规模化、产业化发展；2020 年，完成关键总成资源布局，做熟插电混合动力和纯电动动力平台，掌控核心总成资源，市场份额达 15% 以上。

北汽。2014 年 1 月，北汽集团与美国 Atieva 公司（美商源捷有限公司）签署股份认购协议，成为该公司第一大股东。合作从事高端新能源汽车的设计、研发、制造与营销项目。4 月，北汽投资 280 亿元，在重庆江津新建新能源和特种汽车生产基地和布局销售网络。9 月北汽新能源汽车公司向媒体透露："北汽在硅谷研发设计的高性能纯电动汽车已经下线，目前处于测试当中。下半年可能引进中国路测。"在充电业务方面，9 月，北汽下属的北汽新能源公司与特瑞德公司草签了《充电产业及商业模式战略合作协议》，拟在北京、青岛等地展开合作，共同推广电动汽车充电业务。

上汽。上汽正在积极拓展产业链，布局汽车服务业，欲将自身打造为汽车制造、汽车服务、金融投资一体化的综合供应商，综合竞争力将进一步提升。积极探索互联网汽车业务，建设电子商务平台，旗下"车享网"上线，并与阿里巴巴合作，签署了"互联网汽车"战略合作协议。集团计划投资 30 亿元在上海自贸区设立"上海汽车集团投资管理有限公司"，专注于资本运作，进行实业投资、资产收购、资产管理和债务重组等。

江淮。江淮汽车的 iEV 系列纯电动轿车已经发布至第四代，在 2014 年北京车展上，江淮汽车发布了第五代纯电动汽车 iEV5，续航里程提升至 200公里。2014 年 9 月江淮与美国 GTA 公司签署《江淮 IEV 电动车出口框架协议》，根据协议，GTA 的采购数量至少不低于 2000 辆，GTA 同意协议签订后启动采购首批 200 辆产品订单。同时，双方同意尽最大努力合作开发符合美国市场标准的 G5 电动车。GTA 将在密西西比州工厂组装，并在美国销售此电动车。

三　产业技术进展

2014 年，电动汽车的技术研发主要集中在电池、充电、车联网、电池能量管理和车身材料轻量化五个方面。

（一）电池技术

电池是电动汽车的核心和发展关键。为开发出比能量高、比功率大、使用寿命长的高效电池，各国企业、研究机构和高校等一直致力于电池的研究和开发。他们从阳极、阴极、隔膜、电解液等各个方面，各种元素和材料，探索各种结构，改善各种工艺（见表4、表5）。

表 4　2014 年国外电动汽车电池技术领域最新技术进展

序号	机构名称	项目关键词	创新点
1	麻省理工学院机械工程系	无膜氢溴电池	性能与传统有膜电池相当，大大降低了成本。储能系统的顶部是一种含有少量铂（Pt）催化剂的多孔阳极，底部是固体石墨阴极。阳极和阴极之间流动着电解液氢溴酸
2	南洋理工大学	快速充电电池	使用二氧化钛纳米管而不是传统的石墨材料作为电池的阴极，两种材料都可以加速电池中的化学反应提供电能，不同的是前者可以反复使用 1000 次而后者的寿命只有 500 次。使用寿命长达 20 年
3	俄亥俄州立大学	太阳能发电技术	可以降低太阳能发电的成本，并提升电能转换的效率，其核心装置是涂有二氧化钛纳米棒的网格，其上分布着许多小孔，大约只有 200 微米的跨度，该装置是新型太阳能发电技术的基础，能在空气与阳光之间自由供电
4	福特和三星	双电池系统	这套系统能收集任何量产车型上产生的"再生制动力"，它能收集并储存汽车制动时多达 95% 的制动能量，并用它来为汽车电池充电
5	美国橡树岭国家实验室	从废弃汽车轮胎获取炭黑	从废弃汽车轮胎获取炭黑，并加工出应用在锂离子电池组上的高性能、低成本碳素负极材料。上述实验一旦产业化，有望降低电池成本

续表

序号	机构名称	项目关键词	创新点
6	美国密苏里大学	基于水的溶剂的核电池	使用名为锶-90的辐射性同位素，它能够在水溶剂里提升电化学能量。一种纳米结构的二氧化钛电极（防晒霜和紫外线遮光剂里常见的元素）镀上铂层即可有效地收集能量和将能量转化为电子
7	Sakti3的美国电池公司	能量密度为现有锂电池2倍的新型电池	他们设计的固态锂离子电池能量密度达到1143瓦时/升，这样的电池性能不仅能够大幅提升电动汽车单次充电的行车里程，还可以帮助降低电动车的价格。采用薄膜沉淀工艺
8	古河电池、尼康、日产等11个单位	空气镁电池的大容量化	工作原理是氧气和镁发生化学反应产生电能。其研发计划，发电量由2014年的300瓦逐步增加至5年后的3千瓦和10年后的1000千瓦，用途也将从手机拓展至家庭和小型发电站。古河电池等将同时研发发电装置和装置的再利用系统，古河电池研发的发电装置为正极是氧、负极是金属镁的空气电池
9	莱斯大学	石墨烯	石墨烯与氧化钒的混合物（这种解决方案的成本相对较低）能创造出仅需20秒钟即可完成充电的电池阳极；而且，即使是在充电1000次以后，这种电池阳极仍可保住90%以上的容量
10	美国能源部劳伦斯伯克利国家实验室和阿贡国家实验室	三维"纳米框架"催化剂	由铂和镍组成，具有中空、高活性、内外表面尺寸大的特点，其效率和成本都大大优于目前的催化剂产品
11	丰田	全固态电池	实验中的原型产品可达到400瓦时/升的体积能量密度。专家预测，可在2025年实现商业化
12	美铝加拿大公司和以色列公司 phinergy	铝空气电池	100公斤重的铝空气电池储存了可行驶3000千米的足够电量
13	日本Power Japan Plus公司	双碳性电池	阳极和阴极都是碳材料，与锂离子电池相比，在同等能量密度条件下，该电池更安全，寿命更长，充电速率更快
14	韩国现代	砜基电解质	通过采用砜基电解质可以有效提高锂硫电池容量，容量提升52.1%达到715毫安时/克；可逆容量保持率提高63.1%达到72.6%
15	日本积水化学	全新锂离子蓄电池	其外形超薄并且蓄电能力提升2倍。安全性能突出，可顺利通过钉刺、挤压安全测试实验。另外，其生产效率也提高了10倍

资料来源：作者自行整理获得。

表5　2014年国内电动汽车电池技术领域最新技术进展

序号	机构名称	项目关键词	创新点
1	青岛储能产业技术研究院	全固态聚合物锂电池	以阻燃纤维素为基材，采用功能化改性和耦合等工艺
2	中科院大连化物所	二次电池	在高比能量锂二次电池方面取得重要进展，研制成功了额定容量15Ah的锂硫电池，并形成小批量制备能力
3	盟固利	锰系三元材料锂离子动力电池	该款电池的倍率特性和低温特性方面有明显提升，可实现2分钟瞬时快充和-40℃低温下正常使用
4	中科院沈阳自动化研究所	柔性化锂离子电池	自主研发了作为电池储能材料的纳米级钛酸锂油墨和3D电子打印装备，喷印控制精度为1微米。采用多层喷印工艺，将钛酸锂、黏结剂打印到柔性石墨烯纸集流体上，在线固化温度120℃即可完成电池制造。制造的锂离子电池具有1.5伏充放电平台，并且具有优秀的循环性能
5	复旦大学	新型水锂电池	只要花10秒钟充60度电，就可以让新能源电动汽车跑上400千米
6	复旦大学	可伸缩线型锂离子电池	利用两个定向多层壁碳纳米管/氧化锂复合丝线作为电池组的阳极和阴极材料，而不额外使用集电器以及粘结剂。新型电池可以编织成轻量化、易弯曲、有弹性、安全可靠的织物结构，且拥有很高的能量密度等级。线型电池弯曲能力强且重量较轻，经过100次弯曲测试后储电能力可以保留新产品的97%

资料来源：作者自行整理获得。

（二）充电技术

电动汽车无线充电已经开始商业化运作，2013年6月，博世以3000美元销售无线充电装置，该装置可安装在日产聆风和雪佛兰沃蓝达上。高通在2014年首届电动方程式锦标赛（Formula E）中推出Halo车用无线充电系统。该系统包含四个部分：供电组件、充电板、车载接收板和车载控制器。利用磁共振效应实现地面充电板与电动车充电板之间的能量传输，从而对电动或混动车辆的动力电池组进行非接触式充电。高通正研发将把无线充电发射器埋在路面下，实现边行驶、边充电。无线充电技术将逐步推向乘用车。由于Halo系统可以调节充电功率，在车联网环境下，电动车可以将电池数据发送至无线充电系统，无线充电装置进而可以自行调节充电方式。高通还宣布将在 2017 年量产无线充电技术。政府层面，美国汽车工程协会宣布电动汽车无线充电的三级输出功率和单一频带两指标已制定国际标准。各研究院所和各公司仍在探索更快、更高效、更安全的无线/动态充电技术。

表6　2014 年国际电动汽车充电技术领域最新技术进展

机构名称	项目关键词	创新点
德国弗劳恩霍夫集成系统元器件研究所	电磁感应式充电	前置充电装置，感应源安装在充电桩上。该系统能效更高、成本更低，充电过程也少受其他因素干扰
丰田	射频充电	在地面下方的金属轨道中安装了 RF 电源，在汽车轮胎里面则安装了一段钢带，当电动车行驶在这样的路面上时，金属轨道和钢带之间会产生电容，此时就能从地面下方的电源中获取电能
德国海拉集团与法勒	无线充电系统	通过发送线圈与接收线圈间的能量传递实现供电，线圈间距在 102～203 毫米均能实现充电
丰田与麻省理工学院	WiTricity 无线充电系统	可提供"中距离"（线圈间的距离可从几厘米至几米不等）无线充电。方式为核磁共振；频率为 85 千赫兹；输入电压为 200 伏交流电；充电功率为 2 千瓦；充满电耗时最长不超过 90 分钟
日本奈良先端科学技术大学	平行双线的无线电力传输	与电力设备及大阪变压器公司合作，可为移动中的设备及纯电动汽车等无线充电
清华大学	自由角度无线充电装置	装置的核心部件如同两个圆环垂直交叉的陀螺仪，大小如同成年人的手掌。这两个圆环又同时和一个方形框架垂直，"两个圆环三个电磁线圈，这就是三线圈垂直测量接收装置"

资料来源：作者整理资料获得。

另外，在缓解多辆汽车同时充电方面，德国正联合开发"ge@work"项目，内容包括充电设施和能量管理系统。该设施能够同时为几十辆不同种类的电动汽车提供充电服务。法国财团开发出了基于旧电池的新型电动汽车充电系统。美国电动汽车接入电网（V2G）试点项目扩大并开始创收。美国电力研究院 EPRI 与多家汽车制造厂商、公共事业单位以及区域输电机构展开合作，研发出汽车电网一体化（VGI）开放平台软件系统。接下来的研发目标是将电动车通信平台与住宅、车队以及商业设施的电能管理系统整合在一起。

（三）车联网技术

早在 1995 年，博世就推出了带有 GPS 控制功能的导航系统。在即将开启的互联时代，汽车技术和通信技术将不断加强跨领域的合作。汽车制造商正在利用车联网能力为消费者开发出更多信息服务、通信服务和娱乐服务。

许多汽车品牌已经把带互联功能的系统嵌入旗下车型，通用的安吉星、丰田的 G-BOOK、宝马的互联驾驶、奔驰的 My Command、福特的 SYNC 等都是汽车企业推出的新一代车载系统产品。例如，通用汽车生产的多款车型上均装配有 OnStar 系统，采用无线技术和全球定位系统（GPS）卫星，依赖 CDMA 网络进行语音、数据通信以及 GPS 卫星进行定位和导航服务。另外，OnStar 还主要为以通用汽车为主的汽车提供包括自动撞车报警、道路援助、免提电话和逐向道路导航等安全信息服务。

许多互联网公司也早已开始在汽车上寻找新的商机。苹果之前推出了 CarPlay，百度推出了 CarNet，腾讯推出了路宝。2014 年，谷歌车载系统 Android Auto 正式发布，谷歌的安卓汽车系统包括谷歌音乐播放、谷歌地图以及语音触发短信等功能，该系统采用投射方式。2014 年初，谷歌与通用、本田、奥迪、现代和英特尔共同成立开放汽车联盟，旨在将安卓植入汽车信息娱乐系统，目前该联盟已经扩大到 40 多家企业。

（四）电池能量管理技术

2014 年 9 月底，波士顿能源开发了一套采用标准化组件的模块化电池组（Ensemble Module System），采用压力连接的方法来进行模块的装配。这套模块化系统相当于提供了一个已经半定制的电池单元，汽车制造商们只需要选择好容量，就可实现快速地、简单地和低成本地生产和装配。

宝马汽车公司宣布为其 i3 车型推出一款奥地利微电子公司的全新电池管理系统。该电池管理系统采用的是型号为 AS8510 的芯片，该芯片是一种可以应用于汽车上的集成化数据采集前端集成电路。作为目前最为先进的模拟集成电路和传感器的领导产品,该芯片能为 i3 汽车提供极为准确的电池电压测量值。

飞思卡尔半导体公司日前发布了一款高度集成化的锂离子电池控制器,该产品能够满足 48 伏锂电池系统需求,可以应用于工业和汽车领域。通过 14 个电量平衡晶体管、毫安到千安之间精度误差仅 0.5% 的电流传感器以及集成到 64 位 QFP(方型扁平式封装)芯片上的通信收发器接口(传输速度 2 兆赫/秒),飞思卡尔 MC33771 电池控制器和 MC33664 独立通信接口就可以应用到 48 伏电池系统上,传输稳定性更高,性能表现也更可靠。该公司 2014 年还推出了 MM9Z1J638 电池传感器,该传感器可监控电池的健康状态、电荷状态和功能状态,从而进行早期故障预测。

江森自控和弗劳恩霍夫研究所近日签署了一项合作协议,两家公司将为下一代车辆电池开发更高效的冷却系统及热管理系统。项目将首先对 48 伏微混系统电池技术进行重点开发,旨在实现比如今混合动力和电动车技术更低成本、更完善的负载管理技术。据江森自控描述,其先进微混电池技术最多可减少汽车燃油消耗 15%。微混电池系统中采用双电压架构,包含 12 伏铅酸起动电池以及 48 伏锂电池。这项技术首先将在欧洲市场应用,随后进入美国市场,并从 2020 年起在全球进行普及。共同开发的机构还包括美国阿贡国家实验室、威斯康星大学、劳伦斯理工大学、俄亥俄州立大学等。

(五)车身材料轻量化技术

2009 年,宝马与碳纤维材料的"专家"西格里集团合资组建西格里汽车碳纤维公司,将 CFRP(碳纤维强化塑料)材料运用于宝马 i3 和宝马 i8。2014 年,宝马更是对摩西湖工厂追加了 2 亿美元的投资,扩产计划将使该企业的碳纤维年产量提升至目前的 3 倍,作为宝马智能轻质材料科技的一环,未来碳纤维将广泛应用于宝马 i 和宝马 M 产品上,以及宝马之外的产品线上。

欧盟正在开展一个名为 iGCAuto 的项目，该项目为期 18 个月，其 110 万美元的投资来自欧盟"十年、十亿欧元旗舰石墨烯计划"。该计划目的是开发高性能石墨烯复合材料，以便将汽车重量减轻 1/3 以上。先进的复合材料被认为具有很强大的汽车节油和轻量化的潜力，但是重量轻的汽车在碰撞中较为不利，所以必须开发新方法，加强复合材料的抵抗碰撞的性能。石墨烯复合材料可能就是解决这个问题的答案。iGC Auto 项目在英国桑德兰大学、意大利 FIAT 中心、德国 Fraunhofer、西班牙 Interquimica 和意大利 Nanesa 和 Delta-Tech 等研究机构中建立了六个研究小组。

四　存在的问题

经过近几年的发展，我国电动汽车产业在一定程度上取得了快速发展。近几年，中央和地方政府也密集制定和出台了许多政策，以引导和推动我国新能源汽车的发展。2014 年更是发布了两批《免征车辆购置税的新能源汽车车型目录》，然而市场并未出现预期中的火爆，消费者尤其是私人消费者还是较多选择传统汽车。究其原因，我国电动汽车发展在技术研发、生产经营和消费环境等方面仍存在突出问题。

（一）尚未形成有核心竞争力的自有技术体系

总体而言，中国电动汽车整体技术水平有一定的提升，但核心技术长期依赖于国外技术输入的现状尚未改变，很多核心技术问题仍未实现自有化。首先，电动汽车最核心的锂离子动力电池的研发和生产中，我国企业处于劣势。正极材料方面，国内关键技术和产品质量都与日韩有很大差距。隔膜方面，我国动力锂电隔膜基本全部由国外供应。驱动电机方面，生产尚处于起步阶段。更深入分析，我国在生产电机所需的硅钢和高速轴承等核心原材料上，无论研发还是生产都非常薄弱。其次，在整车控制器方面，国内芯片集成度、可靠性和稳定性都很低；控制器基础硬件和开发工具依赖进口。技术的不成熟直接制约了电动汽车的发展，使产品本身的质量和实用性大打折扣，且成本很高、国内企业利润很低，影响我国电动汽车的市场销售。

（二）充电设施建设滞后且管理不善

在充电方面，从消费者角度看，其抱怨的问题集中体现为[①]：一是充电不便，存在安全隐患；无论是市区还是国道、省道或者高速公路，都难找到公共充电桩。二是充电时间太长，即使是专用的充电站，充满电也需要大约半个小时。三是充电桩的使用缺乏管理，有时充电位还被油车当停车位占用，有些还收取高额停车费等。

一直以来，国内充电站和电池交换站等基础配套设施建设缓慢，覆盖面不广。近几年，虽然政府大力鼓励和扶持，但充电站、充电桩的设备标准不统一、地方和企业各自为政，导致企业在研发、生产和销售等方面产生混乱，拖累了新能源汽车整个发展进程。目前，充电技术规范不统一、公共充电设施滞后、家用充电桩进社区难度大、插电混动干扰、充电设施管理不善等问题仍是我国电动汽车市场发展的一个重要掣肘。

（三）激励政策不充分，私人消费环境未形成

目前，我国电动汽车的消费群体还是以单位为主，私人消费市场占比仍然很小，仅为32.3%[②]。造成这一局面的原因众多，除上文提到的企业方面，技术和生产造成车辆运行速度不快、续航里程短、配置不全、品种欠缺；基础设施方面，公共的和家庭使用的充电设施都不配套等因素。造成我国电动汽车私人消费还未形成的最重要的原因是，我国激励私人消费电动汽车的力度不够大，刺激手段也不够多元化。从力度上看，虽然我们对新能源汽车购买者给予补贴，但对消费者而言，购买电动汽车的成本还是较高的。以比亚迪秦为例，市场售价为18.98万元，在深圳购车有约7万元的补贴，

---

① 明华有道咨询公司的调研报告。
② 明华有道咨询公司的调研报告。

折算后价格也有 11.98 万元，这一价格仍高出相对应的传统汽油车约 50%。从刺激手段多元化看，目前虽然消费者在购买环节有部分补贴，但在车辆使用过程中还得面临车辆拥堵、难停车、缴纳过路费、停车费等问题，而这些问题，在国外对电动汽车是有相关优惠政策的。

（四）国内自主品牌将面临国外品牌的激烈竞争

在上汽、比亚迪、北汽、江淮为代表的自主品牌纷纷推出了荣威 E50、比亚迪 E6、北汽 E150EV、江淮和悦 iEV 等车型的同时，特斯拉，日产 Leaf，宝马 i3、i8，大众 e-up、e-Golf 和沃尔沃 V60 等国外品牌也纷纷登陆中国市场。而且 Leaf、宝马 i3 等通过合资方式也能够享受到国家的优惠补贴政策。我国企业在核心技术水平和生产经营实力上与国外企业的差距较大。未来随着中国新能源汽车工业的发展，自主品牌向高端突围，合资和进口品牌向低端渗透，将会导致中端市场面临最激烈的竞争，自主纯电动汽车发展和生存空间可能会受到大幅度挤压。

五　发展思路及对策建议

（一）落实既定规划和政策

对于电动汽车的发展，我国早已制定了《电动汽车科技发展"十二五"专项规划》《节能与新能源汽车产业发展规划（2012～2020 年）》。为推动新能源汽车的推广，国务院出台了《关于加快新能源汽车推广应用的指导意见》，财政部、国家发改委、工信部、科技部、交通部等部委也都下发了相关的实施意见。这些文件中已经明确了电动汽车产业发展的技术路线、发展路径、科技创新重点任务、产业布局、充电设施建设、动力电池梯级利用和回收管理以及各项配套保障措施等。认真贯彻和落实我们已经制定的这些规划和政策，必然能使我国的电动汽车在技术突破上，在结构优化上，在使用环境配套上得到巨大的发展。

（二）优化私人消费环境

为了让我国电动汽车进入私人用户、扩大电动汽车私人市场规模、促进电动汽车的发展和繁荣，我们必须切实关注并解决私人用户购买和使用中的众多实际问题，满足其消费需求，构建和优化私人消费环境。我国各地方政府可根据自身情况，借鉴各国在推动电动汽车中的各种做法和经验。具体做法和经验主要体现在财政和非财政的两种刺激手段。财政鼓励方面，在购买环节实施售价返现或税收抵免，免征车辆登记税、牌照费等；日常使用中免收路桥费、停车费、充电电价折扣等。非财政的刺激手段包括直接购买不需摇号、日常行驶不限号、优先停车、有权使用公交车道等。

另外，针对我国充电设施建设方面，国家必须建立健全各种标准，并统一和规范，批准和鼓励地方或企业安装充电设备，对充电设备与安装费用给予折扣，补充现有社区的充电设备，加强未来建筑的充电建设，全面布局充电设施，改善充电设施管理问题，解决私人用户的充电顾虑。提高充电效率、缩短充电时间，加强太阳能充电装置的研发，建设和发展我国的充电设备产业。

（三）鼓励和支持企业探索和实施新的经营模式

从特斯拉的成功我们可以看到，特斯拉的核心竞争力是其强大的资源整合能力、突出的工业设计能力、准确的商业定位、技术选择和正确的战略规划及产业链整合等综合实力。我国企业在电动汽车行业的生存和竞争中，将面临比国外企业更复杂的环境和更大的困难：关键核心技术缺失、产业链条薄弱、配套设施不完备、消费群体不成熟等。为此，我们更要鼓励和支持企业探索和实施新的经营模式，在技术研发方面，鼓励企业建立产学研联盟，鼓励企业与外资汽车企业和零部件供应商等建立合作机制，鼓励企业通过控股、收购等方式获取先进技术和优质企业。在充电站建设方面，鼓励企业向特斯拉学习，积极与政府、各种机构和企业广泛合作，铺建全方位的充电网络。在营销渠道中，鼓励企业向上汽学习探索网络销售模式。在销售中，鼓励企业向众泰学习，为降低消费门槛，采取"以租代售"模式，改随车搭售电池为提供电池租赁、改整车销售为"裸车"销售、创新"体验＋销售"模式。

附件

2014 年免征车辆购置税的新能源汽车车型目录——乘用车（第一批）

免征车辆购置税的纯电动汽车车型目录（第一批）

序号	汽车生产企业名称	车型
1	安徽江淮汽车股份有限公司	和悦 iEV
2	北京汽车股份有限公司	EV200
3		绅宝 EV（BJ7000C7H1）
4		绅宝 EV（BJ7000C7H3）
5		威旺 307EV
6	比亚迪汽车工业有限公司	比亚迪 e6
7		腾势
8	东风汽车有限公司	启辰 e30
9	东南汽车工业有限公司	V3 菱悦纯电动轿车
10	奇瑞汽车股份有限公司	瑞麟 M1EV
11		奇瑞 eQ
12	上海汽车集团股份有限公司	荣威 E50
13	上海通用汽车有限公司	Springo
14	四川汽车工业股份有限公司	SQJ6452BEV（车辆型号）
15	浙江吉利汽车有限公司	康迪纯电动轿车（SMA7000BEV）
16		康迪纯电动轿车（SMA7001BEV）
17	重庆长安汽车股份有限公司	E30

免征车辆购置税的插电式混合动力汽车目录（第一批）

序号	汽车企业名称	车型
1	安徽江淮汽车股份有限公司	和悦 iREV
2	比亚迪汽车有限公司	比亚迪秦（BYD7150WTHEV3）
3		比亚迪秦（BYD7150WTHEV2）
4	广汽乘用车有限公司	增程式混合动力轿车
5	上海汽车集团股份有限公司	荣威 550PHWEV（CSA7154TDPHEV）
6		荣威 550PHEV（CSA7150PHEV）

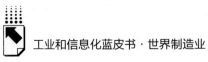

2014 年免征车辆购置税的新能源汽车车型目录——乘用车（第二批）

免征车辆购置税的纯电动乘用车（第二批）

序号	汽车生产企业名称	车系/车型
1	北京汽车股份有限公司	威旺 307EV
2		E150EV
3		E150EV
4		绅宝 EV（BJ7000C7H4）
5		绅宝 EV（BJ7000C7H）
6		EV200
7		E150EV
8	北京现代汽车有限公司	首望 500e
9	北汽福田汽车股份有限公司	纯电动多用途乘用车
10	东风汽车公司	E30L
11		E30
12		E30
13		E30L
14	东风悦达起亚汽车有限公司	华骐
15	华晨宝马汽车有限公司	之诺 1E
16	华晨汽车集团控股有限公司	中华 H230EV
17	郑州日产汽车有限公司	纯电动多用途乘用车
18		纯电动多用途乘用车
19	湖南江南汽车制造有限公司	众泰 M300EV
20		众泰 M300EV
21		知豆 301A
22		SKIO E20
23		知豆 301C
24		知豆 301B
25	中国第一汽车集团公司	奔腾 EV
26		奔腾 EV
27	重庆力帆乘用车有限公司	力帆 620 纯电动轿车
28		力帆 620 纯电动轿车

B.8
燃料电池产业发展现状及对策

郭 雯*

摘　要：　最近几年，随着燃料电池技术的飞速发展，燃料电池已成为各国政府和国际知名汽车厂商关注的焦点。欧美日韩等国家相继出台了一系列政策以推动本国在燃料电池领域的发展。在此背景下，近几年，全球燃料电池销售收入和出货量不断增加，全球市场不断发展。2013 年，全球燃料电池销售收入首次超过 10 亿美元，达到 13 亿美元，比 2012 年增长 35%。本章从产业规模、区域布局、企业动态以及技术进展等方面入手，全面阐述了 2013 年全球及我国燃料电池产业的发展情况，针对我国在该领域存在的问题，提出了我国在该领域的发展思路。

关键词：　燃料电池　产业链　产业规模

　　燃料电池兴起于 2000 年，但受制于高昂的成本，迟迟没有商业化。随着近几年成本的下降，燃料电池被广泛应用，并被视为 21 世纪最具发展潜力的清洁能源技术，也是近年来各国争相占领的新能源技术制高点之一。燃料电池在固定式动力、交通运输用动力、便携式动力等领域的商业化应用逐步推进，产业规模不断扩大。

---

* 郭雯，工业和信息化部电子科学技术情报研究所，工程师，主要研究方向为新能源产业。

一 产业概况

（一）产业概念

燃料电池（Fuel Cell）是一种不经过燃烧过程便可直接将燃料和氧化剂的化学能通过电化学反应方式转化为电能的发电装置。与普通电池不同的是，只要能保障燃料的供给，燃料电池将会持续发电。

燃料电池主要由三个相邻区段组成：阳极、电解质和阴极，详见图1。两个化学反应发生在三个不同区段的接口之间。两种反应的净结果是燃料的消耗，水或二氧化碳的产生，电流的产生，可以直接用于电力设备。

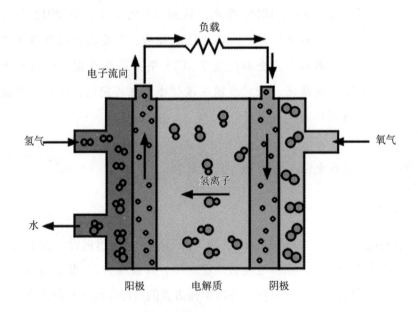

图1 碱性燃料电池结构

资料来源：课题组搜集资料整理。

目前，燃料电池技术主要应用领域包括固定式电站发电、交通运输动力和便携式电源。固定式动力包括燃料电池在任何固定位置中作为主要电源、备用电源或热电联产（CHP）的各种应用；交通运输式动力包括燃料电池在各种动力乘用车、客车和其他燃料电池电动汽车（FCEV）、特种车辆、物料搬运设备（如叉车）、越野车辅助动力装置等方面的应用；燃料电池的便携式动力应用主要是指不需要永久安装燃料电池，或者把燃料电池作为一种便携式设备。

燃料电池具有污染小、噪音低，能量转换效率高和原料易于获得等特点。

1. 污染小、噪音低

燃料电池区别于一般电池的最主要优点是大幅减少了污染排放（见表1）。对氢燃料电池来说，其反应后的产物只有水，可实现零污染。此外，燃料电池没有机械性传动发电部分，故操作环境也无噪音污染。

表1 燃料电池与火力发电大气排放物比较

单位：$kg \cdot 10^{-6} (KWh)^{-1}$

污染成分	天然气火力发电	重油火力发电	煤火力发电	燃料电池
SO_2	2.5~230	4550	8200	0~0.12
NO_X	1800	3200	3200	63~107
烃类	20~1270	135~5000	30~10^4	14~102
尘末	0~90	45~320	365~680	0~0.14

资料来源：《燃料电池的新进展》。

2. 能量转换效率高

燃料电池能量转换效率比一般常规发电装置高得多。目前，燃料电池可达60%~70%，其理论能量转换效率更可达90%。被广泛采用的汽轮机或柴油机的效率最大值为40%~50%；其他物理电池，如太阳能电池效率为20%，温差电池效率为10%，均无法与燃料电池相比。

3. 原料易于获得

燃料电池的主要原料是燃料和氧化剂，其燃料的选择范围很广，可使用很多常见的初级燃料，如汽油、甲醇、乙醇、煤气和天然气等；也可使用如褐煤、废纸、废木以及城市垃圾等低质燃料，但需对低质燃料进行重整制取。

虽然燃料电池有上述优点，但现今燃料电池技术发展尚未成熟，已有的燃料电池均未达到大规模商业化应用的程度。

（二）产业分类

按电解质材料种类，燃料电池可分为碱性燃料电池（AFC）、磷酸盐型燃料电池（PAFC）、熔融碳酸盐型燃料电池（MCFC）、固体氧化物型燃料电池（SOFC）和质子交换膜型燃料电池（PEMFC）五大类（见表2）。

（1）碱性燃料电池用碱性液体作为电解质，工作温度是室温，是早期开发的产品，20世纪60～70年代用于阿波罗登月飞船、航天飞机、空间轨道站的动力电源，但碱性燃料电池主要以液态氢为燃料，其造价昂贵，无法在民用领域广泛应用。

（2）磷酸盐型燃料电池的电解质是磷酸水溶液，工作温度为100～200℃，是目前研究最多的燃料电池之一，20世纪60～70年代UTC等公司制造了64台磷酸盐型燃料电池发电装置，先后在美国、加拿大、日本进行了试运行，但是，磷酸盐型燃料电池在能量综合利用方面不如熔融碳酸盐型燃料电池和固体氧化物型燃料电池。

（3）熔融碳酸盐型燃料电池的电解质是处于熔融状态的碳酸盐（如碳酸锂、碳酸钾），工作温度600～700℃。不仅可以利用熔融碳酸盐型燃料电池排出的高温气体带动汽轮机二次发电，还可直接利用余热进行供热。1991年后，日本把该型燃料电池作为研究重点。

（4）固体氧化物型燃料电池的电解质为固体氧化物烧结体（如氧化锆），工作温度为900～1000℃，可以直接利用进行供热或二次发电，因此可以用于热电联供系统。其优势在于排放高温预热可进行综合利用，易于实现热电联产，燃料利用率高，且不需要采用贵金属催化剂。但是固体氧化物燃料电池工作温度很高，导致电池启动慢，需要更多的保温设备以维持电池高温。

（5）质子交换膜型燃料电池采用氟系高分子膜作为电解质，工作温度为 60~100℃，便于小型化，1997 年，Ballard 建成了 3 辆质子交换膜电池作为能源系统的公交车。质子交换膜燃料电池 PEMFC 的工作温度为 80℃，适用于便携式电源、机动车电源和中小型发电系统。其中，直接甲醇燃料电池属于质子交换膜燃料电池（PEMFC）之一，具有低温启动速度快、燃料清洁环保和电池结构简单的特性，这使其极有可能成为未来便携式电子产品所采用供电装置的主流（见表 2）。

表 2　燃料电池按电解质种类分类

类型	碱性燃料电池（AFC）	磷酸盐型燃料电池(PAFC)	熔融碳酸盐型燃料电池(MCFC)	固体氧化物型燃料电池(SOFC)	质子交换膜型燃料电池(PEMFC)
燃料	纯氢	氢气	氢气、煤气、天然气、沼气等	氢气、煤气、天然气、沼气等	氢气、甲醇
氧化剂	氧气	空气、氧气	空气、氧气	空气、氧气	空气、氧气
电解质	氢氧化钾	磷酸盐基质	碳酸锂、碳酸钠、碳酸基质	稳定氧化锆等薄膜或薄板	聚合物膜
催化剂	无	铂	无	无	铂
工作温度	90~100℃	190~200℃	600~700℃	700~1000℃	80~100℃
水管理	蒸发排水	蒸发排水	气态水	气态水	蒸发排水+动力排水
发电效率	60%	40%	45%~50%	60%	固定式35%运输60%
发电能力	10~100kW	1~100kW	100~400kW	300~3MW	1~2MW
用途	太空、军事	分布式发电	分布式发电、电力公司	辅助电源、电力公司、分布式发电	备用电源、移动电源、分布式发电、运输、特种车辆

资料来源：EERE，《燃料电池》，兴业证券研究所。

经过 20 多年的研发和应用，燃料电池正在以极快的速度发展。在所有燃料电池中，碱性燃料电池主要应用于空间任务；质子交换膜型燃料电池已被广泛应用于交通动力系统和小型电源装置中；磷酸盐型燃料电池目前是民用燃料电池的首选，作为中型电源已进入商业化阶段；熔融碳酸盐型燃料电池也已完成工业试验阶段；起步较晚的固态氧化物型燃料电池作为发电领域最有应用前景的燃料电池，是未来大规模清洁发电站的优选对象。相比之下，固态质子交换膜型燃料电池、熔融碳酸盐型燃料电池和固态氧化物燃料电池、MCFC 和 PEMFC 会是最有前景的技术路线（见图2）。

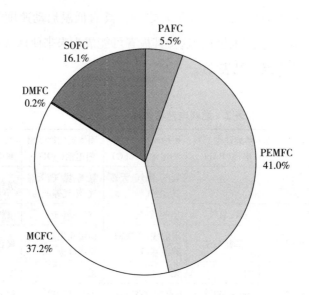

图2　不同类型燃料电池应用比例

资料来源：Fuelcell Today。

（三）产业链条

燃料电池虽有多种类型，但其产业链却大致相同。以氢燃料电池为例，其上游主要是氢气供应以及电池零组件。氢气供应部分主要是为燃料氢气而准备的，主要流程包括氢气生产、输送和充气机。而电池零组件部分则主要生产燃料电池组、氢气存储设备和配件。中游是部件组装，将上游的氢燃料和零组件组装成完整的燃料电池系统，每种系统依据其不同的应用领域而有所不同。下游则主要是燃料电池的应用板块，主要包括了固定、交通运输和便携三个主要领域。

产业链的核心在于中游的燃料电池系统，系统的组成必定要对应下游的应用，而在燃料电池系统中，燃料电池模块是最为重要的。一般燃料电池由电解质、催化剂和双极板构成，在这三者中，催化剂的有无对燃料电池成本的影响最为巨大。

对于质子交换膜型燃料电池来说，由于其使用昂贵的铂族金属作为催化剂，其价格一直居高不下，可以说，催化剂是燃料电池价格的决定性因素之一。另一个重要的决定因素是电解质，不同技术类型的燃料电池对电解质的要求不同，不同的电解质的价格也会有所不同，并最终对燃料电池价格产生影响。

二　产业发展及动态

（一）产业规模

从销售收入来看，2013 年，全球燃料电池销售收入首次超过 10 亿美元，达到 13 亿美元，比 2012 年增长 35%。

从出货量来看，2013 年，全球燃料电池系统出货量达到 35000 万台，比 2012 年增长 26%，更比 2008 年增长 400%。其中，固定式燃料电池市场不断发展，超过 26000 "Ene-Farm" 家庭燃料电池单元在日本部署。2013 年，全球 150 兆瓦固定燃料电池出货量比 2012 年增长 24%，比 2008 年增长 244%。

从知识产权来看，根据美国 Heslin Rothenberg Farley & Mesiti P. C. 公司发布的最新清洁能源专利增长指数（CEPGI），其中对清洁能源各领域都有详尽描述，包括燃料电池。2013 年，燃料电池产业有 886 项被授予专利。

专栏 1　2013 年全球燃料电池行业发展的一些主要亮点

——美国康涅狄格州州布里奇波特市开设了一个 14.9 兆瓦燃料电池园区。

——世界最大的燃料电池发电站项目（59 兆瓦）在韩国启动。

——英国政府提出氢燃料电池汽车发展计划，并宣传其是 UKH2Mobility 政府和跨产业合作计划的一部分。

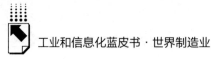

——美国八州（加利福尼亚州、康涅狄格州、马里兰州、马萨诸塞州、纽约州、俄勒冈州、罗得岛州、佛蒙特州）签署了《州零排放车辆项目谅解备忘录》。

——欧盟委员会提出14亿欧元将被用于第二阶段的"燃料电池与氢能联合技术计划"（FCH JU），实施时间为2014~2024年。

——燃料电池用于电信备份的部署和订单已经发展至中东、中国和菲律宾，以及其他国际市场。

——日本2013年燃料电池研发费用是2012年预算的2倍，达3.63亿美元。

从我国燃料电池产业规模来看，目前国内燃料电池市场尚需要依靠国家项目支撑，尚未达到产业化。

（二）区域布局

从销售收入看，全球燃料电池系统销售收入增长迅速。2013年，北美燃料电池销售收入同比增长50%；亚洲燃料电池销售收入同比增长约33%；欧洲燃料电池销售收入则略有下降。

从出货量来看，2013年，美国燃料电池按台数计出货量同比下降17%（见图3），但按兆瓦计出货量同比上升2%（见图4），这意味着，美国制造的燃料电池正在向大功率发展。2013年，在"Ene-Farm"家庭燃料电池项目的带动下，日本燃料电池按台数计出货量有显著增长。2013年，通过浦项制铁（POSCO Energy）和FuelCell Energy合作制造大规模燃料电池单元，韩国燃料电池系统按兆瓦计出货量同样也得到明显增长。

从知识产权分布来看，燃料电池的专利主要集中在美国和日本手中。全球2002~2013年燃料电池累计发明专利中，美国占43%，日本占33%，韩国占8%，德国占6%。从企业层面看，燃料电池专利最多的十大企业基本上全部来自日、韩、北美地区，其中，美国企业、日本企业均有四家，韩国和加拿大各有一家。

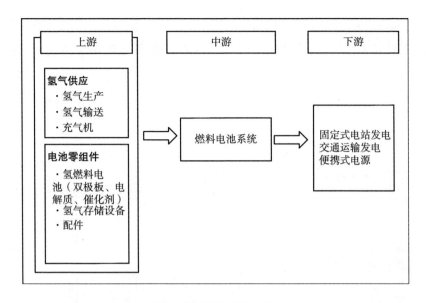

图 3　氢燃料电池产业链条

资料来源：作者根据相关文献整理。

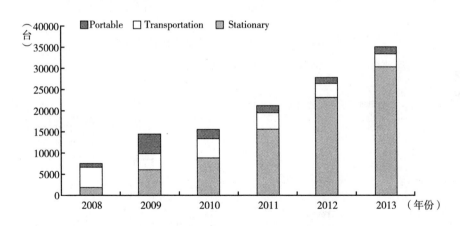

图 4　2008～2013 年全球燃料电池出货量

资料来源：美国能源部《2013 年度燃料电池技术市场报告》。

　　从我国燃料电池区域布局来看，由于燃料电池属于技术密集型产业，因此，我国燃料电池产业主要集中在辽宁、山东和上海等科研水平较高的东部沿海地区。目前，国内主要从事燃料电池的相关企业包括辽宁的新源动力，山东的东岳集团以及上海神力。其中，大连市依托新源动力燃料电池及氢源技术国家工程研究中心、辽宁节能与新能源汽车动力控制与整车技术重点实验室、中科院大连化物所等研发机构，成功吸引了比亚迪，华晨，一汽客车（大连），奇瑞和东风日产等整车生产企业投资研发生产新能源汽车。

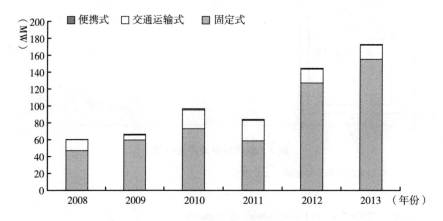

图5　2008～2013年全球燃料电池出货量（MW）

资料来源：美国能源部《2013年度燃料电池技术市场报告》。

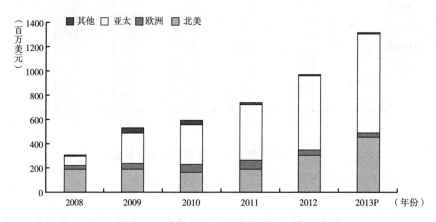

图6　2008～2013年按地区分燃料电池系统销售收入

资料来源：美国能源部《2013年度燃料电池技术市场报告》。

156

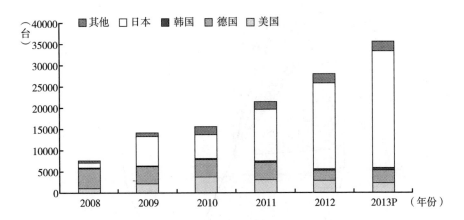

图7 2008~2013年全球各地区燃料电池系统出货量

资料来源：美国能源部《2013年度燃料电池技术市场报告》。

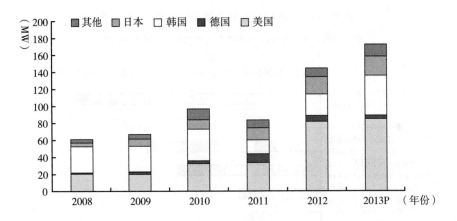

图8 2008~2013年全球各地区燃料电池系统出货量

注：2013年燃料电池系统出货量数据为预测值。

资料来源：美国能源部《2013年度燃料电池技术市场报告》。

（三）企业动态

目前的燃料电池市场技术高度集中，前4位的制造商（Fuel Cell Energy、巴拉德、CLEAREDGE及东芝公司）的燃料电池的产量占全球的70%以上。

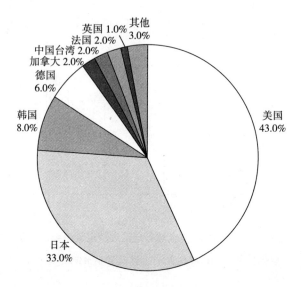

图9 2002～2013年按地区燃料电池累计专利分布

资料来源：美国能源部《2013年度燃料电池技术市场报告》。

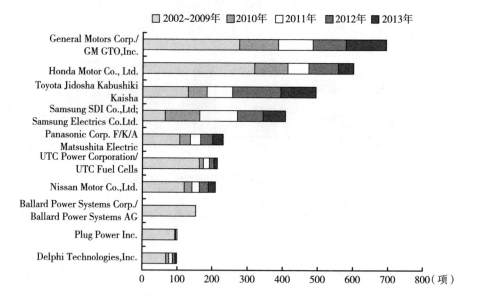

图10 2002～2013年全球前10位燃料电池专利受让人

资料来源：美国能源部《2013年度燃料电池技术市场报告》。

1. 国外企业

表3　2011～2013年全球主要燃料电池公司经营状况

单位：千美元

北美的燃料电池公司	2013 年		2012 年		2011 年	
	总收入	收入成本	总收入	收入成本	总收入	收入成本
Ballard Power Systems	61251	44492	43690	36321	55773	48494
FuelCell Energy *	187658	180536	120603	120158	122570	135180
Hydrogenics Corp.	42413	30352	31697	26448	23918	18351
Plug Power	26601	37849	26108	40463	27626	36902
其他公司						
Ceramic Fuel Cells Ltd ** , *** （澳大利亚）	4266	21544	6717	27228	3681	29142
Ceres Power ** , **** （英国）	523	13265	226	18480	692	17702
SFC Energy AG ***** （德国）	32413	21773	31260	18497	15425	10056

注：* 财年截至 10 月 31 日，** 财年截至 6 月 30 日，*** 单位为千美元，**** 单位为千英镑，***** 单位为千欧元。

资料来源：美国能源部《2013 年度燃料电池技术市场报告》。

表4　2011～2013年全球主要燃料电池公司研发支出状况

单位：千美元

北美的燃料电池公司	2013 年	2012 年	2011 年
Ballard Power Systems	17117	19273	24896
FuelCell Energy *	15717	14354	16768
Hydrogenics Corp.	2566	4452	2934
Plug Power	3121	5434	5656
其他公司			
Ceramic Fuel Cells Ltd ** *** （澳大利亚）	7800	11539	15127
Ceres Power ** **** （英国）	7200	13205	12869
SFC Energy AG ***** （德国）	6148	4257	2537

注：* 财年截至 10 月 31 日，** 财年截至 6 月 30 日，*** 单位为千美元，**** 单位为千英镑，***** 单位为千欧元。

资料来源：美国能源部《2013 年度燃料电池技术市场报告》。

表5　2011～2013年全球主要燃料电池公司资产与负债状况

单位：千美元

北美的燃料电池公司	2013年		2012年		2011年	
	资产	负债	资产	负债	资产	负债
Ballard Power Systems	120214	49960	127547	69545*	165290	72945
FuelCell Energy**	237636	190971	191485	117119	183630	137224
Hydrogenics Corp.	40070	33909	41877	37570	31061	20288
Plug Power	35355	50856	39460	24430	55656	26620
其他公司						
Ceramic Fuel Cells Ltd *** **** （澳大利亚）	33326	17580	32810	11913	42785	9250
Ceres Power *** ***** （英国）	16935	4561	13168	4487	33873	6465
SFC Energy AG ****** （德国）	47649	18586	47617	11224	48782	11994

注：* 经审计的财务报表（2011/2012），** 财年截至10月31日，*** 财年截至6月30日，**** 单位为千美元，***** 单位为千英镑，****** 单位为千欧元。

资料来源：美国能源部《2013年度燃料电池技术市场报告》。

（1）FuelCell Energy

FuelCell Energy（FCE）公司成立于1969年，前身为能源研究公司（ERC），此后在1999年更名为FuelCell能源公司。FuelCell能源公司的主要产品是可用于现场发电、热电联产及分布式能源电网的熔融碳酸盐燃料电池（MCFC）。FuelCell能源公司的主要客户包括电力公司、大学、工业企业、食品加工企业及一些公用事业部门等。FuelCell能源公司的50多家工厂遍布世界各地，并已产生超过15亿千瓦时的电量，相当于每年为13.5万户美国家庭供电。目前，FuelCell能源公司的科学家还正在研究应用"直接燃料电池"（Direct Fuel Cell，DFC）技术，包括氢气生成和碳捕获，并在开发固体氧化物燃料电池（SOFC）以及氢气压缩存储技术。2014年7月底，能源巨头NRG（NRG）收购了3500万美元的FuelCell股票，并向其提供了4000万美元贷款，以便帮助该公司完成其燃料电池项目。2014年第三季度财报显示，该公司第三财季营收为4320万美元，低于去年同期的5370万美元。

表6 FuelCell 能源公司发展概况

项目	基本内容
公司网站	www. fuelcellenergy. com
公司类型	上市公司,纳斯达克股票代码:FCEL
公司总部	美国康涅狄格州的丹伯里(Danbury)市
公司运行	美国:总部位于康涅狄格州的丹伯里市,生产工厂位于康涅狄格州的托林顿(Torrington)市 德国:欧洲的销售和服务,制造工厂 韩国:通过其合作伙伴——韩国 POSCO Power,面向亚洲销售产品和服务,制造工厂
员工数量	541 名员工 全职员工数量为484 名,其中,226 名在康涅狄格州的托林顿(Torrington)市的制造工厂,243 名在康涅狄格州的丹伯里市或各种外地办事处,在海外地区有 15 名员工 这次收购的 Versa Power System 公司为公司增加了一个额外的 41 名全职雇员:10 名在科罗拉多州,31 名在加拿大 临时工数量为 16 名,多数都位于康涅狄格州的托林顿(Torrington)市的制造工厂
燃料电池类型	熔融碳酸盐型燃料电池
市场应用	大型固定式电源
燃料电池产能	美国康涅狄格州:每年 90MW 韩国:每年 70MW 德国:每年 20MW

资料来源:作者根据公开资料整理。

(2) Ballard Power Systems

巴拉德动力系统(Ballard Power Systems)公司是一家成立于 1979 年的加拿大公司,公司从 1983 年开始研发燃料电池。2007～2009 年,公司完成了从长期、高成本的汽车燃料电池研发转向清洁能源燃料电池产品的市场化。目前,该公司主要从事质子交换膜型燃料电池产品(包括燃料电池堆、模块和系统)的设计、研发、制造和服务,专注于商用市场(电信备用电源、物料搬运和工程服务)和开发阶段市场(公车、分布式发电和连续电源等)。迄今为止,公司氢燃料电池的出货量接近 150MW,是目前当之无愧的氢燃料电池界翘楚。2013 年全年营业收入同比上涨 40%。2013 年 12 月,中国碧空氢能科技南通有限公司与巴拉德公司签署了合作协议,其中,巴拉德向碧空氢能转让整套燃料电池备用电源的生产技术。

表7 巴拉德能源系统公司发展概况

项目	基本内容
公司网站	www. ballard. com
公司类型	上市公司,多伦多证券交易所(TSX):BLD,纳斯达克股票代码:BLDP
公司总部	加拿大本那比(Burnaby)
公司运行	加拿大:总部,研发及生产基地 美国:研发(俄勒冈州的马里兰大学) 墨西哥:生产基地 丹麦:生产基地
员工数量	340 名员工及在墨西哥的 30 位承包商 271 名在加拿大 29 名在美国 40 名在丹麦 60 位承包商在墨西哥
燃料电池类型	质子交换膜型燃料电池
市场应用	备用电源,分布式发电,物料搬运设备,公共汽车
燃料电池产能	每年 75MW

资料来源:作者根据公开资料整理。

(3)东芝公司

1939 年,东芝公司通过合并两家公司(枝浦制作所和东京电气)而成立。1984 年,东芝公司运营的实验性 50 千瓦燃料电池电站,在当时是日本第一个燃料电池发电厂。自 20 世纪 90 年代初,东芝公司一直致力于研发主动和被动式直接甲醇燃料电池(DMFC),取得了很大成功,在 2009 年正式推出其商业化的 Dynario™ 产品。2001 年,东芝公司与联合技术动力(UTC Power)公司成立了合资企业——东芝国际燃料电池公司,现在被称为"东芝燃料电池动力系统公司",专注于为日本市场开发质子交换膜燃料电池,主要产品包括住宅用质子交换膜燃料电池和 PC25TMC 20 千瓦磷酸盐燃料电池(PAFC)。自 2000 年以来,东芝燃料电池动力系统公司一直在开发一个 1 千瓦的家用燃料电池系统,并在 2003 年被大阪煤气公司选定为参与共同开发质子交换膜热电联产系统 ENE-FARM 的四家公司之一。

ENE-FARM 的销售始于 2009 年,2011 年新推出的 ENE-FARM 燃料电池

发电站具有显著的小型化特征。2012年6月，东芝开始销售在停电时也可发电的燃料电池系统。但该系统存在停电时燃料电池陷入停转状态无法单独起动的问题。通过配备蓄电池，除了能够从停转状态起动之外，对于超出燃料电池系统输出功率的需求也可以满足。2013年5月，东芝在"第20届燃料电池论坛"（2013年5月28～29日于船堀Tower Hall举行）上，公布了家用固体高分子型燃料电池（PEFC）系统的开发情况。东芝表示，目前正在探讨控制方式的个别优化、蓄电池的配备，以及ECHONET Lite标准的支持等问题（见表8）。

表8   东芝公司发展概况

项目	基本内容
公司网站	www. toshiba. co. jp
公司类型	上市公司,东京证券交易所(TYO):6502,纳斯达克股票代码:TOSBF
公司总部	日本东京
公司运行	日本东京:东芝燃料电池动力系统公司 日本川崎市:研发中心
员工数量	200260名员工
燃料电池类型	直接甲醇燃料电池、质子交换膜型燃料电池
市场应用	住宅、消费电子产品
燃料电池产能	

资料来源：作者根据公开资料整理。

2. 国内企业

国内燃料电池的研发相对落后，仅停留在示范性应用，还没有形成燃料电池商业应用市场。

（1）新源动力

新源动力成立于2001年，由中科院大连化学物理研究所等单位发起设立，该公司主要从事质子交换膜型燃料电池的研发生产，是目前我国规模最大的燃料电池企业，被国家相关部委授予"燃料电池及氢源技术国家工程研究中心"。2007年，由新源动力提供燃料电池发动机的首辆"PASSAT－领驭燃料电池轿车"研制成功。2010年，公司为世博燃料电池车提供燃料电池堆。2013年1月，由新源动力历时多年开发的金属双极板光纤激光焊接、非贵金属表面改性等技术及其工业量产工艺取得阶段性重大突破，为下一步金属板电堆的批量生产奠定了坚实基础。2014年，大连新源动力股份有限公司与上汽集团合作开发国内首台取得销售许可的燃料电池汽车，最高时速达150公里，续航里程500公里，每百公里耗氢费用不到50元，噪音小，排放几乎为零；预计经过5年技术提升，电池寿命可以保证安全行驶20万公里，届时汽车成本将下降。

（2）上海神力科技有限公司

上海神力科技有限公司成立于1998年，该公司主要从事质子交换膜型燃料电池和钒电池的研制和生产，2010年，该公司作为世博会汽车用燃料电池发动机的主要供应商之一，共为30辆轿车和1辆客车提供了动力系统。截至2011年7月31日，上海神力已申请国内外燃料电池技术相关专利343项，其中发明专利174项；累计获得专利权授权300项，其中发明专利126项，包括美国专利4项。2013年，安凯客车和上海神力科技合作开发氢燃料汽车。

（3）东岳集团

东岳集团2007年在香港上市，该公司在新环保、新材料、新能源等领域掌控了大量自主知识产权。2013年，东岳集团研发新产品21个，取得技术专利38项，实施技改项目32个，新产品新项目增加值实现25.6亿元，占到当年收入的23.5%，行业竞争优势更加显著。2013年11月，东岳集团与AFCC（奔驰福特）联合开发车用燃料电池膜正式签约，这标志着东岳燃料电池膜将用于奔驰、福特新一代量产燃料电池汽车。

三 产业技术进展

目前，商业化应用的燃料电池技术为质子交换膜、固体氧化物和熔融碳酸盐燃料电池，根据性能的不同，前者主要应用于汽车，后者主要应用于热电联产和固定式发电。

（一）研发进展

近几年，各国均加大对燃料电池的技术研发的重视程度，并取得了一系列新进展。

1. 美国

据美国《科学》杂志于 2011 年 4 月 22 日报道，美国洛斯阿拉莫斯国家实验室和橡树岭国家实验室联合开发的通过加热聚苯胺、铁、钴盐生成的新型催化剂几乎与铂有一样有效耐用的催化效果，其可望解决燃料电池催化剂成本过高的主要问题。一般情况下，非贵金属催化剂容易在高酸性环境下降解，但该新型催化剂却能保持稳定。

美国航天局下属喷气推进实验室与南加州大学联合研制出利用液态甲醇产生电能的电池，其发电副产品仅为水和二氧化碳。该电池在发电时既不需要添加任何燃料，也不排放任何污染物，其具有结构简单、能量密度高等特点。该项技术将为未来清洁能源开辟新途径。

2. 日本

日本的东芝、三菱重工、三菱电机、本田、三洋以及松下等大型企业均致力于燃料电池的开发，尤其在车用燃料电池的研发方面竞争最为激烈。但三洋公司认为燃料电池在家庭普及方面同样具有广阔的前景，因而三洋公司将家用燃料电池作为研发方向。三洋公司在燃料电池领域的开发历史已近40 年，直至近 10 年转为侧重固体高分子型（PEFC）产品的研制。

3. 韩国

韩国原子力研究院（KAERI）和韩国能源技术研究院（KIER）于 2013年 5 月 25 日联合声明，双方联合研究出了可提高燃料电池能效的新材料。该新材料研制成果有两种，一种为"碳素薄膜银纳米粉末催化剂"，该材料可取代稀有贵属制成的催化剂，使固体氧化物型燃料电池能在 650℃的高温下达到最大功效。另一种为"放射线照射高分子燃料电子膜"，该材料具有过滤甲醇并只允许氢离子透过的特性，可制作小体积高能效甲醇燃料电池。

韩国在大型固定式燃料电池、交通运输用燃料电池以及移动电话用燃料电池领域的应用都取得了显著进展，并且致力于固体氧化物型燃料电池和质子交换膜型燃料电池的研究，还制订了燃料电池研发路线图。

（二）技术应用进展

近两年，燃料电池产业继续吸引了一大批来自 IT、媒体、房地产、食品/饮料加工、酒店、仓储配送等行业的客户，许多世界 500 强企业都在使用燃料电池作为一种降低能源成本和提高环境绩效的方式，燃料电池技术的早期采用者也不断成为"回头客"。

1. 固定式燃料电池

固定式燃料电池市场主要包括大型的主动力系统，热电联产（以住宅或商业运营使用的微型热电联产为主）系统和备用电源。2012～2013 年，由于备用电源市场的增长和日本"家用燃料电池计划"的实施，全球固定式动力应用领域继续推动全球燃料电池整体出货量的增长。在燃料电池固定式动力应用市场，美国的布卢姆能源（Bloom Energy）公司、FuelCell Energy 公司、联合技术动力（UTC Power）公司占据主导份额（见表9）。

主动力系统近年来的应用越来越广泛，为数据中心、商业楼宇、零售商店、居民住宅建筑及其他许多设施提供了清洁、可靠的电力供应，也越来越多地从可再生燃料来源中产生电力。当前，虽然很多政府通过补助等形式来帮助用户减少使用主动力燃料电池的成本，但不可否认的是，燃料电池主动力（Prime Power）应用的市场规模正越来越大。其中，以 FuelCell Energy、Bloom Energy、联合技术动力（UTC Power）等为代表的公司在近两年取得了突出成绩。

微型热电联产是固定式动力市场的一个重要组成部分。小企业和居民家庭可以应用微型热电联产系统获取电力和热能。2012～2013 年，日本、欧洲和英国继续成为全球微型热电联产系统的主要市场，其中，日本是迄今为止市场最为发达、技术最为先进的国家。截至 2012 年 12 月，通过"ENE-FARM"计划，日本大约有 4.3 万户居民家庭安装了微型热电联产机组。日本政府旨在通过"ENE-FARM"计划，到 2030 年在全日本安装 530 万台微型热电联产机组。此外，日本"ENE-FARM"计划选定的设备主供应商继续报告着他们在成本降低、性能提高等方面的重大进展。

备用和远程电源市场在近两年出现了一些行业整合和新的投资。电信继续成为领先的应用市场，但其他行业的应用也获得了较快发展，如遥感和电力管道的阴极保护系统等。例如，美国科罗拉多州交通局使用燃料电池充电设备监视科罗拉多道路沿途上的泥石流；Acumentrics 公司的燃料电池在不同的地点使用，如马萨诸塞州和得克萨斯州的管道燃气输配设施。截至2012年1月，美国马萨诸塞州的燃料电池累计工作时间已经超过1.2万小时，得克萨斯州的燃料电池已经累计超过1.77万小时。

表9　燃料电池的固定式动力应用

	主动力	微型热电联产	备用和远程电源
电池类型	MCFC、SOFC、PAFC	PEMFC	PEMFC、DMFC
典型功率范围	100～2800kW	0.25～11kW	1～20kW
代表企业	美国 FuelCell Energy，美国 Bloom Energy，美国联合技术动力（UTC Power）等	日本松下和东芝，澳大利亚陶瓷燃料电池（CFCL）公司，德国 Heliocentris 燃料电池公司等	加拿大 Ballard Power Systems，新加坡 Horizon 燃料电池技术，加拿大 Hydrogenics，美国 ReliOn，德国 SFC 能源公司等
应用领域	大型数据中心、商业楼宇、零售商店、居民住宅楼等	小企业和居民家庭等	户外通信基站、离网发电等
主要市场	美国、韩国等	日本、德国等	美国、中国等

资料来源：Fuel Cell Today, *The Fuel Cell Today Industry Review 2013*。

2. 交通运输燃料电池

交通运输（Transportation）用燃料电池细分市场包括了广泛的应用，如物料搬运设备、轻型燃料电池汽车、燃料电池公共汽车、轻型和重型车辆、公交车、其他交通运输工具（小型飞机以及船只）等应用。目前，交通运输用燃料电池的类型仅仅是质子交换膜（PEM）燃料电池。在大多数应用中，燃料电池与电池或其他能量存储装置耦合。在这种配置下，燃料电池可以作为主要的动力源，提供最为充足的动力或给电池充电。它也可能包括物料搬运设备，这在前面章节中我们已经有所讨论。

物料搬运设备是交通运输燃料电池最主要的应用。燃料电池电动汽车几乎可以连续"作战"（加注燃料不到 5 分钟），保持恒定的充电状态（减少或消除电池充电或更换的需要），并无须电池更换设施（这节省了宝贵的仓库空间）。正是由于燃料电池具有上述优点，其在物料搬运设备市场有了广阔的应用前景，尤其是可以节约大型、多班制作业仓库的仓储成本。美国是全球最大的燃料电池物料搬运设备市场，2012 年，美国有超过 4000 辆以燃料电池为动力的物料搬运车辆正在运行，四年前这一数字仅为数百辆。物料搬运设备的制造商，如 Crown 公司、Raymond 公司、Yale 公司等，也不断把燃料电池作为其产品阵容的一部分。尽管美国以燃料电池为动力的物料搬运设备市场继续展现良好的发展势头，但世界其他地区的市场的应用规模还处于萌芽阶段。

轻型燃料电池汽车不同于现有的其他类型的电动汽车，它们没有尾气排放，并且如果氢气是由可再生能源产生的，它们就可以提供真正的零排放。全球主要汽车制造商都致力于在 2015 ~ 2017 年生产商业化的燃料电池电动汽车。戴姆勒、福特和日产宣布将共同开发一个燃料电池电动汽车生产平台，该平台在 2017 年初开始生产，生产规模将达到 5 万辆。日本丰田和宝马汽车公司签署了一项谅解备忘录，其中包括在燃料电池系统、动力总成电气化以及轻量化技术发展等方面协同努力。在加氢站基础设施建设方面，英国政府 2012 年 1 月发布了"氢气流动路线图"（H_2 Mobility Roadmap）。该路线预计，2015 ~ 2030 年，伴随着燃料电池电动汽车相对柴油车总成本的不断降低，到 2020 年，英国 FCEVs 年度销售量将接近 1 万辆，全英国运营加氢站数量约为 100 个；到 2030 年，英国 FCEVs 年度销售量将超过 30 万辆，约为 32.5 万辆，运营加氢站数量约为 1150 个。美国加利福尼亚州燃料电池伙伴组织（CaFCP）也正在采取一系列行动，规划建设了一批氢燃料加注站，为在 2015 ~ 2017 年时间框架内商业可用的燃料电池电动汽车产业发展做好准备。2012 年 7 月，CaFCP 发布"加州路线图：普及氢燃料电池电动汽车"。该路线图指出，到 2016 年，加利福尼亚州燃料电池电动汽车保有量近 2 万辆，加氢站数量约为 68 个；到 2017 年，加利福尼亚州燃料电池电动汽车保有量将超过 5 万辆。2012 年，丰田、日产、本田、现代以及一些氢基础设施公司签署了一项谅解备忘录，计划在 2014～2017 年，在挪威、瑞典、冰岛、丹麦等国家部署燃料电池电动汽车并发展氢基础设施（见表 10）。

表 10　2012 年全球燃料电池乘用车开发和部署状态

	汽车制造商	商业化目标	研发合作伙伴	签署谅解备忘录(MOU)的国家	目前状态
1	戴姆勒	2017 年初	福特和日产	英国和美国	第一款燃料电池电动汽车已经批量生产，德国和美国市场租赁了 200 辆左右
2	福特	2017 年初	戴姆勒和日产	——	正在研发中
3	通用汽车	——	——	英国（欧宝/沃克斯豪尔）	在美国拥有大约 100 辆燃料电池电动汽车
4	本田	2015 年	——	日本，北欧国家（挪威、瑞典、冰岛和丹麦），美国	本田制造的大约 200 辆燃料电池电动汽车被各国所租赁使用，其中大部分在美国
5	现代	目标是到 2015 年销售 1000 辆燃料电池电动汽车，并计划在 2015 年推出下一代车型，并把销售量增加到 1 万辆		哥本哈根，北欧国家（挪威、瑞典、冰岛和丹麦），英国，美国	2013 年，韩国现代量产燃料电池车型"Tucson FCEV"，该车 2014 年起将在美国市场销售。进入 2014 年，现代还将推出最新款燃料电池汽车"Intrado"
6	日产	2017 年初	戴姆勒和福特	日本，北欧国家（挪威、瑞典、冰岛和丹麦），英国，美国	日产汽车在 2011 年制造出新的燃料电池堆，并在 2013 年推出的燃料电池概念车上展现该燃料电池堆
7	丰田	2015 年	宝马汽车	日本，北欧国家（挪威、瑞典、冰岛和丹麦），英国，美国	在 2014 年北美国际车展上，丰田公司展出其首款量产燃料电池汽车 FCVConcept，并计划于 2015 年开始销售

资料来源：美国能源部，*2012 Fuel Cell Technologies Market Report*。

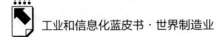

燃料电池公共汽车在美国、加拿大和印度等国家发展较为快速。在美国，燃料电池公共汽车主要部署在得克萨斯州的奥斯汀市和密歇根州的弗林特市。得克萨斯州的燃料电池公交车是由 Proterra 公司专门制造的，Proterra 公司的氢燃料电池混合动力公交车运用先进的技术，将可插电式电池、燃料电池系统和动力传输装置整合为动力集成，拥有极高的工作效率。加拿大巴拉德动力系统（Ballard Power Systems）公司是公交车用燃料电池的领先供应商。近两年，巴拉德公司与欧洲、苏格兰和印度公司合作，为其提供燃料电池公共汽车，修建加氢站等（见表11）。

其他交通运输应用方面，Vision 工业公司与 Balqon 公司签订联合开发协议，制造氢燃料电池混合动力码头牵引车"Zero-TT"，为其配送中心、铁路站场和海洋终端市场提供服务。Vision 汽车公司也与 Total Transportation Services 签署了 100 台 Tyranco Class 8 型卡车订单。Hydrogenics 公司收到了位于美国加州托伦斯市的 US Hybrid 公司 5 台 HyPMTMHD 系列燃料电池功率模块订单，以用于翻斗车、面包车和几辆公共汽车。在航空领域，波音公司与美国航空公司及联邦航空管理局（FAA）合作，推出了"ecoDemonstrator"计划，该计划包含一个波音 737~800 飞机的飞行测试平台，该测试平台将使用日本 IHI 公司的可再生燃料电池作为辅助电源。

表11　燃料电池的交通运输动力应用

	物料搬运设备	轻型燃料电池汽车	燃料电池公交车	其他交通运输应用
电池类型	PEMFC，DMFC	PEMFC	PEMFC	PEMFC
典型功率范围	1.8~30kW	30~75kW	75~198kW	—
代表企业	美国 Plug Power 公司，美国 Oorja Protonics 公司，丹麦 H2Logic 等	加拿大 Ballard Power Systems，加拿大 Hydrogenics 公司，美国 Nuveral 燃料电池公司等	加拿大 Ballard Power Systems，加拿大 Hydrogenics 公司等	加拿大 Ballard Power Systems，加拿大 Hydrogenics 公司等

	物料搬运设备	轻型燃料电池汽车	燃料电池公交车	其他交通运输应用
应用领域	大型食品企业、连锁超市、日用消费品企业等存储仓库用燃料电池叉车等	燃料电池电动乘用车等	城市地区燃料电池公共汽车等	码头牵引车、卡车、翻斗车、多用途汽车（MPV）、飞机的飞行测试平台、海岸警卫船、矿山机车、无人驾驶车辆等
主要市场	美国、德国等	日本、美国、韩国、北欧国家等	美国、巴西、印度、苏格兰等	美国、德国、加拿大、巴西等

资料来源：Fuel Cell Today，*The Fuel Cell Today Industry Review 2013*。

3. 便携式燃料电池

便携式燃料电池应用的细分市场主要包括燃料电池盒、燃料电池玩具（如玩具汽车等）以及小型燃料电池充电器等。燃料电池盒和燃料电池玩具市场仍然是非常成功的，占燃料电池年度出货量的比重最大。然而，燃料电池盒和燃料电池玩具的功率相对较小，意味着它们在燃料电池系统年度兆瓦出货量所占比重很小。此外，目前销售的燃料电池充电器和其他类似的便携式应用市场尚未成熟，部分原因是这些产品相对于电池的商业案例仍不清晰（见表12）。

表12 2012年全球商用便携式燃料电池制造商

	制造商	国别	产品名称	类别	输出功率
1	Horizon 燃料电池技术公司	新加坡	MINIPAK	PEMFC	2W
			HYDROPAK	PEMFC	50W
			HYMERA	PEMFC	150～200W
			HYDROMAX	PEMFC	180W
2	Lilliputian 系统公司	美国	Nectar™	SOFC	2.5W
3	myFC 公司	瑞典	Power Trekk	PEMFC	2.5～5W
4	SFC 能源公司	德国	EFOY COMFORT 系列 80140210	DMFC	40W、72W 和 105W

资料来源：美国能源部，*2012 Fuel Cell Technologies Market Report*。

四 存在的问题

（1）从政策扶持看，虽然燃料电池汽车是新能源汽车的重要组成部分，但在我国出台的相关政策较侧重于纯电动汽车，而对燃料电池汽车有所忽略。2012年10月发布的《国务院关于印发节能与新能源汽车产业发展规划（2012～2020年）》，虽对燃料电池汽车的技术发展和配套运行等有明确的要求和指导方向，不过纯电动是我国政策选择的主要技术方向。受政策导向影响，企业对燃料电池的研发和产业化热情不足。而欧美日韩等国政府一直在加大扶持燃料电池发展，比如，英国政府提出"氢气流动路线图"，旨在大力发展氢燃料电池汽车。2014年，日本政府起草了一个时间表，也将为燃料电池技术的推广提供政策支持。

（2）从应用领域看，与国外不同的是，我国燃料电池产业的发展重点聚焦在交通运输工具领域，国内80%以上的企业和研发机构都聚集于此，而固定式动力、便携式动力等应用领域却乏人问津。过度重视交通运输用燃料电池的研发和应用，而忽视燃料电池在分布式发电、微型热电联产、备用电源等领域的应用，使得我国燃料电池产业发展面临较大的技术风险和市场风险。

（3）从研发体制看，燃料电池企业存在参与研发不足的问题。目前，我国在燃料电池技术领域已远远落后于欧美日韩等国家，除了我国政府和企业对纯电动技术路线的偏好这一原因外，还源于当前研发模式的不合理。目前，我国燃料电池汽车的研发主要依靠研究机构和高校该模式没有调动企业参与研发的积极性，导致市场化研发严重缺位，致使我国燃料电池领域研发进程缓慢。

（4）从技术水平看，我国整体技术落后国外5年，目前与国外上一代技术相差半代。比如，国际氢燃料电池稳定寿命已达8000小时左右，而我国相关企业氢燃料电池仅在2000小时左右，距离氢燃料电池要达5000小时的产业化设计寿命还有相当大的差距。目前，国际几家知名汽车企业的部分车型已经达到了相关要求，如美国通用公司的 EquinoxSUV、德国戴姆勒公司开发燃料电池 B 级车、本田公司的 FCXclarity 轿车和丰田开发燃料电池SUV。

（5）从商业化进程看，国际各大车企或汽车联盟的燃料电池车的投放时间集中在 2015～2017 年，我国的燃料电池车目前一直处于示范运行阶段，推出的燃料电池车型较少，在产品性能上离传统汽车仍有一定差距，显然，我国的燃料电池车商业化步伐落后不少。美国的 UTC 燃料电池大巴的寿命可达 12000 小时，而丰田等燃料电池乘用车寿命超过 5000 小时，已经能满足商用的需求。我国现阶段的车用燃料电池寿命为 2000～3000 小时，车用燃料电池的寿命问题是这一车型开发的主要障碍。

五 发展思路及对策建议

我国发展燃料电池产业应针对差距，从以下方面着力推进。

第一，在现有技术积累的基础之上，积极推进燃料电池在分布式发电、微型热电联产等下游领域的应用。燃料电池技术在非车用领域应用，如叉车电源、备用电源、热电联供、分布式发电等，与车用燃料电池系统相比，在功率密度、启动反应速度、功率变化的适应性、环境适应性等方面的技术要求相对低，我国现有的燃料电池技术完全能满足这些领域的应用要求。政府应加大对非车用燃料电池技术应用领域的支持力度，通过政府采购和应用补贴等措施加快技术完善和成本下降。

第二，尽快明确燃料电池车发展技术路线图。我国目前对燃料电池汽车产业发展尚缺乏明晰的产业发展规划，导致在该领域产业发展信息的及时传递、社会资源的调动和整合以及产业创新的有效组织等方面较为乏力。政府应组织相关力量，以新能源汽车发展规划为契机，明确国家发展燃料电池汽车的战略定位、战略目标、技术目标和未来实施的研发计划、示范计划及市场推广措施等。

第三，推动关键材料生产的国产化和批量化。国产燃料电池的一些关键材料，例如膜、炭纸等样本的测试结果已达到甚至优于国际水平，但是生产的一致性不好，目前仍没有自动控制的生产线。因此，国家应加快出台一系列政策，支持燃料电池用关键原材料、零部件的国产化、批量化生产，不断整合各方面优势，打造我国燃料电池完善且成熟的产业链。

第四，加强共性技术和关键材料的联合攻关。针对制约燃料电池产业化的关键技术问题，如催化剂、膜材料及储氢、电池集成等，政府应将其列入重大项目，牵线搭桥，组织相关领域专家进行联合攻关，提高国家当前共性技术和关键材料的研发水平，同时培养燃料电池领域优秀的研发人才。另外，燃料电池企业间也应加强联合，通过组建创新技术联盟等方式，集中优势资源和高端人才，围绕燃料电池相关领域开展合作创新。

化合物半导体薄膜太阳能电池产业
发展现状及对策

郭　雯*

摘　要： 化合物半导体材料所制电池与太阳光谱更匹配、对阳光吸收
系数更大，制备成同质结太阳电池的理论转换效率高，是很
有前景的光伏材料。尤其以碲化镉（CdTe）和铜铟镓硒
（CIGS）为代表的化合物半导体薄膜太阳能电池已逐步成为
发展的主流产品。由于我国之前主要集中发展晶硅电池，所
以，我国化合物半导体薄膜电池起步晚、发展缓慢。从产业
规模、区域布局、企业动态以及技术进展等方面入手，系统
阐述了 2013 年全球及我国以碲化镉（CdTe）和铜铟镓硒
（CIGS）为代表的化合物半导体薄膜电池产业的发展情况，
针对我国在该领域存在的问题，提出了我国在该领域的发展
思路。

关键词： 化合物半导体薄膜电池　碲化镉　铜铟镓硒　产业规模

太阳能电池分为硅基太阳能电池、薄膜太阳能电池和新型太阳能电池。
按材料区分，薄膜太阳能电池可分为硅基薄膜型、化合物半导体薄膜型和有
机薄膜型三类。化合物半导体薄膜型太阳能电池又包括碲化镉（CdTe）、铜

---

* 郭雯，工业和信息化部电子科学技术情报研究所，工程师，主要研究方向为新能源产业。

铟镓硒（CIGS）和Ⅲ-Ⅴ族化合物半导体薄膜太阳能电池等。本文将着重介绍铜铟镓硒薄膜电池和碲化镉薄膜电池。

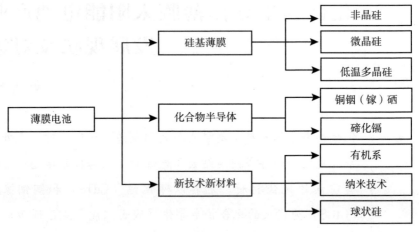

图1　薄膜电池分类

资料来源：作者搜集资料整理。

一　产业概况

就光伏应用的要求而论，化合物半导体材料所制电池与太阳光谱更匹配、对阳光吸收系数更大，制备成同质结太阳能电池的理论转换效率高，是很有前景的光伏材料，尤其以碲化镉和铜铟镓硒为代表的化合物半导体薄膜太阳能电池已逐步成为发展的主流产品。

（一）产业概念

碲化镉（CdTe）薄膜电池是一种以 P 型碲化镉和 N 型硫化镉（CdS）的异质结为基础的太阳能电池[1]。碲化镉为Ⅱ-Ⅳ族化合物，是直接带隙半导

----

① 异质结是指两种不同的半导体相接触所形成的界面区域。按照两种材料的导电类型不同，异质结可以分为同型异质结（P-p或N-n结）和异型异质结（P-n或p-N）。异质结通常具有两种半导体各自的PN结都不能达到的优良的光电特性，使它适宜于制作超高速开关器件、太阳能电池及半导体激光器等。

体,光吸收强,其禁带宽度与地面太阳光谱有很好的匹配,最适合于光电能量转换,可吸收95%以上的太阳光,是一种良好的太阳能电池材料[①]。碲化镉薄膜太阳能电池因其本身所固有的良好材料性能和自身实践,而被越来越多的投资者所关注(见图2)。

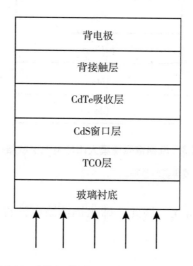

图 2　碲化镉薄膜太阳能电池层状结构

资料来源:作者搜集资料整理。

铜铟镓硒(CIGS)薄膜电池是一种吸收层采用铜铟镓硒为材料的多元化合物多晶半导体薄膜太阳能电池,具有成本低、性能稳定不衰退、抗辐射能力强、光电转换效率高等特点。但电池器件的多层结构、吸收层的化学配比和带隙梯度的控制等技术问题一直影响铜铟镓硒薄膜电池的普及。

当前,铜铟镓硒薄膜电池的转换效率最高,但是其发展受困于生产成本较高、工艺未标准化、铟和镓的蕴藏量有限等问题;而碲化镉薄膜光伏电池由于生产成本低、性能稳定,转换效率也比硅基薄膜电池高,其规模

---

① 带隙是指导带的最低点和价带的最高点的能量之差,也称能隙。带隙越大,电子由价带被激发到导带越难,本征载流子浓度就越低,电导率也就越低。

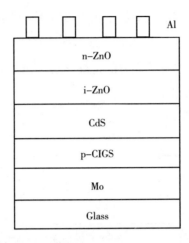

图3　铜铟镓硒薄膜太阳能电池层状结构

资料来源：作者搜集资料整理。

化量产具有很高的性价比。因此，碲化镉薄膜电池得到了较快发展（见图 3、表1）。

表1　两种化合物薄膜太阳能电池特性比较

	CIGS	CdTe
主要材料	铜、铟、镓、硒化合物	碲、镉化合物
光吸收层厚度	<1m	1m
光吸收能力	直接能隙材料,吸收范围广,吸收光子能量范围为 1.02～1.68ev	直接能隙材料,吸收范围广,吸收光子能量范围 1.45ev
发电稳定性	稳定性高,无光致衰减效应	稳定性高,无光致衰减效应
转化效率	实验室:20%。组件:10%～14%	实验室:16.8%。组件:8%～13%
材料特性	硒/铟为稀有金属,难以应付全面性大量的市场需求,缓冲层硫化镉具有潜在毒性	碲为稀有金属,难以应付全面性大量的需求,碲、镉为有毒元素,受限环保法规及消费心理障碍
材料控制性	四元素难以精准控制	二元素较 CIGS 易控制
材料成本	靶材成本会比基板高	材料成本约占 5 成
常见成膜技术	溅射法(sputter)	蒸镀法(Evaporation),适用多种成膜技术

续表

	CIGS	CdTe
具备优点	原料稳定,效率最高,可用柔性衬底	效率较高,可用柔性衬底,发展成熟,可大量生产
具备缺点	工艺未标准化,铟、镓的蕴藏量有限	薄膜中成本最高,模组与基材料占总成本50%,镉毒性大,碲天然蕴藏量有限,但是在铜、锌的矿床中有伴生,提炼也相对容易

资料来源:作者搜集资料整理。

(二)产业链条

根据薄膜太阳能电池的技术原理和制备工艺,通常把薄膜电池产业链划分为上游的设备、材料及零部件供应;中游的薄膜电池及组件制造;下游的应用市场,如采用薄膜电池组件的光伏发电站等(见图4)。

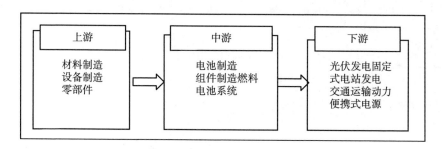

图4 薄膜太阳能电池产业链条

资料来源:作者搜集资料整理。

碲化镉薄膜太阳能电池组件产业链结构主要包括:湿制程设备,如玻璃基板洗净系统和 TCO 蚀刻系统;真空镀膜设备,如化学气相沉积设备等;材料主要包括碲化镉、硫化镉、玻璃基板等;零部件主要包括背电极等。碲化镉薄膜太阳能电池组件的工艺流程具体见图5。

铜铟镓硒薄膜太阳能电池组件产业链结构主要包括:CIGS 设备、CIGS 靶材、衬底材料、钼(Mo)等其他材料、封装玻璃、CIGS 薄膜太阳能电

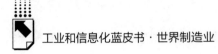

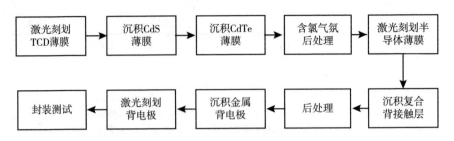

图5 碲化镉薄膜太阳能电池组件制备工艺流程

资料来源：作者搜集资料整理。

池、接线盒、EVA、铝框、CIGS 薄膜太阳能组件。铜铟镓硒薄膜太阳能电池组件的工艺流程具体见图6。

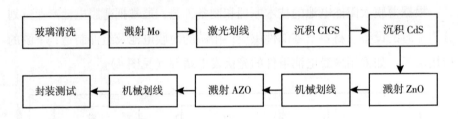

图6 铜铟镓硒薄膜电池组件生产工艺流程

资料来源：作者搜集资料整理。

二 产业发展及动态

（一）产业规模

1. 全球产业规模

全球光伏组件生产规模保持快速增长，薄膜电池产量占比小幅下滑。2013 年，全球太阳能电池组件产量为 41.4GW，同比增长 11.3%，产能更达到 65GW 以上。2013 年，全球薄膜电池产量约为 3.660GW，占全球太阳能组件总产量的 9%，继续小幅下滑。从企业看，2013 年全球薄膜电池产量主要集中在 First Solar（主要生产碲化镉电池）、Solar Frontier（主要生产铜铟镓硒电池）和汉能控股公司（主要生产硅基薄膜电池）三家公司，合计产量占全球的 69.2%。从产品类型看，硅基薄膜电池约 0.5GW，铜铟镓硒薄膜太阳能电池约 1.5GW，碲化镉薄膜太阳能电池约 1.66GW。

碲化镉薄膜电池占比大，铜铟镓硒薄膜电池发展迅速。目前，在薄膜太阳能电池市场中，以碲化镉薄膜太阳能电池产量最大，其市场占有率在 2009 年达到峰值；排名第二的是铜铟镓硒薄膜太阳能电池。2007 年以来，伴随着部分 CIGS 厂商的技术突破、转换效率的不断提高，CIGS 薄膜光伏电池再度得以快速发展，其所占市场份额在 2011 年超过非晶硅薄膜电池，位居第二；2006 年以前，非晶硅薄膜太阳能电池产量所占市场份额排名第一，但由于转换效率低且存在光致衰退的固有缺陷，其市场占有率从 2000 年开始逐步萎缩，并最终排名第三。德国弗朗霍夫（Fraunhofer）研究所数据显示，2011 年，全球薄膜太阳能电池的产量约为 3383MW，其中，碲化镉、铜铟镓硒及非晶硅（a-Si）等薄膜电池的产量分别约为 2081MW、694MW、608MW，所占比重分别为 61.5%、20.5%、18.0%（见图 7）。

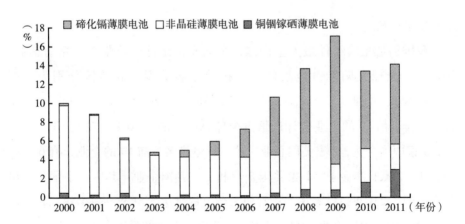

图 7　2000～2011 年各类薄膜电池占全球光伏电池总产量的比重

资料来源：德国弗朗霍夫（Fraunhofer）研究所，*Photovoltaics Report*，2012 年 12 月 11 日。

2. 国内产业规模

我国电池片生产规模进一步扩大，薄膜电池产能发展缓慢。2013 年，我国电池片产量居全球首位，达到 25.1GW，占全球总产量的 62%，产能达到 42GW。在电池类型方面，我国光伏产能中多晶硅电池约占 78%，薄膜电池发展缓慢。

我国光伏装机量爆炸式增长，累计装机量位居全球第二。2013 年，我国新增光伏装机量达到 12GW，较 2012 年增长 1.67 倍，成为全球第一大光伏应用市场；累计装机量近 20GW，仅次于德国，位居世界第二，全年光伏累计发电量达到 90 亿千瓦时。

国内碲化镉薄膜电池尚处于起步阶段，铜铟镓硒薄膜电池还远未形成产业规模。碲化镉薄膜电池方面，国内企业产量和产品种类非常少，销售情况仍处于起步阶段，距产业化还有很长的距离。铜铟镓硒薄膜电池方面，我国政府方面对铜铟镓硒电池显示出了极大的热情，很多地区和企业均欲投巨资引进生产线，但目前投资并运行的企业不多。

（二）区域布局

1. 全球布局

我国仍是光伏组件最大生产国，全球光伏组件产业集中度略有提高。2013 年，全球太阳能电池组件产量排前三名的国家和地区分别为中国（27.4GW）、欧洲（3.8GW）和日本（3.5GW）。从产业集中度看，全球组件产量排名前 10 的企业合计产量占全球总产量的 41.6%。在这 10 家企业中，6 家中国企业，2 家美国企业。按出货量排名，前 10 的企业，有 6 家中国企业，2 家日本企业，1 家美国企业和 1 家韩国企业。其中，中国英利出货量达到 3.23GW，排名第一；常州天合出货量达 2.5GW，排名第二。在前 10 家企业中，中国占据 6 席，日本占据 2 席，美国和韩国各占 1 席。

亚洲光伏应用市场迅速扩大，欧洲光伏市场萎缩明显。2013 年，以中国和日本为代表的亚洲光伏应用市场迎来了爆发性增长，成为全球最大的光伏应用市场。而美国也保持较快增长势头，继中国和日本之后，位居世界第三。但此前备受瞩目的欧洲光伏应用市场大幅萎缩，欧洲光伏新增装机量出现显著下滑，降幅高达40%以上。

我国薄膜电池产大幅下滑，日本薄膜电池出货量增速巨大。2013年，我国大陆薄膜电池产量约260MW，较上年下降35%；日本薄膜电池出货量为1011.7MW，同比增长1.73倍。碲化镉薄膜电池领域，其产能主要集中在美国和欧洲。特别是美国，目前全球能够大规模生产碲化镉薄膜光伏组件的企业只有美国First Solar1家，其产量约占全球碲化镉薄膜电池总产量的95%以上。铜铟镓硒薄膜电池领域，国际实验室转换效率已接近晶硅电池，达到20%。虽然目前铜铟镓硒薄膜电池的关键核心技术仍掌握在美国、德国、日本等发达国家手中，但大规模商业量产和明显技术优势尚未出现。

2. 国内布局

光伏组件产业集中度不高，企业产量分布跨度较大。我国前10家组件企业产量约占全国总产量的52%。其中，河北英利和常州天河的产量分别居全球首位，常州天河的电池和组件产量均位居全球第二。我国企业产量分布跨度较大，第一名英利的3.1GW远高于第十名正泰的0.7GW。

光伏发电站集中在西部地区，分布式光伏集中在中东部地区。我国光伏发电站主要集中在西部地区，特别是甘肃省，其光伏电站新增并网容量达到3.84GW，居各省之首，占全国光伏发电站总量的30%以上。而我国分布式光伏则主要集中在电力负荷较为集中的中东部地区。2013年，华东和华北地区累计并网容量合计占全国的60%。浙江、湖南和广东三省位列前三。

碲化镉和铜铟镓硒薄膜电池尚处产业化初级阶段，计划产能主要集中在科技发达地区。碲化镉薄膜电池领域，目前国内碲化镉薄膜太阳能电池产业有影响力的企事业单位主要集中在四川、浙江、上海等地，包括四川大学、中国科学院电工所、上海太阳能电池研究与发展中心、中国科学技术大学、杭州龙焱能源科技等。铜铟镓硒薄膜电池领域，受科研水平和生产技术水平因素影响，目前，我国CIGS企业主要集中在山东、广西、北京、福建、江苏、浙江等科技发达地区。

（三）企业动态

1. 碲化镉薄膜电池

（1）国外企业

从全球碲化镉薄膜电池制造商所在技术阵营看，美国 First Solar 公司是全球唯一采用气相输运沉积（VTD）技术的企业。VTD 技术是 First Solar 公司的专利技术，并严格禁止其他企业采用；近距离升华（CSS）技术由于技术公开，全球大部分企业都采用该项技术，主要代表企业是美国的 Abound Solar 及通用电气（GE），德国的 Antec Solar 及 CTF Solar，意大利的 ARENDI 等；常压物理气相沉积（APPVD）技术的专利拥有者则是美国俄亥俄州的 Solar Fields 公司及其子公司德国 Calyxo（见表2）。表2 中有的公司由于生产成本高等原因，已经终止已有的生产能力，并申请破产，如美国 Abound solar（原 AVA Solar）公司；很多公司尽管已投入大量资金建立了生产线，但至今仍未形成大规模生产能力，如意大利 ARENDI、德国 Antec Solar 等。

表2　全球主要碲化镉薄膜电池制造商及技术路线

公司名称	国家	碲化镉薄膜电池组件产量（MW）					技术特征
		2008 年	2009 年	2010 年	2011 年	2012 年	
First Solar	美国	504	1113	1412	1981	1893	气相输运沉积
Calyxo	德国	25	25	25	25	85	常压物理气相沉积
Abound Solar	美国	0	200	200	—	—	近距离升华沉积
通用电气	美国	3	25	50	—	—	近距离升华沉积
Antec Solar	德国	10	—	—	—	30	近距离升华沉积
CTF Solar	德国	0	0	50	—	—	近距离升华沉积
ARENDI	意大利	15	15	—	—	—	近距离升华沉积

注：由于全球大部分碲化镉薄膜电池制造商规模较小，而且不是上市公司，因此，其电池组件产量数据极为缺乏。2012 年，德国 Calyxo 公司投入运营其第二条 60MW 碲化镉薄膜电池生产线，之前该公司拥有一条 25MW 碲化镉薄膜电池生产线。2012 年 7 月，美国 Abound solar（原 AVA Solar）公司申请破产。2011 年 4 月，美国通用电气集团兼并全球知名的碲化镉薄膜电池组件制造商 PrimeStar Solar 公司，从而进军碲化镉薄膜太阳能电池产业领域。但随后在 2013 年 8 月，GE 集团旗下的太阳能电池技术部门被美国 First Solar 公司并购。ARENDI SRL 公司隶属于意大利玛切嘉利（Marcegaglia）集团下属的 EuroEnergy 集团。

资料来源：上述各公司网站。

目前，全球主要碲化镉薄膜电池制造商主要包括美国 First Solar、德国 Calyxo、德国 Antec Solar、美国通用电气集团、中国 CTF Solar 等企业。

首先，美国 First Solar。First Solar 公司是全球领先碲化镉薄膜电池制造商，生产基地位于美国、马来西亚和德国等地。2014 年 11 月，First Solar 与 Belectric 开工建设英国最大的光伏电站之一，位于牛津郡的一个 46MW 项目，竣工时，双方在英国部署的大型光伏装机容量高达 80MW。2014 年底，First Solar 公司将恢复其马来西亚主要组件生产厂的闲置生产线，恢复 360MW 的产能。该公司还表示，将在其位于俄亥俄州的工厂新增两条生产线，在 2015 年增进 100MW 的额定产能。

其次，美国通用电气集团。2011 年 4 月，GE 公司兼并全球知名的碲化镉薄膜电池组件制造商 Prime Star Solar 公司，从而进军碲化镉薄膜太阳能电池产业领域。结合最新的薄膜公司组件技术，GE 集团的碲化镉薄膜电池组件由 116 块薄膜电池串联而成。在 75 伏特电压下，GE 碲化镉薄膜电池组件峰值功率高达 83 瓦特。目前，GE 集团的 CdTe 薄膜电池组件产品主要包括三种类型，即 GE-CdTe78（额定功率 77.5 瓦）、GE-CdTe80（额定功率 80.0 瓦）、GE-CdTe83（额定功率 82.5 瓦）。GE 集团上述三种类型产品的额定转换效率分别为 10.8%、11.1% 和 11.5%。

最后，德国 Calyxo 公司。德国 Calyxo 公司是一家全球领先的碲化镉薄膜太阳能电池组件制造商和光伏发电系统供应商。该公司成立于 2005 年，目前拥有员工 160 余人。2011 年 2 月，Calyxo 从总公司德国光伏巨头 Q-Sells 剥离出来，目前全资归属其技术开发商——美国俄亥俄州的 Solar Fields 公司。2012 年 5 月，Calyxo 公司宣布其 CdTe 碲化镉薄膜太阳能光伏电池的效率达到 16.2%。2012 年 6 月，Calyxo 宣称到 2012 年底将把第二条生产线的产量从 25 百万瓦（MWp）增至 80 MWp。2013 年 12 月，德国 Calyxo 有限公司宣布开通新的生产线，该生产线具有年发电量 60MW 的生产能力，其扩展目标是 100MW/年。

（2）国内企业

国内太阳能光伏企业主要集中在单晶硅、多晶硅太阳能光伏领域，如英利、尚德电力、晶澳、天合光能、晶科能源等，但生产碲化镉薄膜太阳能电池和铜铟镓硒薄膜太阳能电池的企业却很少。

首先，中国 CTF Solar。原德国 CTF Solar 公司是一家专门从事碲化镉生产线研发的公司，拥有生产线核心技术和相关专利技术。2011 年 10 月 11 日，中国建材国际工程集团有限公司正式收购德国 CTF Solar 公司。2013 年 9 月，为提高研发能力，CTF Solar 公司在德国建立了自己的实验室。2014 年 6 月，达姆施塔特工业大学和 CTF Solar 公司共同生产出效率在 15.2% 的碲化镉薄膜太阳能电池。2014 年 9 月，中国建材国际工程集团有限公司和 CTF Solar 公司在英格兰和威尔士共同建立 16MW 太阳能光伏项目。

其次，尚德太阳能电力有限公司。尚德太阳能电力有限公司专业从事晶体硅太阳能电池、薄膜太阳能电池、光伏发电系统产品的研发、制造，是我国首家通过多项国际权威认证的光伏企业。2011 年 9 月，尚德电力第四期项目 600MW 工厂竣工。但在 2013 年初，尚德因拖欠银行债务 71 亿元已陆续到期无偿还能力，被无锡市中级人民法院裁定破产重组。

2. 铜铟镓硒薄膜电池

（1）国外企业

目前，全球铜铟镓硒薄膜太阳能电池产业主要以美国、德国和日本为主导。虽然目前全球有上百家企业从事 CIGS 研发和制造，但真正掌握核心技术和设备、能够生产大面积光伏组件的企业很少。铜铟镓硒薄膜电池主要制造商有德国 Wurth Solar、美国普尼（Optony）、美国 SoloPower 公司等（见表3）。

表3　世界主要 CIGS 组件厂家工艺比较

企业	吸收层	吸收层工艺	组件面积 mm^2	组件效率(%)
Showa	CIGSSe	溅射硒化	600 × 1200	13.6
Honda	CIGS	溅射硒化	600 × 1200	12.7
Centrotherm	CIGS	溅射蒸发 RTP	1100 × 1400	11
Wuerth	CIGS	蒸发法	300 × 300	13
Johanna	CIGSSe	溅射硒化	500 × 1200	10.5
Avancis	CIGSSe	溅射 RTP	300 × 300	15.1

资料来源：作者搜集资料整理。

首先，德国伍尔特太阳能（Wurth Solar）公司。Wurth Solar 是欧洲领先的 CIGS 薄膜组件集成商和模块制造商，成立于 1999 年，约有 250 名员工。Wurth Solar 公司采用铜、铟、镓、硒共蒸发工艺，然后采用二次硒化的方法，制得的 CIGS 薄膜太阳能电池的量产平均转化效率达 8.5%。

Wurth Elektronik 公司集团，总部设在下恩哈尔（德国霍恩洛厄），拥有超过 7000 名员工，2007 年 CIGS 年产能为 15MWp、2008 年 7 月至 2014 年产能为 30MWp。2009 年模块的尺寸为 1.2 × 0.6 平方公尺、转换效率为 11% ~12%，增加 1% 的转换效率，设备成本约需增加 2 倍，并在 2013 年产生 464 万元（调整后的太阳能业务）的全球销量。在全球 16 个生产基地，伍尔特 Elektronik 公司是伍尔特集团最成功的公司之一。

其次，美国普尼（Optony）太阳能公司。普尼太阳能公司是一家世界领先的提供太阳能解决方案的跨国公司，总部位于美国加利福尼亚州圣克拉拉。普尼太阳能公司的主要产品包括晶体硅太阳能电池板、高效薄膜太阳能产品、太阳能跟踪器、太阳能灯具等，其在实验室开发的聚光 CIGS 电池在高强光下达到 21.1% 的转换效率。2013 年，普尼通过参与美国西南地区太阳能主动转型项目（简称"SSTI"），并在获得美国能源部 Rooftop Solar Challenge（屋顶光伏挑战项目）的支持之下，成功地完成 Solar Roadmap. com（太阳能路线图）网站的上线。这个定制化、交互式的网络平台能够实时显示全美 70 多个地区的太阳能市场情况，以便居民能便利和有效地获取当地太阳能设施产生的清洁能源。

最后，美国 SoloPower 公司。SoloPower 公司总部位于加州圣何塞，是一家全球领先的高效轻质柔性铜铟镓硒薄膜太阳能电池和组件生产商。SoloPower 公司的 CIGS 薄膜太阳能电池产品主要包括 SP1、SP3L、SP3S 等系列。2009 年，第一个刚性 CIGS 面板获得，UL 及 IEC 标准认证。2012 年 3 月，SoloPower 公司宣称其下一代太阳能板的孔径面积效率达到 13.4%，刷新柔性 CIGS 电池组件效率世界纪录。该成果已获得美国能源部国家可再生能源实验室（NREL）的证实。2013 年，SoloPower 系统公司收购 SoloPower™ 技术。2014 年夏天在俄勒冈州波特兰启动 Solopower Systems Inc

制造业务的会议。

（2）国内企业

目前，国内涉足铜铟镓硒薄膜电池的企业主要有孚日光伏、昌盛日电、安泰科技等。在技术研发方面，国内有影响力的企事业单位主要包括南开大学、清华大学、北京大学、中电集团十八所等，均在进行大量的基础研究与技术开发。

首先，孚日光伏。孚日光伏是孚日股份旗下经营 CIGSSe 电池组件生产业务的子公司。孚日光伏采用德国 Johanna Solar Technology（JST）的电池技术，其 CIGSSe 薄膜电池线于 2008 年 2 月开工。但近几年该公司光伏业务收益甚微，成为拖累公司业绩的包袱。孚日股份相关负责人表示，公司计划2014 年完全退出光伏领域，第四季度因处置光伏资产会产生至少 1 亿元损失，导致全年业绩下滑。

其次，昌盛日电。昌盛日电是一家太阳能光伏综合利用解决方案服务商，公司拥有员工 1200 人，已建有 3000 多亩的太阳能光伏生态农业示范基地。2014 年 4 月，由昌盛日电太阳能科技公司承接的青岛市首个市政办公建筑分布式光伏项目——青岛市节能墙改办屋顶分布式光伏项目，近日实现并网发电。该光伏电站总装机容量 14 千瓦，共安装了 56 块 250 瓦的多晶硅组件，可年发电约 1.6 万度。2014 年 9 月，青岛昌盛日电太阳能科技有限公司 350MW 光伏大棚项目落户乌兰察布市商都县。该项目计划建设总装机容量 350MW 的光伏农业科技大棚项目，分 3 年建设。项目建成后，年均发电量可达 37000 万 kWh，实现年产值 50 亿元，提供就业岗位 15000 余个。2014 年 11 月，昌盛日电与内蒙古乌海市海南区签署 200 兆瓦光伏综合利用项目协议，该项目总投资 50 亿元，建设周期为 3 年，项目建成后可提供就业岗位 2000 个。

最后，美国环球太阳能（Global Solar Energy）公司。Global Solar Energy公司是一家位于亚利桑那州图森市的 CIGS 太阳能电池制造商，该公司建于1996 年，并于 2008 年完成业务的扩展，在亚利桑那州图森市建立产能为40MW 和在德国柏林建立产能为 35MW 的制造厂。Global Solar Energy 旗下

CIGS 太阳能电池实验室转化效率达到 19.9%。2012 年 6 月,该公司宣布其德国子公司 Global Solar Energy Deutschland GmbH (GSED) 启动破产程序,并关闭位于德国柏林的 35MWp 生产工厂。2013 年 7 月,汉能控股集团成功并购美国 Global Solar Energy 公司。

三 产业技术进展

(一)碲化镉薄膜电池

从全球方面看,2013 年 2 月,经美国能源部下属国家可再生能源实验室(NREL)验证,美国 First Solar 公司以 18.7% 的成绩刷新了碲化镉太阳能电池转换效率的世界纪录。2013 年 4 月 9 日,美国 First Solar 公司宣布其碲化镉光伏电池组件的转换效率创下新的世界纪录,总面积组件效率达到 16.1%,并得到 NREL 的验证。此外,在经 NREL 认证的测试中,First Solar 以高达 903.2 毫伏(mV)的高值创造了碲化镉开路电压(Voc)的世界纪录。开路电压值是体现光伏性能的重要参数。这项新纪录标志着碲化镉技术的开路电压值在过去十几年全球范围内的研发中首次实现实质性提升。

2013 年 10 月 31 日,美国 First Solar 公司碲化镉光伏电池组件的制造成本已经从第二季度的 0.67 美元/瓦降低至 0.59 美元/瓦。此外,2013 年 10 月,First Solar 公司领先生产线平均光伏电池组件转换效率已经达到 13.9%,在其佩里斯堡工厂的最先进生产线,碲化镉薄膜光伏电池组件的转换效率已经达到 14.1%。

2013 年 12 月 2 日,德国 Calyxo 公司启动了位于比特菲尔德 - 沃尔芬(Bitterfed-Wolfen)的碲化镉薄膜太阳能光伏组件工厂内一条最新的全自动生产流水线。这条最新的流水线年产能达到 60MW,这将使得 Calyxo 公司现有的 85MW 产能增加近 1 倍。

我国碲化镉薄膜电池的研究工作开始于 20 世纪 80 年代初。"十五"期间,碲化镉薄膜电池研究被列入国家高技术研究发展计划"863"重点项目。随着太阳能产业的发展，特别是近几年国外碲化镉电池的发展，我国更多的高校和科研机构加入其中，在中科院"太阳能行动计划"的支持下，开展高性能 CdTe 电池以及产业化关键技术的研究。例如，目前中科院电工所 2 微米（μm）厚的 CdTe 电池效率达到 12.78%；上海太阳能电池研究与发展中心在普通商用玻璃上制备的 $1cm^2$ 面积 CdTe 电池效率在 10% 以上，$0.07cm^2$ 面积接近 14%。

（二）铜铟镓硒薄膜电池

铜铟镓硒薄膜电池虽然优点颇多，但前期投资成本高，铟、镓等关键原料的供应不足、价格昂贵，生产过程中涉及镉等有毒物质等问题一直制约其进一步普及和发展，同时也是目前该领域集中攻克的主要问题。

1. 提高光电转换效率

研究表明，铜铟镓硒薄膜电池的光电转换效率每提高 1%，其成本预期便会降低 10% 左右，因此，提高光电转换效率一直是 CIGS 电池在实验室和产业化研究的热点（见表 4）。

表 4 　铜铟镓硒薄膜电池光电转换率最新技术进展

时间	机构名称	面积	转化率（%）
2013 年 10 月	德国 ZSW 和 Manz 集团	$0.5\ cm^2$	20.8
2013 年 10 月	汉能旗下子公司 Solibro 实验室	$5 \times 5\ cm^2$	18.7
2013 年 11 月	三星 SDI	$1.44\ m^2$	15.7

资料来源：作者搜集资料者整理。

2. 低成本制备工艺研究

为解决共蒸发及溅射硒化等工艺方法需要采用真空技术制备而带来的高成本问题，目前，电沉积、丝网印刷及热解喷涂等使用非真空设备的低成本直接制备工艺成为重要的发展方向。2011 年 10 月，经美国能源部国家可再生能源实验室证实，Nanosolar 采用非真空卷对卷印刷工艺制作的太阳能电池在尺度测试前提下（$1000W/m^2$、25 摄氏度）的转换效率达到 17.1%。

3. 无镉 CIGS 电池研发

在 CIGS 太阳电池制备和使用中，硫化镉（CdS）会对环境造成微量的污染，因此，无镉缓冲层工艺成为 CIGS 电池研发的重点之一。

目前，无镉缓冲层可以分为含锌的硫化物、硒化物或氧化物和含铟的硫化物、硒化物两类，制备的方法主要是化学水浴法。目前，化学水浴法制备的 ZnS 和原子层化学气相沉积的 In_2S_3 已经能够用于生产大面积 CIGS 薄膜电池的无 Cd 缓冲层。2013 年 1 月，日本 Solar Frontier 通过溅射和硒化工艺，刷新了无镉 CIGS 薄膜太阳能电池的转换效率纪录，使其实验室转化效率达到了 19.7%；11 月，瑞典 CIGS 设备供应企业 Midsummer 采用溅射技术，在总面积为 $225 cm^2$ 的无镉 CIGS 电池上实现 15% 的效率。

四　存在的问题

尽管国内在化合物半导体薄膜太阳能电池研究方面取得了一些进展，但和美国、德国、日本等发达国家相比还有较大的差距。

一是从研究投入看，与欧美日等国家和地区相比，我国政府对化合物半导体薄膜电池的研究经费支持力度还比较小。以美国为例，20 世纪 90 年代中期，美国能源部先后发布若干有关推动薄膜太阳能电池研发的中长期规划。美国碲化镉电池研究是由美国可再生能源实验室（NREL）牵头，组织大学、研究机构和企业共同开展研发，每年的研发投入为几百万美元。虽然我国对 CdTe 电池研发支持的时间与美国基本一致，但经费支持规模却明显偏小。虽然从 1990 年以后，我国对薄膜太阳能电池研究投入持续增加，但经费从初期的几万元到几十万元逐步增加至上千万元，与美国的经费差距不断缩小，并从支持技术研究逐渐到支持产业化的研究。但国内目前的研发投入没有形成团队合作研发的局面，往往只有投入，没有产出。因此，国内化合物半导体薄膜电池技术研发需要一个由研发单位和企业组成的团队联合攻关。

二是从转换效率看，我国距国际先进水平还有较大差距。以 CIGS 为例，我国 CIGS 薄膜太阳能电池转换效率相对较低，目前我国量产的 CIGS 薄膜电池组件的效率一般为 8% ～10%。而国际上量产的 CIGS 薄膜电池效率一般为 11% ～15%。根据 Solar Plaza 对全球前十大 CIGS 电池制造企业电池转换效率的排名，我国昌盛日电 CIGS 薄膜电池组件的转换效率为 11.4%，而美国 Miasole 公司的转换效率已高达 15.5%，差距非常明显（见表 5）。目前，虽然国内铜铟镓硒太阳能电池国内转换效率还远低于国际先进水平，但国外商业化量产和成熟的技术优势还未显现，这就使得我国企业还有机会通过自主研发路线，形成独有的关键核心技术，从事高附加值的薄膜太阳能电池制造。

表5　全球量产 CIGS 薄膜电池组件转换效率排名

单位：%

	制造商	国别	2011 年转换效率	2012 年转换效率
1	MiaSole	美　国	13.1	15.5
2	Q-Cells	德　国	12.7	13.4
3	Solar Frontier	日　本	12.6	13.1
4	Avancis	德　国	12.6	12.6
5	Global Solar Energy	美　国	12.6	12.6
6	Yohkon Energia	西班牙	12.3	12.3
7	Nanosolar	美　国	12.0	12.0
8	Honda Soltec	日　本	11.6	13.5
9	昌盛日电	中　国	11.4	11.4
10	Heliovolt	美　国	11.3	11.3

资料来源：SolarPlaza。

三是从核心技术方面看，我国在化合物半导体薄膜电池制备领域缺乏关键核心技术。目前，化合物半导体薄膜电池的设备供应商还很少，这需要生产者的团队具备设备开发与整合能力。全球化合物半导体薄膜太阳能电池先进制造商几乎都采用自主研发的技术和生产设备，并且设备是不在市场销售的。我国企业若想通过花大价钱购买国外设备实现量产，很可能遭遇不掌握其生产线的全套工艺技术等问题。国内企业没有掌握核心技术，而投资上百兆瓦化合物半导体薄膜电池生产线，很大程度上在于"圈钱圈地"。此外，过度依赖国外技术资源，使得当前我国化合物半导体薄膜电池产业专业研发团队稀缺，产业化缺乏基础研究，企业发展得不到有效的技术支持。

四是从原材料稀缺角度看，CIGS 薄膜太阳能电池中铟（In）和镓（Ga）将会限制 CIGS 薄膜太阳电池的长期发展。目前，全世界铟的地质储量仅为 1.6 万~1.9 万吨，而我国铟储量能占全球储量的 2/3。但我国 CIGS 薄膜太阳能电池发展滞后，致使目前我国大部分铟材料主要用于出口，仅有少量被国内使用。由于铟材料的特殊性质和稀有性，我国已从 2007 年 6 月开始正式开始施行铟材料出口配额制。相比铟而言，镓虽然也是一种稀有金属，但储量要比铟多许多倍。在我国内蒙古地区准格尔煤矿发现与煤伴生的超大型镓矿后，全世界镓储量大增。目前，全球镓的储量约为 185 万吨，其中，我国储量约为 95 万吨，占全球的 1/2 左右。由于铟和镓元素的稀缺性，目前全球正在开展相关替代的吸收层材料研究，如，通过 Zn 和 Sn 各替代一半黄铜矿结构中的铟，可以作为薄膜电池的吸收层。

五是从制备和使用过程的污染问题看，由于在化合物半导体电池的制备和使用过程中都会带来微量的环境污染，因此，目前能够减少污染的工艺是当前研究的热点。以铜铟镓硒太阳能薄膜电池为例，其在制备和使用过程中都会对环境产生微量的污染。目前，CIGS 薄膜电池的无镉缓冲层有化学水浴法制备的 ZnS 和原子层化学气相沉积的 In2S3 能够解决污染问题。

五　发展思路及对策建议

一是加强政府政策支持。我国碲化镉和铜铟镓硒薄膜电池产业的发展正处于起步阶段，政府有效的产业政策扶持是产业发展的关键所在。为使国家资源集中利用建议在国家层面专门制订化合物半导体薄膜电池的产业化和技术研发方面的规划。组织目前国内有能力的高校、研究机构和相关企业合作开展关键技术攻关，为国家掌握化合物半导体薄膜电池的核心技术提供强有力的支持。加大各级政府研发经费投入力度，鼓励技术创新，并鼓励不同类型的碲化镉和铜铟镓硒薄膜电池技术路线。建立国家级的试验中心，参与项目的技术团队既分享基础数据也保护各自的关键工艺。加大对碲化镉和铜铟镓硒薄膜电池的宣传力度，通过"金太阳"等示范工程或项目，推广示范碲化镉和铜铟镓硒薄膜电池。

二是支持光伏多技术路径探索。在几十年前，碲化镉和铜铟镓硒薄膜光伏电池还是一个崭新的概念，美国政府却具有战略的眼光，其通过多项专门的战略计划，对碲化镉和铜铟镓硒薄膜电池的研究进行持续支持，不断加强碲化镉和铜铟镓硒薄膜电池的系统性、前瞻性布局。相比之下，我国对碲化镉和铜铟镓硒薄膜电池产业的重视程度却远远不够，系统性、前瞻性布局远远不足。例如，2013年9月17日，工信部出台的《光伏制造业规范条件》规定，新建碲化镉光伏电池项目要至少达到13%的光电转换效率。而这样的准入标准，是美国First Solar公司经过22年的努力，在2013年才刚刚达到的产业化水平，我国碲化镉薄膜电池企业远远达不到此标准。我国设置如此高的准入门槛，事实上意味着已经自动放弃碲化镉薄膜电池技术这一块阵地，这直接影响碲化镉薄膜电池产业在我国的发展。任何一个国家的光伏产业计划都不能只聚焦一个技术路线，而应当采取多技术路线平衡发展的策略，否则将缺乏长期竞争力。因此，我们建议，相关的政府政策制定部门，要根据我国产业发展实际情况，完善产业政策的顶层设计。

三是加强对我国碲化镉和铜铟镓硒原材料资源的数据统计。为了充分利用我国碲、铟、镓资源，必须加强对我国碲资源储量、产量、进口量、出口量、价格等的数据统计，合理统筹资源的对外出口和国内使用情况，为化合物半导体薄膜电池产业的规模化生产提供上游原材料的战略储备，并在此基础上合理规划产业规模，及早避免产能扩张过快等问题的发生。此外，还要加快对降低碲、铟、镓等资源消耗技术的研发进度，在技术上做好战略储备。

四是开发自主、低廉、低排放的碲化镉和铜铟镓硒薄膜电池产业化回收技术。由于碲、铟、镓资源的稀缺性及含有重金属元素镉，因此必须重视化合物半导体薄膜电池组件的回收技术，并针对回收技术加大投入力度，开发具有自主知识产权、造价低廉、排放低的产业化回收技术，为未来在我国碲化镉和铜铟镓硒薄膜光伏电池的大规模使用和对外出口提供技术保证。同时，要借鉴国际先进经验，通过金融支撑模式为我国 20 年以上使用寿命的碲化镉和铜铟镓硒薄膜电池组件提供未来回收的资金保证。

B.10
生物制药产业发展现状及对策

方鹏飞*

摘　要：　2014 年，我国生物制药产业取得了长足发展，具体表现为：企业间并购异常活跃；中外合作不断深入；国产一类新药获得批准。但仍存在问题：企业规模小，产业集中度低；产研严重脱节，科研成果市场转化率低；现行医保政策以及本土药企的销售策略不利于生物药物的推广等问题。应加快完善支持政策，培育行业内领军企业；加强企业与科研机构间的沟通交流，重视科研成果的转化；完善医保政策，扭转本土企业的营销观念，促进我国生物制药产业进一步发展。

关键词：　生物制药　产业扩张　成果转化

近年来，生物技术和产业在全球范围内呈现加速发展的态势，各主要发达国家和新兴经济体纷纷对生物产业做出战略决策部署，以顺应形势发展、把握时代脉搏、占据新兴产业制高点。2010 年《国务院关于加快培育和发展战略性新兴产业的决定》将生物产业列为我国战略性新兴产业的重要组成部分，予以重点培育和扶持。2012 年 6 月，国务院审议通过了《促进生物产业加快发展的若干政策》，再次提出要加快把生物产业培育成为高技术领域的支柱产业和国家的战略性新兴产业。

＊　方鹏飞，工业和信息化部电子科学技术情报研究所，工程师，研究方向为生物产业。

在生物产业的诸多分支中，生物制药产业的发展备受瞩目。作为当代生物技术与传统化学制药工艺相结合的产物，生物药物拥有药理活性高、营养价值高、毒副作用小等化学药物无法企及的优势，生物制药产业也凭借着其科技含量高、环境污染少、创新性强等特点成为主要发达国家优先发展的产业，被誉为医药领域中新的"蓝海""永不衰落的朝阳产业"。

一　产业概况

（一）产业概念

生物制药是指综合利用分子生物学、细胞生物学、遗传学、药学、生物信息学、计算化学、组合化学、纳米等科研成果，以基因工程、抗体工程、细胞工程等技术生产的生物活体为主要原料，制造出的用于对疾病的预防、诊断和治疗的生物技术药物。生物制药是生物学、医学、药学、化学等学科跨界融合的产物，具有高科技、高创新、高投入、高风险、高收益、长周期、低污染等特点。

生物药物主要包括治疗性蛋白、单克隆抗体药物、分子诊断试剂、新型疫苗等。目前，生物药物在肿瘤治疗、激素缺乏治疗、分子诊断、预防性疫苗等领域占有重要地位，特别是在肿瘤、血液系统疾病、免疫系统疾病治疗领域，生物药物已经与传统化学药物展开了直接、全面的竞争。

（二）产业链条

生物制药产业链条可以划分为药物发现、临床前研究/临床试验、药物制造以及药物销售四个环节。其中，药物发现与临床前研究/临床试验两个环节核心与基础，决定了药物的功效和技术、产业的前进方向。因此，这两个环节历来是生物制药产业链中资金投入最为密集的部分。在生物制药产业的参与者中，大型制药企业凭借雄厚的资金、技术实力以及在分销渠道方面的优势，可以实现对产业链的全程参与。

除大型制药企业外，各研究机构、生物技术公司与 CRO（Contract Research Organization）也是生物制药产业链的重要参与者。研究机构和生物技术公司专注于技术领域，广泛参与药物发现与临床前研究/临床试验两个环节中。CRO 直译为合同研究组织，主要为制药企业提供药物研发外包服务，又称协议研究组织。作为生物制药产业专业化分工加剧的产物，CRO 在药物研发领域拥有丰厚的人才、经验储备，可以为制药企业提供包括药物试验、药物申报、安全性评价等服务在内的综合性解决方案。因此，与 CRO 合作可以帮助制药企业大幅降低研发成本、提高研发效率，加快药物的研发与上市进程（见图1）。

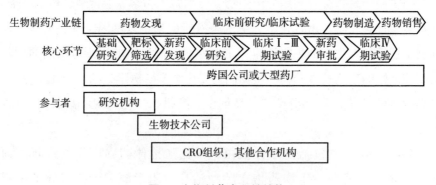

图1 生物制药产业链结构

二 产业发展及动态

（一）产业规模

根据全球知名市场调研公司 PMR（Persistence Market Research）的统计，2013 年，全球生物药物市场规模为 1465.5 亿美元。生物谷的相关统计则表明，2013 年，全球重磅生物药物（年销售额在 10 亿美元以上的生物药物）的销售额达 1420 亿元，TNF 抗体、癌症抗体、胰岛素及其类似物、炎症抗体成为最为畅销的重磅生物药物。中国医药工业研究总院副院长俞雄于 2014 年 11 月 29 日表示，2013 年，全球销售额排名前十的药物中，有七种属于生物药物。另据生物谷的统计，全球疫苗市场规模于 2013 年达到了 255.6 亿美元，默沙东（MSD）、赛诺菲（Sanofi）、葛兰素史克（GSK）、辉瑞（Pfizer）、诺华（Novartis）五家跨国药企占据了全球疫苗市场份额的 86%。

具体到我国，根据工业和信息化部于 2014 年 4 月 2 日发布的《2013 年医药工业经济运行分析》，2013 年，我国生物药品制造主营业务收入达到 2381.4 亿元，同比增长 17.5%；实现利润总额 282.4 亿元，利润率达 11.86%，同比下降 0.45%。另据《医药经济报》的报道，2014 年上半年，我国生化药出口额达到 12.33 亿美元，同比增长 5.19%，延续了 2013 年的良好势头；生化药出口数量为 19.49 万吨，同比增长 7.23%，呈现稳定增长的态势。其中，人用疫苗和重组人胰岛素及其盐的出口额增幅分别达到了 48.95% 和 88.48%，显示出我国高端生化药的出口情况获得了极大改善。进口方面，上半年生化药进口额达到 22.75 亿美元，同比增长 30.77%，贸易逆差达到 10.42 亿美元，并有进一步拉大的趋势。

（二）区域布局

1. 全球布局

2014 年 8 月 4 日，基因工程和生物技术新闻（Genetic Engineering & Biotechnology News，GEN）发布了最新一期全球生物制药公司 TOP25 排名榜①（见表 1）。其中，美国公司 12 家，欧洲公司 8 家（爱尔兰公司 4 家，瑞士、比利时、丹麦、以色列公司各 1 家）、印度公司 2 家，澳大利亚、加拿大、中国公司各 1 家。

---

① 该排名的依据是 2014 年 7 月 24 日股市收市时的市值，其中，港币或英镑以当天汇率换算成美元。

表1　GEN全球生物制药公司排名榜

单位：亿美元

排名	公司名称	市值
1	Gilead Sciences（吉利德，美国）	1390.4
2	Novo Nordisk（诺和诺德，丹麦）	1250.4
3	Amgen（安进，美国）	925.5
4	Biogen Idec（百健艾迪，美国）	798.9
5	Celgene（新基，美国）	690.2
6	Allergan（艾尔建，美国）	507.5
7	Shire（沙尔，爱尔兰）	496.8
8	Teva Pharmaceutical（梯瓦，以色列）	462.9
9	Valeant Pharmaceuticals（瓦兰特，加拿大）	414.2
10	Actavis（阿特维斯，爱尔兰）	381.5
11	Alexion Pharmaceuticals（亚力兄，美国）	331.3
12	RegeneronPharmaceuticals（美国）	307.1
13	CSL（澳大利亚）	300.36
14	Sun Pharmaceutical（太阳制药，印度）	257.1
15	Merck KGaA（默克，美国）	247.8
16	Vertex Pharmaceuticals（美国）	226.2
17	UCB（优时比，比利时）	173.5
18	Actelion（瑞士）	149.1
19	Endo International（远藤，爱尔兰）	105.6
20	BioMarin Pharmaceutical（美国）	89.7
21	Jazz Pharmaceuticals（爱尔兰）	85.1
22	Salix Pharmaceuticals（美国）	83.9
23	Sinopharm Group（中国医药集团，中国）	78.9
24	Pharmacyclics（美国）	78.4
25	Dr. Reddy's Laboratories（印度）	76.6

　　需要指出的是，随着生物制药技术的不断发展，传统化学药物遭到了生物药物的严峻挑战。近年来，辉瑞、雅培、诺华、礼来、葛兰素史克、默沙

东等药企纷纷进入生物制药领域，大力进行生物药物的研发，成为全球生物药物市场的主要参与者。根据 PMR 的统计，当今全球市场份额最大、增长速度最快的疫苗产品是辉瑞的 13 价肺炎疫苗 Prevnar 13，而全球市场份额最大、增长速度最快的单克隆抗体药物则是艾伯维的 Humira（adalimumab，阿达木单抗）。PMR 的统计结果表明，生物制药企业与传统制药企业的界线正在消失，因此，在分析生物制药产业的全球布局时，应当将传统制药企业考虑在内。

2014 年 6 月，《制药经理人》杂志推出了一年一度的全球制药企业 50 强排名。这份排名以全球制药企业上一年度处方药销售额为唯一标准，非常客观地展现了药企的实力。根据排名，在 2014 年全球制药企业 50 强中，美国企业 17 家，日本企业 9 家，德国企业 5 家，瑞士企业 3 家，英国、法国、丹麦、印度企业各 2 家，爱尔兰、比利时、西班牙、以色列、意大利、澳大利亚、加拿大、南非企业各 1 家。

综合以上两份排名，可以看出，北美已成为全球生物制药产业最为发达的地区，欧洲紧随其后，亚洲次之。在北美地区，生物药品已被广泛应用到癌症、糖尿病、慢性疾病的治疗之中。例如，美国风湿病协会（ACR）于 2012 年推荐将生物制剂用于对类风湿性关节炎的治疗。在欧洲，人口老龄化使生物药物拥有广阔的市场前景。老龄化所导致的相关疾病，如年关性黄斑变性和青光眼等，都离不开生物药物的治疗。在亚洲，相对低廉的制造成本吸引了众多生物制药企业的投资，而亚洲各国政府也正在对生物制药产业予以大力培育与扶持，这也加速了生物制药产业的发展，例如，中国、印度、新加坡等。

2. 国内布局

近年来，我国对生物制药产业的发展予以大力扶持，通过政府引导与民间投资的联动，生物制药产业已经呈现集聚发展的态势。总体来讲，我国生物制药产业主要集中分布在长三角地区、珠三角地区、环渤海地区和东北地区。

从生物医药产业基地的分布情况来看，1997 年至今，国家发改委与科技部在全国共确立了56家生物医药产业基地。其中，长三角地区18家、环渤海地区12家、东北地区8家，三地区产业基地的数量占总量的70%；中南地区11家，西部地区7家，比重分别只有18%与12%。此外，国务院分别于2009年3月和2013年12月正式批准江苏泰州和吉林通化成立国家级医药城，哈尔滨和厦门于2014年10月凭借生物医药战略性新兴产业区域集聚发展试点方案成功入选国家首批十个战略性新兴产业区域集聚发展试点城市。

从生物医药产业国家级经济开发区和高新区的分布情况来看，截至2014年4月，全国共成立以生物医药产业为重点产业的国家级经济技术开发区103家，高新区75家。长三角地区、环渤海地区和东北地区成为我国生物医药产业园区分布最为集中的区域，分别拥有生物医药产业园区31家、28家和23家，占比超过50%。其中，长三角地区拥有国家级经济技术开发区20家，高新区8家；环渤海地区拥有国家级经济技术开发区17家，高新区14家。其余生物医药国家级经济技术开发区和高新区则分散分布在西部的贵州、云南以及中部的湖北、江西、安徽、湖南等地。

从不同地区生物医药产业产值的分布情况来看，国内初步形成了以长三角地区、环渤海地区为龙头，东北地区、珠三角地区、川渝地区齐头并进的格局。以2012年前3季度为例，沪浙、江苏、京津冀、山东四地生物医药产业产值分别达到了1021亿元、1623亿元、1046亿元与717亿元，远高于全国其他地区；吉林、珠三角、川渝等地区生物医药产业产值均在700亿元以上；湖北、江西、湖南等地的产值在400亿元左右，而其他中西部地区省份的生物医药产业相对落后，还有待进一步发展。

（三）企业动态

1. 国外企业

（1）并购情况

2014年，国际生物制药产业掀起了新一轮的并购潮，迄今为止已经诞生了多笔价值数十亿乃至百亿美元的交易。其中部分并购情况见表2。

表2 2014年国际生物制药产业的并购情况（部分）

收购方	被收购方	交易详情	交易简评
诺华（Novartis）	葛兰素史克（GSK）	4月，诺华宣布以145亿美元的价格收购葛兰素史克旗下肿瘤业务，交易预计于2015年上半年完成	两家巨头希望通过此笔资产互换交易提升各自在强势业务领域的表现，并完成对弱势业务的剥离
葛兰素史克（GSK）	诺华（Novartis）	4月，葛兰素史克宣布以52.5亿美元的价格收购诺华旗下疫苗业务	
拜耳（Bayer）	默克（Merck）	5月，拜耳宣布以142亿美元的价格收购默克旗下保健消费品业务，主要包括治疗感冒、过敏、鼻炎和流感、皮肤病产品及胃肠道类产品	通过收购，拜耳一举跃升为非处方药领域全球排名第二的企业；默沙东将更多资源投入自身最擅长的领域
Bluebird	Pregenen	7月，Bluebird宣布以1.56亿美元的价格收购Pregenen基因技术公司	通过交易，Bluebird有望奠定自身在CAR-T疗法领域的优势
辉瑞（Pfizer）	百特国际	7月，百特宣布与辉瑞签署最终协议，疫苗业务及相关生产设施以6.35亿美元的价格出售给辉瑞	辉瑞巩固了其在全球疫苗市场中的领先地位。百特把资源集中于血液与免疫两大核心领域
罗氏（Roche）	Santaris	罗氏将先支付Santaris股东们2.5亿美元的预付款，一旦研发取得预期进展，Santaris的股东还将获得2亿美元的里程碑款项	Santaris公司开创的专有锁核酸LNA平台，对于RNA靶向治疗意义重大。本次收购显示出罗氏对RNA靶向治疗的前景十分看好
罗氏（Roche）	InterMune	罗氏8月宣布，同意以83亿美元现金收购美国生物公司InterMune，溢价高达38%	此次收购使罗氏获得InterMune旗下一种治疗罕见肺部疾病的新药，在呼吸药物领域的市场份额
默克（Merck）	西格玛奥德里奇	默克9月宣布收购西格玛奥德里奇公司，交易价格为170亿美元	默克可增强旗下默克密理博实验耗材业务的实力，并增加其在北美和亚洲的市场份额与知名度
强生（Johnson&Johnson）	阿利奥斯	强生10月宣布以现金方式收购私人控股的阿利奥斯生物制药公司，交易价为17.5亿美元	收购将让强生获得一组针对其他类型病毒感染疾病的药物
远藤（Endo）	Auxilium	远藤将为每股Auxilium股票支付33.25美元，溢价约12%，包括Auxilium的债务在内，交易总价格约为26亿美元	远藤通过本次收购将获得腱膜挛缩症和阴茎硬结症治疗药物Xiaflex以及睾丸激素补充剂Testim和Testopel，补充远藤自身的专科药产品管线，为远藤每年节约1.75亿美元的开支

续表

收购方	被收购方	交易详情	交易简评
Laboratory Corp	Covance	11 月宣布以 59.4 亿美元的价格收购 Covance，溢价 32%	此次收购可以扩大自身的研究业务，同时掌控 Covance 所拥有的海外业务
阿特维斯（Actavis）	艾尔建（Allergan）	艾尔建 11 月宣布接受阿特维斯 660 亿美元的收购要约	收购有利于双方打破专利药与仿制药的界限，实现两家公司之间的资源整合，合并后的公司将位列全球十大药企

（2）合作情况

在大规模的并购交易之外，大型药企还在 2014 年与生物技术公司、科研机构、中小型生物制药公司开展了多项合作，希望通过这些合作扩张技术版图，加大对新药的研发力度。其中部分合作情况见表3。

表3　2014 年国际生物制药产业的合作情况（部分）

合作双方	合作详情
罗氏（Roche）Spero Therapeutics	Spero Therapeutics 专注于细菌感染新疗法的研究。罗氏承诺对 Spero 提供抗生素领域的研发资助，并有权利在 Spero 的主要研发计划进行 IND 申请时，按照事先约定的条款进行收购
拜耳（Bayer）Dimension Therapeutics	拜耳将资助 Dimension 公司进行 A 型血友病治疗药物的研究，包括所有临床前研究以及随后的前期临床研究。一旦获得成功，拜耳公司将负责最后的临床上三期研究，并将获得这种疗法的全球商业权利。协议价格为 2.5 亿美元
葛兰素史克（GSK）Adaptimmune	双方就基于新型细胞疗法开发癌症药物达成了临床项目合作协议，协议价格为 3.5 亿美元
默克（Merck）、Sutro	双方将共同开发用于治疗癌症的抗体–药物偶联疗法（ADC）
默克雪兰诺（Merck Serono）、Wellcome Trust 英国癌症研究中心（ICR）	三方将合作进行相关抗癌药物的研究。默克雪兰诺公司和 Wellcome Trust 负责提供资金支持，主要研究将在癌症研究中心完成。一旦药物开发的进程取得预期进展，默克雪兰诺公司将支付可观的里程碑奖金。除了负责提供相关资金支持外，默克雪兰诺公司还将承担药物进入临床研究阶段后的研究工作

合作双方	合作详情
百 时 美 施 贵 宝（Bristol-Myers Squibb） Galecto	双方将合作开发治疗特发性肺纤维化的 galectin 抑制剂 TD139，施贵宝在 1b 临床实验结束 60 天内对享有对 Galecto 的收购权。协议价格为 4.44 亿美元
强生（Johnson&Johnson） Geron	强生出资 9.35 亿美元，与 Geron 合作开发抗癌新药伊美司。作为白血病的治疗药物，伊美司最早由 Geron 单独进行开发，其进一步临床研究已经获得 FDA 的批准

（3）新研发中心的建设与启用情况

作为典型的知识、技术密集型产业，研发、创新能力代表了生物制药企业的核心竞争力，是企业立足于行业的根本。多家药企都在 2014 年宣布将建设或者启用新的研发中心，彰显了企业加强研发、创新的能力，抢占技术先机的决心（见表4）。

表4 新研发中心的建设与启用情况（部分）

企业名称	详情
百特（Baxter）	百特在中国设立的首家全球研发中心于 5 月在苏州开幕。研发中心总投资为 3.5 亿元。作为全球研发网络的重要组成部分，该研发中心的建立将增强百特在透析、输注、营养领域的研发创新能力
诺华（Novartis）	诺华于 9 月表示，将在美国费城建立嵌合抗原受体药物的研发中心，以加快 CAR－T 药物的研发速度。研发中心建设的投资为 2000 万美元
赛诺菲－安万特（Sanofi-Aventis）	赛诺菲－安万特亚太研发总部于 9 月在上海成立。这是继美国波士顿、北美、法国和德国之后，赛诺菲在全球设立的第五个研发总部。亚太研发总部整合了赛诺菲生物制药、罕见病、疫苗和动物保健在亚太地区的研发力量，旨在加快药物的研发速度，并提升赛诺菲在亚太地区的新药研发创新能力
罗氏（Roche）	罗氏于 10 月宣布，将投资 18 亿美元在瑞士新建研发中心。新建研发中心的计划将提升罗氏在欧洲地区的研发实力（罗氏美国研发中心以其于 2009 年收购的基因泰克公司为主体），并表明了罗氏扎根巴赛尔的决心
安进（Amgen）	安进亚洲研发中心于 11 月 17 日在上海科技大学正式启动。这是安进在亚洲地区首个具有综合研发功能的研发中心，功能涵盖发现和筛选、临床前研究、临床研究、新药申报等各个环节

（4）产能变化情况

2014 年，多家跨国药企释放出增加投资、扩大产能的讯息，显示出生物药物良好的销售前景。与此同时，受制于相关产品专利到期，诺华（Novartis）正在计划关闭其美国萨芬生产基地。其中部分企业的产能变化情况见表5。

表5　2014 年国际生物制药产业的产能变化情况（部分）

企业名称	详情
诺华（Novartis）	诺华计划关闭其纽约萨芬生产基地，并裁员约 500 人，该工厂生产降血压药代文（Diovan）。代文于 2012 年在美国失去专利权，这使得该药受到廉价仿制药的竞争，从而生产需求显著下降。整个关闭过程可能需要 2～3 年时间才能完成
拜耳（Bayer）	拜耳于 3 月宣布，计划在位于德国乌珀塔尔（Wuppertal）和勒沃库森（Leverkusen）的工厂投资超过 5 亿欧元（约合 7 亿美元），用于建立额外产能，生产治疗 A 型血友病的重组因子 VIII（rFVIII）产品
诺和诺德（Novo Nordisk）	诺和诺德于 3 月宣布，随着公司糖尿病药物研发业务的扩大，计划投资 1 亿美元，建立丹麦净化试验工厂，从而扩大糖尿病药物开发所需的活性药物成分（API）的生产。该工厂预计将于 2016 年全面投产
拜耳（Bayer）	拜耳于 3 月宣布，旗下拜耳医药保健将投资约 1 亿欧元，扩大其北京工厂的生产能力，将北京工厂建设成为拜耳医药保健全球最大的处方药包装基地
诺华（Novartis）	诺华于 6 月宣布，FDA 已批准其美国霍利斯普林斯（Holly Springs）工厂生产基于细胞培养技术的流感疫苗。这是美国首个基于细胞培养的流感疫苗工厂，该工厂将生产季节性和大流行前流感疫苗，同时具有在流感大流行发生时显著扩大产能的能力
艾伯维（AbbVie）	艾伯维位于爱尔兰的 Sligo API（活性药物成分）工厂扩建工程于 6 月正式完工。扩建工程共投资 8500 万欧（约合 1.15 亿美元）。新的生产线将用于准备生产丙肝、肿瘤学和女性健康方面的活性药物成分

2. 国内企业

（1）并购情况

近年来，跨国药企多款核心产品面临专利到期的冲击，本土生物药企从而迎来了崭新的发展契机。2014 年，国内生物制药市场异常活跃，有多笔并购、增资交易宣告完成（见表6）。

表6 2014 年国内生物制药企业的并购、增资交易情况

收购方 （增资方）	被收购方 （被增资方）	交易详情	交易简评
华北制药	金坦生物	3 月，华北制药以 5524.55 万元的价格收购茂业生物所持金坦生物技术有限公司 25% 的股权。收购完成后，金坦公司将成为公司全资子公司	金坦公司主要生产吉姆欣、吉赛欣、济脉欣、重组乙型肝炎疫苗（CHO 细胞）。通过本次收购，华北制药完成了对旗下生物制药相关资产的进一步整合
梅花集团	汉信生物	6 月，梅花集团宣布，其对汉信生物的收购已经完成。汉信生物是国内起步较早的一家专业从事疫苗生产、研发、销售的高新技术企业	汉信生物拥有重组乙型肝炎疫苗和人用狂犬病疫苗等产品，新投资的新型流感裂解疫苗产品即将上市。此次收购为梅花集团进军生物制药领域奠定基础
精华制药	金丝利药业	7 月，精华制药与金丝利药业签署战略合作框架协议，拟以现金对金丝利药业进行增资，并持有金丝利药业 49% 的股权	金丝利药业现有主要产品"注射用重组人白介素 - 2"为生物制药领域应用较广的品种，具备了发展生物制药产业的基础。通过本次收购，精华制药打开了进军生物制药市场的通道
中恒集团	以色列生物制药企业	7 月，中恒收购两家以色列生物制药企业，交易价格为 1100 万美元	中恒集团希望通过本次海外并购谋求进军国际市场的机会
精华制药	福源生物	8 月，精华制药增资 1500 万元，持股福源生物 13.04% 的股份	本次交易标志着精华制药在传统化学药物制造基础上正式进入生物制药领域
绿叶制药	北京嘉林药业	8 月，绿叶制药收购北京嘉林药业 57.98% 的股权，交易价格为 36.83 亿元。其中 17.1 亿元拟通过招股募集，余额则计划来自内部资源或外部融资	嘉林药业主要开发、生产、推广及销售心血管系统及肿瘤药物产品。此次收购可视为同业收购，绿叶制药通过收购将加强自身在心血管系统等主要业务领域的实力
博晖创新	沃森生物	10 月，沃森生物将血液制品子公司河北大安制药有限公司 46% 的股权转让给博晖创新，交易价格为 6.3 亿元	2013 年 3 月，沃森生物完成了对大安制药 90% 股权的收购。此番将大安制药转手，意味着沃森生物放弃了凭借大安制药进军国内血液制品市场的计划

续表

收购方 （增资方）	被收购方 （被增资方）	交易详情	交易简评
仟源医药	杭州恩氏基因	11月,仟源医药拟以1亿元的价格收购恩氏基因80%的股权,从而成为恩氏基因的控股股东	在过去两年相继成为浙江海力生与杭州保灵的控股股东后,仟源医药通过此番收购构建立起了综合性的发展平台,对公司在生物制药产业的进一步发展拥有良好的促进作用
沃森生物	重庆倍宁	11月,沃森生物拟以重庆倍宁截至7月31日的资产评估值为基础,以3.5亿元的价格收购其全部股权	在将大安制药出让之后,沃森生物收购了主营疫苗流通业务,拥有西南、西北和广西部分地区一级代理权的重庆倍宁。这次收购使沃森生物进军西南市场,进一步拓宽了公司的营销渠道

（2）中外合作情况

推动国际交流、加强对外合作是我国生物制药产业转型升级、由小变大的必经之路。2014年,国内药企与国外药企在研发、生产、营销等方面都开展了积极、深入的合作,其中,部分情况见表7。

表7　2014年国内生物制药产业中外合作情况（部分）

时间	合作双方	合作详情
2014年7月	国药控股 诺和诺德(中国)	双方于6月25日在北京举行了DTC战略合作签约仪式,标志着DTC项目合作进入正式实施阶段
2014年9月	百济神州(北京)德国勃林格殷格翰	9月2日,德国制药企业勃林格殷格翰与百济神州(北京)商务科技有限公司签署了代工服务协议,由勃林格殷格翰为百济神州自主研发的免疫肿瘤新药提供生产代工服务。这是国内首个中外合作代工服务协议,代工工厂位于上海
2014年9月	深圳北科生物 美国altor bioscience公司	北科生物科技有限公司与美国alto rbioscience公司就"alt – 803中国开发及全球战略合作"正式签署跨国合作协议。初步的临床实验数据已经表明,alt – 803在治疗黑色素瘤、血液系统恶性肿瘤、多发性骨髓瘤及膀胱癌等疾病方面拥有广阔的前景

续表

时间	合作双方	合作详情
2014 年 10 月	药明康德 Foundation Medicine	双方将开展战略合作,为全球生物医药公司在中国开展临床测试提供业界领先的综合基因组分析服务。根据协议,Foundation Medicine 授权药明康德基因中心在中国提供其产品 Foundation One® 的相关实验室部分服务
2014 年 11 月	广药集团 古巴生物医药集团	双方签订了合作意向书,将联合在中国研发、生产和销售包括生物药在内的创新医药产品,开展医药商务交往,加强医药生物技术和人才交流

注:DTC(direct to customer),即处方药直接销售给目标顾客。

三 产业技术进展

(一)药物开发进展

2014 年,国内外生物制药企业、科研机构纷纷在药物开发方面取得了进展,其中,部分情况见表8。

表8 2014 年生物制药产业药物开发进展情况(部分)

公司名称	药物开发进展
Acacia Pharma	Acacia Pharma 宣布,公司一种治疗术后恶心呕吐并发症(postoperative nausea and vomiting,PONV)的药物在临床三期研究中取得了积极数据
Intarcia	Intarcia 公司在糖尿病药物 ITCA650 的三期临床研究中取得重大进展。该药物在 460 名二型糖尿病患者身上取得了积极数据
罗氏(Roche)	罗氏公司研发出一种新型治疗乳腺癌的药物 Perjeta。实验表明,患者在赫赛汀及化疗基础上服用 Perjeta,可以将生命延长 15.7 个月
诺华 Novartis	诺华旗下单抗药物 AIN457(secukinumab)在两个关键Ⅲ期研究(MEASURE-1,MEASURE-2)中均达到了主要终点和关键次要终点。诺华已计划在 2015 年提交 secukinumab 治疗银屑病关节炎(PsA)和强直性脊柱炎(AS)的监管申请
赛诺菲(Sanofi-Aventis)、Regeneron	赛诺菲、Regeneron 公司联合开发的 PCSK9 类新药 alirocumab 取得重要进展。实验表明,该药物可以显著降低患者的胆固醇水平

续表

公司名称	药物开发进展
安进(Amgen)	安进旗下 Humira 仿制药的相关临床三期研究取得重要进展。Humira 由艾伯维公司开发,是治疗关节炎、克劳恩氏病等炎症相关疾病的畅销药物。安进表示,此次临床三期研究在与 Humira 的对比研究中成功实现预定目标
Puma	Puma 生物科技旗下乳腺癌药物 neratinib 二期临床实验中获得"积极"结果。Puma 宣布这是 HER2 靶向疗法首次显示出中枢转移抑制疗效,意义重大
Therapeutics Inc	Therapeutics Inc 旗下治疗超难治型癫痫持续状态(SRSE)的新药 SAGE - 547 临床试验结果阳性,表明该药物可以成功帮助患者摆脱对麻醉剂的依赖
Ono Pharmaceutical	Ono Pharmaceutical 公司研发的强效选择性前列腺素 EP2 受体激动剂 ONO - AE9 - 078 在临床前研究中取得进展。实验结果表明,ONO - 0476 有望成为治疗青光眼和眼高压的新药
中科院上海硅酸盐研究所	研究人员在细胞核靶向介孔二氧化硅(MSNs)纳米药物输运体系研究领域取得重要进展。相关成果有望提高癌症治疗效果,降低药物的毒副作用,减轻病人痛苦,延长生存期

(二)药物的批准与上市

2014 年,多款生物药物获得了美国食品药品监督管理局(FDA)、欧洲药品管理局(EMA)及我国国家食品药品监督管理局的批准,从而启动了在相应地区的上市步伐,其中部分情况见表9。

表9 2014 年生物制药行业药物的批准与上市情况(部分)

药物名称	开发公司	获批与上市情况
Xtandi	安斯泰来(Astellas)	安斯泰来(Astellas)前列腺癌口服药物 Xtandi 扩大适应证获得 FDA 批准,可用于前列腺癌化疗前治疗。欧洲药品管理局(EMA)人用医药产品委员会(CHMP)也建议批准 Xtandi 用于前列腺癌化疗前治疗
Blinatumomab	安进(Amgen)	急性淋巴细胞性白血病治疗药物 Blinatumomab 获得 FDA 优先审评资格。药物有望在 2015 年上半年上市
Akynzeo	Helsinn	FDA 于 10 月批准 Akynzeo 用于癌症患者化疗后的恶心及呕吐的治疗

续表

药物名称	开发公司	获批与上市情况
Obizur	Baxter International	FDA 于 10 月批准 Obizur 用于获得性血友病 A（AHA）成人患者出血发作的治疗
Trumenba	辉瑞（Pfizer）	FDA 批准 Trumenba（B 群脑膜炎双球菌疫苗）用于预防由 B 血清群脑膜炎奈瑟菌引起的侵袭性脑膜炎球菌病，对象为年龄为 10～25 岁的群体
甲磺酸阿帕替尼片	恒瑞医药	恒瑞医药自主研发的国家一类新药"甲磺酸阿帕替尼片"获得国家食品药品监督管理局批准。该药是全球范围有效治疗晚期胃癌的小分子抗血管生成靶向药物，也是胃癌靶向治疗中唯一的口服给药制剂

四　存在的问题

经过多年来的努力，我国的生物制药产业取得了一定的进步，但是与西方生物制药强国相比，还有很大的差距。目前，我国生物制药产业在发展中主要存在着以下问题。

（一）企业规模小，产业集中度低，难以形成协同效应

2014 年 3 月 31 日，全球著名生物技术杂志《基因工程与生物技术新闻》（GEN）评选出了亚洲排名前八的生物医药集群。根据 GEN 的统计，中国生物医药行业的研发投入已经位居亚洲第一，达到 1600 亿美元。同时，中国拥有多达 7500 家生物医药公司，在数量上大大超过了日本的 538 家、印度的 500 家以及韩国的 857 家，排名亚洲第一。与上述数据形成鲜明对比的是，国内生物药物市场目前仍以中低端生物仿制药为主，完全自主的尖端药物严重缺失。数据显示，在我国已批准上市的 13 类 25 支 382 个不同规格的基因工程药物和疫苗中，只有 6 类 9 支 21 个规格属于原创，其余的都是生物仿制药。这种局面的产生很大程度上源于我国生物药企、规模偏小，产业集中程度低。

目前，我国生物制药企业的整体实力偏弱、规模偏小，虽然生物医药企业数量庞大，但是如罗氏、诺华般的行业巨头并不存在，整个产业呈现小而分散的状态。国外对生物新药进行研发，往往由大型药企牵头，凝聚各相关方力量进行协同攻关，投入方向十分明确。在我国，由于产业内缺少龙头企业的带头示范作用，各中小生物药企在研究经费的使用上既混乱又分散。虽然全行业整体投入巨大，但过多中小生物药企的存在导致落实到每一具体项目上的资金却十分有限。现实中，本土药企普遍面临研发资金不足的困境，研发投入比（研发投入/销售收入）与跨国药企相比存在较大差距。根据《E 药经理人》的统计，诺华（Novartis）、罗氏（Roche）、默沙东（MSD）、辉瑞（Pfizer）、赛诺菲（Sanofi）成为 2013 年跨国药企研发投入五强。五家跨国药企研发资金分别为 93.36 亿、82.93 亿、71.23 亿、62.54 亿、61.17 亿美元，研发投入比分别达到 20.28%、21.19%、18.99%、13.89%、16.23%。而在我国，研发投入排名第一的恒瑞医药也只在研发方面投入了 5.63 亿元，研发投入比仅为 9.08%。

大型药企的缺位使得行业内缺少整合资源的力量，各中小药企在研发方向的选择上各自为政、盲目跟风、缺乏沟通，导致重复投资的现象十分严重。研发投入位居亚洲第一的背后是资金使用效率的低下。

（二）企业与高校、科研院所之间脱节现象严重，科研成果市场转化率低

近年来，我国在生命科学基础研究领域取得了一定的成绩，国内研究人员在生命科学领域的国际核心期刊上发表文章已经成为常态。相关统计显示，2012 年全年，我国研究人员在生命科学基础研究领域国际核心期刊上共发表论文 65 篇，其中 *Cell* 27 篇、*Nature* 21 篇、*Science* 17 篇。然而，由于企业与高校、科研院所之间脱节现象严重，科研成果市场转化率低，我国生物制药产业的技术水平还难以做到与科研能力同步发展。

目前，我国生物制药技术的基础研究以高校、科研院所为主。高校、科研院所在研究氛围、高端人才储备、技术积累、研究规模、资金筹措等方面

通常拥有企业难以企及的优势。然而，科研机构没有市场意识和竞争需求，与企业缺乏沟通，这就导致当前的生命科学基础研究大多并不以市场为导向，大批研究成果脱离实际应用，停留在单纯的学术层面。同时，由于缺少市场动力，科研机构对转化研究不够重视，生命科学基础研究领域科研成果的市场转化率很低。数据显示，我国目前生物科技成果转化率尚不足15%。很多成果甚至从未走出实验室，在获得奖励或者专利后便被束之高阁。科研的目的在于以理论指导实践，上述做法背离了科研的初衷，是对科研资源与研究成果的严重浪费。

（三）现行医保政策和国内生物药企落后的销售策略导致生物药，特别是本土生物创新药的普及十分困难

生物药物对肿瘤、糖尿病及其他血液系统、免疫系统疾病拥有非常好的治疗效果。在上述医疗领域中，患者对生物药物的依赖性很强。但是，目前能够进入我国基本医疗保险药品目录的生物药物却非常少。单克隆抗体药物并没有被纳入国家医保目录之中，只有极少数单抗药物进入部分省份的医保目录。但这部分进入省级医保目录的单抗药物只针对住院治疗的患者，患者还需要承担很高的自付费用，这对我国生物药物的普及与生物制药产业的发展都是非常不利的。此外，国内生物药企落后的营销策略也使得本土生物创新药难以打开国内市场。

首先，研发与销售严重脱节。对技术的过度渲染导致本土生物药企在研发思路设计和实验方案的设定中完全以技术创新、拥有自主知识产权为目标。这就导致公司过度重视研发，却忘记了研发的最终目的是让产品能够占领市场。很多本土生物创新药上市后，销售人员才意识到公司根本无法提供完善的配套临床应用方案。同时，在新药上市之前，药企与医生缺乏沟通，医生对新药的原理与功效缺乏了解。事实上，新药成功打开市场的关键在于如何指导、教育、说服医生，使其改变处方习惯，让新药有机会出现在患者眼前，但本土生物药企并未意识到这点。

其次，国内生物药企很少为销售新药建立专门的营销队伍，这也影响

到了生物新药的推广。市场结果表明，采取代理模式销售新药，虽然前期效果不错，但后续的深入推广往往遭遇瓶颈。同时，药企在选择代理商时非常看重代理商所拥有的销售同类产品的经验，导致一个代理商同时销售几个同类产品的尴尬局面在实践中时常出现，"厚此薄彼"成为代理销售中的常态。

最后，本土生物药企通常忽略药物上市后的临床Ⅳ期试验。本土生物药企在新药获批后，便倾向于将全部资源投入新药的销售之中，对CFDA要求的上市后临床研究大多采取应付的态度。事实上，上市后的持续研究可以为医生、患者、CFDA提供更为翔实可靠的临床数据，有利于药物的持续改善，为下一步的市场开拓打下坚实的基础，对新药来说是十分重要的。

五 发展思路及对策建议

（一）完善支持政策，培育行业内领军企业

建议政府继续出台专项扶持政策，为本土生物制药企业的发展保驾护航。如借鉴电子信息产业"核高基重大专项"的实施经验，打造振兴生物制药产业的专项行动，对一批拥有良好发展前景的本土生物药企给予专项资金支持，鼓励其加大研发投入、提高研发投入比，大胆进行技术创新，勇于对国内外同类企业进行并购；鼓励本土企业充分利用后发优势，加强与跨国药企的沟通合作，对本土企业引进海外高端技术、核心产品知识产权给予资金支持和政策便利，尽快缩小本土企业在技术实力、整体规模等方面与海外企业的差距，加快打造领军企业的步伐。同时，建议政府加快生物药物临床试验审批流程、改革药品生产许可制度、进一步完善对生物仿制药的审批与监管政策、拓宽生物药企融资渠道、加强生物创新药投资在不同阶段的衔接、根据各地区不同的资源环境及经济发展状况量身设计生物制药产业园区的发展规划，努力为我国生物制药产业的发展营造良好的外部环境。

（二）打通企业与科研机构之间的通道，建立产学间"互联互通"机制，重视转化研究

生物制药的基础科研要以市场为导向，与实际应用紧密结合。因此，应加强科研机构与企业之间的沟通，建立产学间"互联互通"机制。企业负责发掘市场热点，提出研发方向，设立专项研发基金，科研机构负责具体的研发工作。这样可以实现资源优化配置，充分利用科研机构在高端人才、知识储备等方面的优势，提高研发效率，有利于科研成果的商业转化。同时，要重视转化研究。在产学间"互联互通"机制之外，政府可以考虑设立科研成果转化研究里程碑基金，对转化研究给予节点性资金支持；在必要时建立科研机构重大研究成果市场转化考核机制，通过适当的行政手段，推动科研成果的市场转化；可以借鉴美国的经验，通过政策引导以支持，大力鼓励学术创业，让科学家与科研团队携科研成果直接进入市场，这对科研与市场的深度融合具有良好的促进作用。

（三）完善医保政策，扭转企业营销观念，打开生物药物市场通路

要为生物药品营造良好的流通环境，扩大医疗保险、计划免疫、医保目录等的覆盖范围，将更多的生物药物纳入其中。可以为各级医疗机构设立生物药物使用专项补贴，从而降低生物药物价格，让更多的民众有能力负担生物药物的费用，从而扩大生物药物的市场占有率。

同时，本土生物药企应树立先进的营销理念。

首先，研发要与市场紧密结合。企业在研发阶段不应只考虑如何"做"产品，还应考虑如何"推"产品。建议企业在药物进入三期临床试验后，即开展与专家、医生的沟通，通过学术会议、学术沙龙等专项学术活动，向专家、医生们展示企业的研发实力，药物的积极临床试验数据等，以便专家、医生能够增加对产品的了解，树立对产品的信心。

其次，要为新药组建专门的营销团队，团队成员应具备新药上市推广的

经验。在新药的销售上，本土生物药企应当放弃以往或寻求代理商或仓促组建销售队伍的落后模式，转而投入资金组建专业的营销团队，将营销提升到与研发同等重要的高度上来。浙江贝达药业一类靶向抗癌新药凯美纳上市三年销售额逼近5亿元的成功案例彰显了专业营销团队对新药成功销售的助推作用。

最后，本土药企要重视药物上市后的临床 IV 期试验，以便为产品提供可持续性改善，让医生、患者感受到企业的诚意，增强医生、患者对产品的认可度与信心。

B.11
智能触摸屏产业发展现状及对策

刘 丹*

摘 要： 2014 年，全球约 2/3 的智能触摸屏应用于手机，是最主要的
应用领域，而中国手机用智能触摸屏约占智能触摸屏出货量
的 88%，平板显示器的市场占有率提升到 18.6%。就技术
发展趋势看，in-cell、Pixel Eyes、On-cell、Flexible AMOLED
等技术随着新产品的开发纷纷亮相国际市场。我国在 metal
mesh、碳纳米管等技术方面取得了全球瞩目的突破。然而，
当前我国智能触摸屏产业存在产能过剩、上中下游产业链断
裂、技术与品质缺失等三大风险，亟须在产业链整合、细分
领域提升、应用平台构建开发等三个方面优化产业发展环境。

关键词： 智能触摸屏 发展趋势 发展问题

2014 年以来，智能触摸屏产业主要呈现三大发展趋势：On-cell 嵌入式
液晶触控面板发展变化、触控面板模组全贴合需求变化以及取代 ITO 的新材
料量产进程，触控技术逐渐从热销的智能手机、平板电脑等移动电子终端，
扩大到车载、穿戴式设备、医疗、智能家居等领域，深入生活的方方面面。
触控应用范围越广，意味着市场前景越广阔。从 2014 年的触控产业发展趋
势来看，强劲的市场需求让智能触摸屏产业产生了一些新的发展动向。

* 刘丹，工业和信息化部电子科学技术情报研究所工业经济与政策研究部，博士后，高级工程
师，主要研究方向为工业经济运行分析。

217

一 产业概况

（一）产业概念

智能触摸屏，是通过可接收触头方式输入讯号的感应式的液晶显示装置。智能触摸屏主要应用于手机、平板电脑和电子阅读器，数字相机、摄像机、游戏机等领域，还应用于电子钟表、电动玩具、计算器、台历、手写板、电子字典/书、PDA、商务通、电话机、家用电器（电磁炉、微波炉、空调、消毒柜等）、工业仪器设备操作系统、军事指挥系统、教育训练设备、安全监控系统、GPS卫星定位系统、餐饮业点餐与订位系统、医疗器械及挂号－诊疗－配药系统，金融提款－转账－服务系统，以及各类自动销售系统和各类公共场所信息查询系统。随着触控技术在高穿透率、低能耗与手势识别发展更出色，智能触摸屏应用范围必将越来越广，从而实现显示装置和信号输入装置的一体化、直观化、小型化和集约化。

智能触摸屏产品的研究和开发始于20世纪60年代，当前，全球智能触摸屏行业正处于蒸蒸日上的"朝阳"阶段。全球触屏生产厂商主要集中于日本、韩国和中国台湾地区，其次是中国大陆地区。日本、韩国和中国台湾地区居于产业主导地位。我国成为全球智能触摸屏产业发展最快的国家。

（二）产业分类与产业链

智能触摸屏产业上游为原材料产业，主要产品为PET薄膜、玻璃基板、光学胶、ITO靶材等，上游原材料产业属于资本与技术复合密集型行业，已经形成日、美厂商的市场控制权，建立起极高的技术门槛和壁垒，进入寡头垄断阶段。

智能触摸屏产业中游为组件产业，主要产品为ITO玻璃、ITO薄膜、光刻、IC等组件，主要由韩国厂商控制，经过长期的国际产业竞争，日本逐渐退出组件竞争，韩国掌握了产业链中游的技术优势，具有一定的技术壁垒，亦进入寡头垄断阶段。

智能触摸屏产业下游为触摸屏模组产业，主要产品以成品组装为主，触摸屏模组包括 Sensor（传感器）、Cover Lens（盖板玻璃）和 Control IC（控制芯片）等三个组成部分。中国台湾地区掌握了产业链下游的市场优势，近几年来，我国智能触摸屏产业主要集中于这一领域，由于技术门槛相对较低，企业间的竞争日趋激烈，虽然企业效益仍然较好，但已经出现了产能过剩的现象（见图1、图2）。

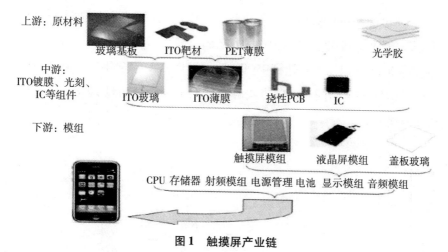

图1 触摸屏产业链

资料来源：华泰联合证券研究所。

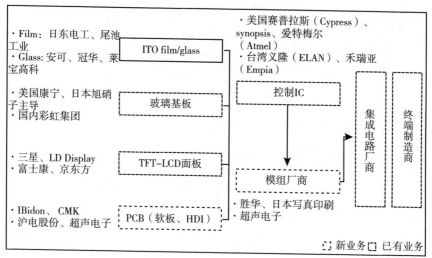

图2 触摸屏产业链的核心企业链条

资料来源：IEK。

二 产业发展及动态

(一)产业规模

据 Display Search 测算,2014 年前三季度,全球触摸屏产业市场规模达 20 亿部,预计 2014 年全年将达到 21 亿部,同比增长 16.7%,其中,电容式触摸屏 2014 年前三季度达到 19 亿部,预计 2014 年全年将达到 20 亿部,年增长率达到 25%,同时,电容式触摸屏的市场份额超过 90%,具有较强的市场导向性。

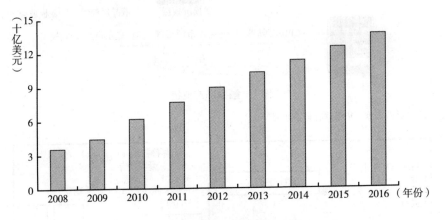

图 3 全球触控产业产值及预测

资料来源:Display Search。

从销量来看,2014 年前三季度,全球约 2/3 的智能触摸屏应用于手机,是最主要的应用领域。2014 年前三季度,手机触控化率为 50%,至 2015 年有望超过 60%。同期,智能手机销量达到 5.67 亿台,智能手机市场占有率已达 35.9%,同比增长 52.21%;至 2015 年销量将达到 11.05 亿台,2010~2015 年的平均年增速将达到 30%。

平板电脑对智能触摸屏配置的普及极为引人注目,2014 年前三季度平

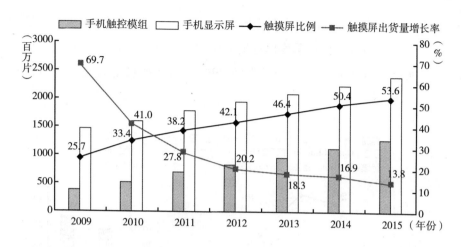

图4 触摸屏手机销量及占比预测

资料来源：Display Search。

板电脑特定型号触摸屏的销量超过 1.5 亿片，同比增长 1.46 倍。2011～
2014 年前三季度，苹果公司始终居于全球平板电脑触摸屏订货量首位，而
品牌间的订货量差距也在 2014 年逐渐缩小。根据 Display search 预测，2016
年全球平板电脑专用型号触摸屏销量将高达 2.6 亿片，比 2013 年上升
160%，2011～2016 年平均年增速将达 34%。

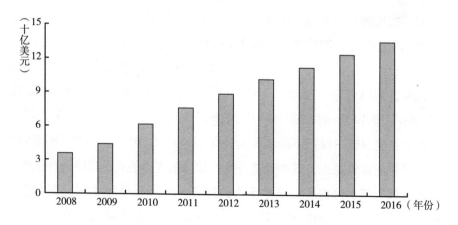

图5 平板电脑用触摸屏市场规模预测

资料来源：Display Search。

电子书阅读器方面，受平板电脑快速扩张的影响，2014年前三季度增速逐步放缓，2014年前三季度出货量下跌18%，预计2014年全年出货6300万台，2011～2014年复合年增长率为39%，当前增长动力主要来自价格低廉。

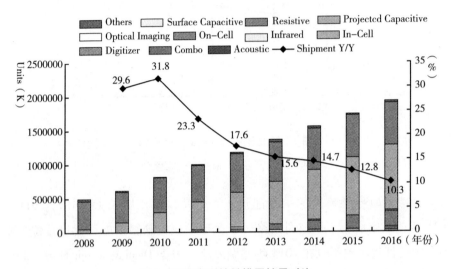

图6　各种类型的触摸屏销量对比

资料来源：Display Search。

我国智能触摸屏产业项目投资的"大跃进"始于2013年。据OFweek行业研究中心测算，2013年，中国智能触摸屏出货量为6.28亿片，占全球智能触摸屏出货量的36%。在我国的智能触摸屏中，绝大多数为手机用智能触摸屏，2014年前三季度，手机用智能触摸屏约占中国智能触摸屏出货量的88%。2014年前三季度，中国平板显示器的市场占有率提升到18.6%，是世界唯一保持不断成长的地区。预计到2015年，我国智能触摸屏产能将位居世界第二，其中最适合生产智能触摸屏的8.5代线的产能将位居世界前列。基于国内平板显示实力的提升，2014年全年中国厂商在全球智能手机市场上的份额将达到32%。由于触控接口愈来愈普及，我国触控面板产业在未来几年仍维持两位数的成长，但因竞争者愈来愈多，产能持续开出，每年动辄20%以上的价格降幅，让触控面板产业很难获得高利润。

（二）区域布局与企业动态

1. 全球布局与企业动态

尽管智能触摸屏产业的高端技术具有较强的垄断性，由美日韩和我国台湾地区掌控，但随着我国厂商技术水平和制造基础实力的进步，成本优势日益明显，已经出现国际产业向我国转移的动向。国内莱宝高科、南玻等企业已经在这一领域崭露头角。

表1　国际手机大厂的供应链

		TSM	Touch sensor
SEC	Handsets exluding Galaxy	Melfas(40%)	J Touch（50%），Youngfast（20%），Swenc（21%），Others（9%）
		S－mac(35%)	Nissha Priting(70%)，J Touch(30%)
		Synopex(10%)	Youngfast(100%)
		Digitech Systems(5%)	Digitech Systems，Iljin Display
		Others(10%)	
	Galaxy	Samsung Mobile Display（100%）	Samsung Mobile Display(100%)
	Tablet PC（Galaxy Tab）	Iljin Display(40%)	Iljin Display(100%)
		S－mac(40%)	Nissha Priting(70%)，J Touch(30%)
		Digitech Systems(20%)	Digitech Systems，Iljin Display
LGE	Handset	ELK(40%)	ELK(100%)
		LG Innotek(60%)	LG Innotek(100%)
Apple	Handset(iPhone)	TPK	TPK(100%)
		Wintek	Wintek(100%)
		Chimei Innolux	Chimei Innolux(100%)
	Tablet PC(iPad)	TPK(55%)	TPK(50%)，Sintek，Cando
		Wintek(45%)	Wintek(100%)

Source：Companies，Daiwa

资料来源：Daiwa 公司。

从产业链的竞争情况看，触摸屏产业的国际市场竞争集中于中小尺寸触摸屏领域，从市场份额看，全球主要制造商集中于中国台湾地区和韩国，品

牌包括胜华、宸鸿、洋华、Melfas、ELK、Synopex。在这些厂商中，Wintek
和 TPK 是苹果公司的主要供应商；而 TPK 是最具客户资源的厂商，其主要
客户包括苹果、RIM、LG、三星和 HTC。

表 2　智能触摸屏主要供应厂商

供应商	地区	核心生产领域	主要订单客户	主导市场
3M	美国	传感器芯片	IBM	美国
LG 化学	韩国	模组	LG	韩国
Digitech		电镀传感器	三星	韩国
ELK	韩国	电镀传感器/模组	三星/LG/MOTO/Sony	韩国/日本
MELFAS		电镀传感器	三星	韩国/日本
Synopex		电镀传感器/模组	三星	韩国/日本
Nissha(写真)	日本	模组	HTC	美国/韩国/日本
宸鸿(TPK)		电镀传感器/模组	苹果	美国/韩国/日本
奇美(CMI)		电镀传感器/模组	苹果/HTC	美国/韩国/日本
胜华(Wintek)		电镀传感器/模组	苹果	美国/韩国/日本
达虹(Cando)		电镀传感器/模组	苹果/HP	美国/韩国/日本
和鑫(Sintek)	中国台湾	电镀传感器/模组	苹果/SonyEris	美国/韩国/日本
凌达(Giantplus)		液晶显示器模组	HTC	美国/韩国/日本
洋华(Young Fast)		模组	HTC/三星/LG	美国/韩国/日本
华映(Cptt)		液晶显示器模组	冠名/Dell/HP	美国/韩国/日本
介面(J Touch)		液晶显示器模组	SonyEris/三星/LG	美国/韩国/日本
全台(EDT)		液晶显示器模组	思科/Lexmark/Symbol	中国/日本
明兴(Unidisplay)		电镀传感器/模组	群剑/三星/凌巨	韩国/日本

资料来源：作者整理。

2. 国内布局与企业动态

目前，我国有约 200 家企业生产智能触摸屏相关产品，由于该产业本身
具有一定的技术门槛且普遍实行订单生产，日产能力在一定程度上能够说明
企业的产品品质，因此，"日产能"成为获得普遍认可的划分企业阵营的标
准。从日产能看，第一阵营的技术标准为"日产能 >100K"，产品品质稳
定，厂家包括洋华、华意、信利等；第二阵营的技术标准为"日产能 30 ~
100K"，产品品质不太稳定，厂家包括欧菲光、华瑞阳、睿川、恒利达、北

泰、点面、晨兴、合力泰、牧东、键创等。第一和第二阵营厂家的销量达到国内总销量的50%，剩下50%的市场份额由属于第三阵营的中小微企业瓜分，在此不再赘述。

同时，我国大量承接了全球智能触摸屏产业的产能转移。2014年，在中国台湾地区企业中，显示触控领域先行者——牧东光电完成苏州生产基地5100万美元价格的出售方案，借此退出触摸屏行业；触控龙头TPK实现厦门威鸿光学的全面停产；触控厂商洋华为了控制成本，已经完成在中国大陆地区60%的产能向劳动力成本更低的越南转移。

表3　国内智能触摸屏主要供应厂商

厂商名称	主要供应产品	主要客户	主要市场
比亚迪	LCM Module	金立/康佳/天时达	中国
天马	Module	华为/中兴/天语	
南玻伟光	Glass/ITO Glass	东方/宇胜/航天光电	
牧东	TP Sensor	海尔/中兴/海信/联想	
信利	TP Sensor/Module	华为/中兴/天语	
超声电子	TP Sensor/Module	联想/天语	
莱宝高科	Glass/ITO Glass	天马/信利/超声电子	
宇顺电子	TP Sensor/ Module	华为/中兴/BBK/美的	
长信科技	Glass/ITO Glass	天马/信利/超声电子	
欧菲光	TP Sensor/ Module	大立光电/伟创力集团/ST意法/天宇/中兴/金立	
华意电路	TP Sensor	西门子/三星/惠而浦/联想	欧韩日中

资料来源：作者整理。

表4　国内智能触摸屏优势企业发展动向

主导产品领域	优势企业	企业发展动向
OGS触摸屏	南玻伟光	企业技术优势和主要产品均为OGS触摸屏，目前企业正处于生产扩张阶段
	长信科技	长信科技以自身优势为中心，以降低产业链成本为目标，整合相关产品上下游企业
	莱宝高科	莱宝高科是国内OGS触摸屏的最重要厂商，企业正在向超级本触摸屏转型，并已经具有了一定的国际市场份额优势

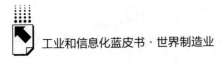
续表

主导产品领域	优势企业	企业发展动向
模组	超声电子	超声电子是国内触控模组的最重要厂商,目前企业正处于生产扩张阶段
	宇顺电子	宇顺电子通过收购雅视科技(雅视科技是中国大陆较具影响力的长期专注于手机液晶显示模组领域的优质企业)形成明显的业务互补和渠道共享局面,酷派和联想等大客户质量优势且集中,未来有望渗透进入华为等客户
触摸屏零组件透明导电膜	欧菲光	触摸屏产能扩充,具有 Metal Mesh 技术专利的独享优势,现阶段与国际大厂均有产品送样和供货意向,且锁定部分高端客户,当前为三星/苹果的二级供应商,未来树立三星和苹果之外的,第三个全产业链产品体系,产品技术与光宝和舜宇基本达到同一水平
	星星科技	星星科技 G＋F 产品市场占有率仅次于欧菲光。公司收购深越光电之后,完成薄膜式触摸屏一体化布局,具备高成长性发展趋势,导入一流客户平台,全面提升产能盖板玻璃产能利用率,未来很可能实现超预期发展

资料来源:作者整理。

三 产业技术进展

(一)国际研发与技术应用进展

当前,作为产业主流技术的电容式触摸屏技术细分为表面电容式触摸屏技术和投射电容式触摸屏技术。投射电容式触摸屏技术通过运用多点触控技术,以采集多点信号和判断信号意义为主要工作方式,集成对各种触控动作的分析,尤其擅长进行多手指、高繁复、强趣味的复杂操作,因此,广泛应用于消费电子市场。

就技术发展趋势看,In-Cell、Pixel Eyes、On-Cell、Flexible AMOLED 等技术随着新产品的开发纷纷亮相国际市场。

In-cell 是指将触摸面板功能嵌入液晶像素中的技术方法。苹果 2012 年 iPhone 5 产品的推出,推动 In-Cell 触控解决方案取得迅速发展,In-Cell 触控

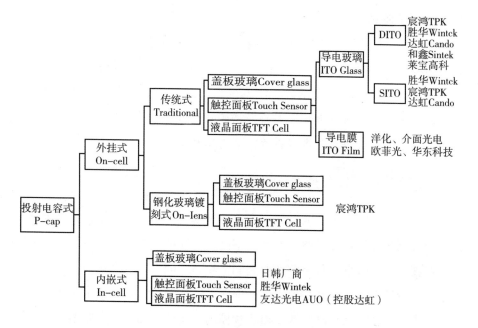

图7 投射电容式触摸屏技术演进路径

资料来源：Display Search。

解决方案广泛应用于苹果公司生产的 iPhone 5C、iPhone 5S、iPod Touch 等系列产品。然而，当前全球生产 In-Cell 触控面板的三家厂商（Sharp、JDI 和 LGD），订单唯一来源就是苹果公司，近年来并没有其他公司采用 In-Cell 触控解决方案，因此，该技术的发展前景和普及能力受到业内普遍质疑。

Pixel Eyes 是指在液晶屏上直接实现触摸功能的技术方法。该技术在彩色滤光片玻璃基板与 IPS 液晶面板的 Array 基板上分别制作传感线路和触控驱动线路，当前全球采用这种技术的厂商为 Sony 和 HTC，但由于该技术产品的销量从未超过百万片，因此，市场应用效果明显不及 In-Cell 触控解决方案。

On-Cell 是指将触摸屏嵌入显示屏的彩色滤光片基板和偏光片之间的技术方法。三星 Galaxy S 系列及 Galaxy Note 系列产品首次采用了该项技术，随着 Galaxy S 系列及 Galaxy Note 系列的热卖，使得 On-Cell 触控面板出货量也成长明显。由于其技术难度相对较低，三星目前将 On-Cell 触控感测器的制程外包给华映（CPT，6 代线）和鑫光电（HannsTouch，5.5 代线）及 Dongwoo（5.5 代线）。虽然 On-Cell 技术是三星的主推技术，但是，三星于 2013 年第四季度推出少量柔性显示产品（Flexible AMOLED）产品 Youm，并可能用作 Galaxy Note 3 的限量版本推出。由于基于柔性显示的 AMOLED 封装需采用塑胶（聚醯亚胺）基板及薄膜式封装工艺，传统的 On-Cell 触控解决方案将面临挑战，并将需要考虑采用其他触控解决方案。

（二）国内研发与技术应用进展

目前，我国尚处于智能触摸屏产业的技术和市场追随阶段。我国大陆智能触摸屏制造业起步比日本、韩国和中国台湾地区偏晚。由于该产业的下游产业链技术门槛较低，且下游产业利润率较高，国内大量企业涌入了该产业的下游产业链。因此，产品也大多集中在中低端领域，多为代工企业，这些企业基本上是民营或台湾企业。由于领域内企业的产品品质参差不齐，大量企业不具备接受大订单的能力，且造成较为严重的企业间恶性竞争，对与日韩等国际企业的合作造成了极大的负面影响。

我国智能触摸屏产业的主流技术发展趋向为 OGS（单片式电容触摸屏）结构。OGS 通过运用同一块保护玻璃上直接生成传感器和 ITO 导电膜的技术，可实现更薄更轻量化的要求。

就技术发展趋势看，我国在 Metal Mesh、碳纳米管等技术方面取得了全球瞩目的突破。

Metal Mesh 是指使用纳米银金属网栅取代 ITO 的技术方法，被公认为目前中大尺寸领域最领先技术。欧菲光 2013 年重点开发低方阻 ITO 柔性导电薄膜技术、超薄 Film 触摸屏技术、感光银触摸屏技术、大尺寸触摸屏与显示模组集成技术、Metal Mesh 触摸屏技术、高像素摄像技术等。2013 年 11 月，该公司完全自主知识产权的纳米银金属网栅透明导电膜触摸屏生产线正式量产。目前，该公司已经为全球前六大 PC 品牌（惠普、联想、华硕、戴尔、三星、鸿基）的 60 多款机型开样，已经实现量产，市场前景颇为看好。

碳纳米管是指采用碳纳米管导电膜生产触控屏幕的技术方法。中国台湾富士康全球首先实现了产业化碳纳米管触控屏。这种触摸面板尺寸从最初的大约 3.2 英寸，可以扩展到 1.52~10 英寸。富士康目前在该项目上拥有约 107 项专利技术，并已生产触控屏 700 万片，月产规模达到 150 万片，成功地为华为、酷派、中兴等手机配套。并已开始于 2013 年下半年为日本客户提供碳纳米管触摸面板。由于 IT 企业一直在触摸面板当中寻求替代高成本铟锡氧化物的材料，如果富士康能够大规模生产碳纳米管触摸面板，或将显著影响现有的触摸屏供应链。

四　存在的问题

1. 存在产能过剩的巨大风险

当前，作为新兴产业的国内智能触摸屏产业，已经出现了非常明显的产能过剩风险。然而，这种产能过剩存在显著的产业链分化现象。作为产业链上游的技术和资本密集型的高端产品，当前国内极为匮乏，尖端技术牢牢掌握在发达国家手里，在国际市场的定价权和专利权方面，国内企业完全没有话语权。但是，作为产业链下游的劳动密集型的低端产品，当前国内已然产能过剩，中小企业的恶性竞争时有发生，造成了极大的生产资源浪费，亟须引起警惕。

2. 存在上中下游产业链断裂的巨大风险

智能触摸屏产业在整个智能电子产业中属于中游产业，而中游产业的发展必然取决于智能电子下游产业（如手机、家电、电脑）的成长空间和产业导向。因此，对智能触摸屏厂商而言，智能电子下游产业的订单尤为重要。宇顺电子严重依赖于中兴通讯的订单，而十几家国内企业严重依赖于苹果公司，然而，由于我国企业主要以生产低端产品为主，产品替代性较强，当领域内跨国企业的生产计划发生改变时，我国企业首当其冲受到损失，随时会失去订单，对产业发展的稳定性产生致命危害，必须努力拓展产业的中游和上游产品空间。

3. 存在技术与品质缺失的巨大风险

由于长期处于产业链的低端，国内企业去产业的国际发展话语权几乎完全缺失。一方面，由于国内企业大部分为中小微企业，在技术积累和资金周转方面具有天生的劣势，且中小微企业中的大部分企业，以"挣快钱"为目的，根本无暇顾及技术与品质，导致国内企业的相关技术和产品品质与国际标准的差距逐渐拉大，更是无法触及高端模拟式触摸屏的国际竞争。同时，这种劣质的国内产业发展形势也导致在技术升级和产品更新较快的智能电子产业领域，大多数国内企业无法满足订单厂商提出的新要求，逐渐被国家大订单厂商淘汰。

五　发展思路及对策建议

1. 加强智能触摸屏产业链整合

当前，受过度竞争、技术缺失、需求不足等因素的影响，国内智能触摸屏行业已于2013年上半年结束了产业高增长状态，企业逐渐陷入价格战的泥潭，而下游应用市场成长趋缓，也使得企业"薄利多销"的战略落空。行业整体进入深度调整期。这一时期，恰恰是进行产业转型升级的大好机会，在市场的推动下，产业链整合已经悄然进行。从总体上看，由于智能触摸屏产业的产业链整合趋势由市场自发形成，我国触摸屏企业正处于替代中国台湾地区的产业转移过程之中，因此，政府只需要创造良好稳定的发展环境即可，鼓励国内有实力的厂商，向产业链上下游拓展。

2. 提升细分领域的技术水平

当前中国企业多是技术跟随者，走一步看一步多是不少企业目前的技术态度。由此产生的恶果是，每一次关键性的技术替代都会引发市场的剧烈波动，且技术跟随的状态很难获得扭转。目前高端智能手机市场上的代表性触控技术以嵌入式 In-Cell 和 On-Cell 为主流，同时单片式触控技术 OGS 也占据着部分市场空间，据此，触摸屏产业上游 ITO 玻璃行业的镀膜、高阶 ITO 导电膜、ITO Film、导电胶、光学胶等技术，触摸屏产业中游 Sensor 行业的控制 IC 技术、One Glass Solution、内嵌式等技术就成为我国当前着力攻克的技术难题。而当前我国具有自主知识产权的 Metal Mesh、碳纳米管等技术，如何尽快实现产业化也成为当务之急。

因此，政府应当推动智能触摸屏产业化技术专项研究。我国从 2008 年开始启动支持触摸屏产业化的重大专项，但是技术水平和产业转化能力还远远不够。发达国家成功经验表明，政府在推进创新设计能力提升中应起关键和引导作用。应将关键设计技术研究列入国家科技计划，加大对设计技术研究的投入，着力推进与设计技术相关的原始创新的突破；组建若干以关键设计技术为研究对象的国家级创新平台，实现创新资源的整合和汇聚。

3. 加强应用平台构建和开发

由于我国拥有丰富的智能触摸屏原材料资源，其中关键材料的资源更是丰富，在产业上游加工技术上力争实现自主发展，搭建产业上中下游高效应用平台，未来我国的智能触摸屏产业必将不再局限于国外上游材料的进口供应，打破美日韩的产业垄断。因此，政府一是充分运用市场经济规律，给予企业充分的创新自主权，相信企业对技术和市场的判断，全力搭建技术平台并辅以精准的资金支持，要逐步建立以企业的技术需求为主导的市场化甄选项目的科技管理体制。二是政府各部门形成合力，进行有组织的创新。各政府相关部门、各级科技部门、科研机构、高校和相关行业协会协同推进，形成合力，进行有组织的创新，有效发挥政府的宏观调控能力，采取各种举措为产业的良性发展保驾护航。

B.12
膜法水处理产业发展现状及对策

刘 丹*

摘　要：　2013 年，全球膜行业总产值达到 500 亿美元左右，我国膜制品市场总产值约为 60 亿元，中国已经成为全球最大的膜产品销售市场。从当前的研发趋势看，水处理膜技术集中于新型膜材料和改性膜材料等两大突破点。目前应用于中国水处理领域的膜产品中超滤膜和反渗透膜应用程度最高。从各类膜组件产品的全球膜市场占有率看，反渗透膜达到 45%，超滤与纳滤共约占 20%。然而，当前我国膜法水处理产业存在市场准入制度不健全、产品质量监管缺失、产品标准化发展滞后等三大风险，亟须在加强市场准入监管、加强质量监管、加快标准规范等三个方面优化产业发展形势。

关键词：　水处理膜　区域布局　市场应用　膜法水处理技术

膜法水处理技术的研究和应用已经充分延伸到废水处理的全部生产步骤和所有产业链领域。近年来，废水处理产业的膜技术正在向系统化和智能化转型，一些新的膜过程不断地得到开发研究，如渗透汽化、膜软化、膜蒸馏、膜生物反应器、支撑膜液、仿生膜及生物膜等过程的研究不断取得技术突破并获得了良好的产业化效益。膜法水处理技术和产业的发展以

---

* 刘丹，工业和信息化部电子科学技术情报研究所工业经济与政策研究部，博士，高级工程师，主要研究方向为工业经济运行分析研究。

充分回收利用废水中的有价资源为根本目的，具有重大的环境效益和经济效益。

一 产业概况

（一）产业概念

膜技术是膜分离技术的简称，即采用仿生物学膜质，通过人工材料（膜材料）实现不同介质分离的技术，分离的过程多由压力差、浓度差、电势差等因素驱动。按照分离精度的不同，水处理膜一般分为微滤（MF）膜、超滤（UF）膜、纳滤（NF）膜和反渗透（RO）膜等。

近二十年来，"膜技术可以去除常规处理工艺难以去除的水污染物"的产业化优越性受到各国普遍关注，同时，膜法水处理工艺具有设备占地少、出水水质高等优点，将膜处理技术与传统水处理工艺结合使用，或将不同膜处理技术结合使用，可满足提高饮用水水质、提高污水排放水质、实现再生水回用、实现海水淡化的各类需求。因此，膜技术广泛用于环境、能源、电子、医药等各个领域，根据细分领域的应用特点，研发人员不断研发出适应细分领域产业特色的膜技术和相应产品，从而形成了完整的膜法水处理产业。产业发展主导方向包括自来水处理、市政污水处理及再生、海水淡化、工业水回用、家用净水器等。

按处理程度划分，污水处理分为一级处理、二级处理和深度处理。一级处理的对象为水中的漂浮物和部分悬浮污染物，处理结果为未达排放标准；二级处理对象为污水中的 BOD 和悬浮物，处理技术为生物膜法和活性污泥，处理结果仍为未达排放标准；深度处理针对二级处理后水中尚含的大量悬浮物、溶解的有机物和无机盐，经过深度处理将其进一步脱除。膜分离技术主要应用于污水的二级处理和深度处理。二级处理中，MF、UF 多以 MBR 工艺出现，与活性污泥相结合，其出水可用于绿化、农业灌溉、市政工业用水和生活杂用水。

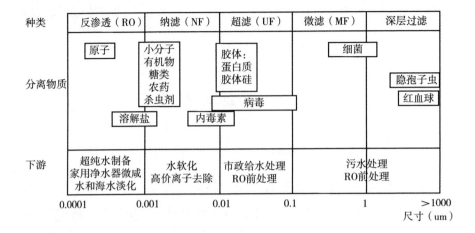

图1　膜技术图谱

资料来源:《2013 年膜法水处理行业分析报告》,中投顾问。

(二)产业分类与产业链条

从产业链来看,膜法水处理产业的产业链上游为膜材料、膜组件产业,中游为水处理工程建设产业,下游为水处理设施运营及维护产业,由于膜法水处理产业链自上而下的系统性较强,因此,当前该行业产业链正在向"材料研发 – 设备制造 – 工程运维"系统化、一体化、定制化的聚合方向发展。

上游产业包含膜材料制作、膜组件制作,膜材料制作主要分为微滤、超滤、纳滤、反渗透、电渗析等五种类型;膜组件制作主要分为平板式、卷式、管式、中空纤维式等四种类型。

中游产业包含水处理工程体系,工程体系由四部分组成,即膜生物反应器(MBR)、浸没式膜过滤(SMF)、连续膜过滤系统(CMF)、双向流膜过滤技术(TWF)。

下游产业包含水处理设施的运营、维护,主要涉及给水处理、污水处理、海水淡化、超纯水制作以及膜的清洗、更换等。

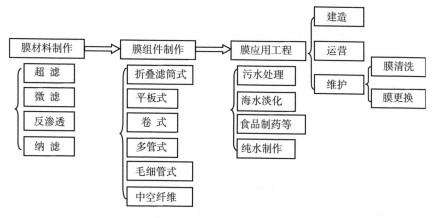

图 2 膜法水处理产业链

资料来源：《2013 年膜法水处理行业分析报告》，中投顾问。

二 产业发展及动态

（一）产业规模

1999 年，全球膜及膜组件市场销售额为 44 亿美元，21 世纪初全球膜市场开始强劲增长，2013 年，全球膜制品的销售额超过 130 亿美元，年均增速达到 8%。同时，1999 年，全球膜行业总产值在 200 亿美元左右，2013 年，全球膜行业总产值达到 500 亿美元左右，其中膜制品市场为 110 亿美元。

最近十几年是中国膜产业的高速增长期，我国膜产业总产值从 1993 年 2 亿元上升到 2013 年的 490 亿元，年均增速超过 20%，其中，水处理领域占到 85% 以上。2013 年，我国分离膜制品市场总产值约为 60 亿元，总市场规模达到 250 亿元。根据国家环境保护膜分离工程技术中心进一步的研究和估算，2013 年我国膜制品销售额大约为 150 亿元，其中反渗透/纳滤膜（RO/NF）为 60 亿元，超滤/微滤膜（UF/MF）为 90 亿元，如果不计特种分离膜，仅中国市场上的通用膜规模就已占全球市场的 20%～30%，因此，中国市场已经成为全球最大的膜产品销售市场。

RO 膜市场。2013 年，中国反渗透市场销售达到 30.5 亿元，销售数量为 70.8 万支。在中国整个反渗透膜市场中，国内品牌仅占 12% ~ 15% 的市场份额，国内 26% ~ 30% 的市场份额被美国陶氏化学公司、海德能公司控制，国内 50% ~ 62% 的市场份额被日本东丽公司、韩国熊津公司控制，可以说，我国市场被外国企业牢牢占据。可喜的是，中国企业的市场占有率正在不断提升。2005 年，国内企业仅占国内市场份额的 2% ~ 3%，到 2013 年该比重上升到 15% 以上，部分地区国产率更是达到 20% ~ 40%。

UF/MF 膜市场。2013 年，中国超滤/微滤膜市场销售总额 70.9 亿元，数量达到 146.7 万支，国内每年产能达 4000 平方米，远超市场总需求。目前国内的超滤膜市场还没有形成垄断局面。然而，国内高端市场仍是国外企业的天下，而国内企业只能在国内中低端市场逐鹿。

（二）区域布局与企业动态

1. 全球布局与企业动态

从产业链构成看，膜工业及水处理产业链一般分解为水处理项目产业链和膜组件产业链等两大核心。在水处理项目产业链中，膜企业主要集中于工程总包、设备供应、技术服务等环节，由于水处理项目注重运营维护，技术要求不高，一般由本国膜企业和跨国膜企业平分秋色；膜组件产业链集中了大量的先进技术和创新专利，一般由跨国膜企业垄断，例如，跨国巨头企业如通用（GE）等已经具备提供全产业链一体化服务的能力，但国内龙头企业如碧水源、膜天膜等仍只能涉足产业链的部分环节、部分品种。

从市场构成看，行业内的公司分为膜供应商和膜工程商等两类。在膜生产环节，反渗透膜壁垒最高，目前全世界仅有不到 10 家能规模化生产反渗透膜的厂商。因此，膜法水处理产业的产业集中度很高。当前，中国膜企业在国际市场竞争中已经具有了一定的品牌效应，但在国际市场占有率和认可度上，发达国家传统行业巨头仍占据上风。

陶氏。全球排名第二的化学工业企业，注重技术研发，在膜法水处理行业产品中，其研发的反渗透元件——陶氏膜居于全球领先地位，主要应用于电力系统和工矿领域；其研发的反渗透复合膜元件也居于全球领先地位，主

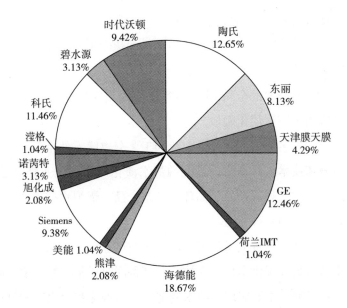

图3 供排水公司、污水处理厂用户品牌提及率

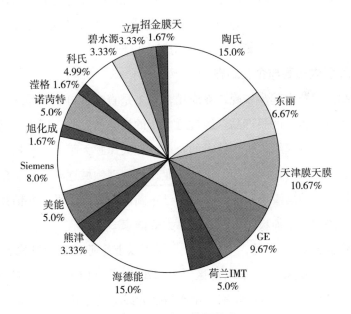

图4 工程公司用户品牌提及率

资料来源:《2013年膜法水处理行业分析报告》,中投顾问。

要应用于液体分离和纯水制造领域。

海德能。全球膜法水处理产业排名第一的化学工业企业，注重技术研发与产业化并举，擅长纳滤膜、反渗透元件、卷式反渗透膜元件和超滤膜元件的研发与生产，其研发的全新 CPA 系列反渗透膜元件是行业内的元件性能标准，主要应用于海水淡化领域。

通用。全球排名第一的膜元件企业和工艺分离膜元件企业。聚焦于水体净化和流质分离技术，具备全球最大的海水淡化产品、工业废水处理产品、中水回用产品、纯水处理产品、循环水处理产品、锅炉水处理产品以及工艺生产过程处理产品的生产能力。

东丽。全球唯一具备全系列膜技术研发与产业化能力的企业。以有机合成、生物化学和高分子化学技术为核心，具备同时提供聚酰胺复合膜和醋酸纤维膜的卓越实力，主要应用于纯水制造、咸水淡化和废水回收领域。

格兰特。全球与中国市场合作最密切的跨国企业。以净水技术和化工技术为核心，早在 1995 年该公司已经在中国通化市成立了专门针对中国市场的销售与研发公司，产业以反渗透设备为主，当前在北京、唐山、石家庄、秦皇岛、兴城、通化等中国城市均成立了子公司。

2. 国内布局与企业动态

我国膜技术起步较晚，在应用初期多是直接进口膜产品或全盘引进国外设备及原材料生产膜产品。经过近些年的培养和发展，国内逐渐出现了一批具有核心膜及膜组件生产技术的企业，如天津膜天膜、山东招金膜天、北京碧水源、北京时代沃顿等，这些企业在水处理领域逐渐崭露头角。其中，时代沃顿生产的反渗透膜的产品品质已达到国际先进水平，并销往意大利、西班牙、德国、新加坡、巴西、加拿大等国家。

截至 2013 年 8 月，中国膜工业规模以上企业接近 400 家，主要集中于华北（约 100 家）与华东地区（约 220 家），其中，北京 75 家，江苏 56 家，上海 53 家，浙江 50 家。年产值亿元以上的企业只占 4%（大都有外资投入的背景），年产值 1000 万元以上的厂家占 8% ~ 10%，剩下约 85% 的企业均为年产值在 500 万元左右的中小企业。

目前，国内膜分离和水处理的相关企业可以划分为三种类型，第一类企业侧重于膜的研发和发展，在市场开拓方面相对较弱，以"膜天膜"为代表；第二类企业在核心膜产品的基础上开拓下游市场，以"碧水源"为代表；第三类企业完全侧重于水处理工程，工程所需膜组件依靠外购，以"万邦达"为代表。

在国内膜市场，纳滤和反渗透由国外企业和品牌占据主要市场份额，国内企业产品则以超滤和微滤为主，其中以中空纤维膜居多，拥有完善的膜产品系列的企业则少之又少。在一些大型的水处理项目中，需要同时使用多种类型的膜，因此对国外企业产品仍具有一定的依赖性。

从技术上来看，目前拥有国家发明专利数量排名前 10 位的公司是：天津膜天膜科技有限公司、蓝星环境工程有限公司、北京碧水源科技股份有限公司、北京时代沃顿科技有限公司、江苏久吾高科技股份有限公司、北京膜华科技有限公司、北京科泰兴达高新技术有限公司、上海一鸣过滤技术有限公司、海南立昇净水科技实业有限公司、北京坎普尔环保技术有限公司。从专利总数上看，全国拥有专利数超过 30 个的企业共四家，其中三家位于北京中关村；从国家发明专利、实用型专利、外观设计专利等角度来看，北京的膜企业也占较大优势，专利总数排名前五的企业中超过一半都是北京的膜企业。

表1 国内行业龙头企业产业链与产品分布

龙头企业		膜产品			膜工程			
		微滤	超滤	反渗透	市政污水	市政给水	工业水处理	垃圾渗滤液
膜供应商	碧水源	√	√	√	√		√	
	膜天膜	√	√			√	√	
	招金膜天	√	√					
	时代沃特	√	√	√				
	斯纳普	√	√	√	√	√	√	√
	海南立升		√					
	德宏生物	√	√					
	清大国华环保	√	√					
	坎普尔	√	√	√				
	蓝天沛尔	√	√					
	南方汇通		√			√	√	

续表

龙头企业		膜产品			膜工程			
		微滤	超滤	反渗透	市政污水	市政给水	工业水处理	垃圾渗滤液
膜工程商	万邦达						√	
	中电远达						√	
	国中水务							√
	维尔利							√
	诺卫环境				√	√	√	√
	朗新明环保				√	√	√	√
	巴安水务						√	
	中电环保						√	

资料来源：作者整理。

同时，国内膜产业相关企业多局限于产业链中的某一环节，目前，我国尚没有覆盖膜组器生产、水处理工程建设、水处理项目运营全产业链的公司。立足现有专业领域，向上下游延伸将是我国膜产业相关企业的必然发展趋势。

三 产业技术进展

（一）研发进展

早期分离膜材料由纤维素及衍生物制造，近年来，高分子有机聚合物成为膜材料领域的新贵，而高性能纤维素也在膜材料领域获得了广泛的应用。从当前的研发趋势看，水处理膜技术集中于新型膜材料和改性膜材料等两大突破点。

1. 新型膜材料

金属膜。构成材料为粗金属粉末，构成方式为不对称结构，有效滤层为合金细粉末喷涂，膜类型为微滤膜，孔径分布为 $1 \sim 2 \mu m$，具有反冲洗周期长、效果好的特点。

有机 – 无机混合膜。构成材料为无机矿物颗粒和有机多孔聚合物，构成方式为掺入网状结构，兼具有机膜和无机膜的优势，柔韧性和抗压性较好。

新型有机膜。构成材料为含二氮杂萘铜结构类双酚单体（DHPZ），构成方式为芳环杂非共平面扭曲结构，具有良好的耐热性和溶解性。

2. 改性膜材料

当前，膜材料的改进主要对象是高分子膜材料，针对其易疏水、易污染的缺点，通过化学方法和物理方法，进行亲水改性。化学方法通过材料化学改性和表面化学改性来实现；物理方法通过物理共混来实现。当前比较成熟的高分子膜材料改性方法包括以下五种。

等离子体法。方法原理：利用活性粒子，通过粒子轰击，在高分子材料表面构成活性自由基，在材料表面形成聚合和接枝状态的功能性单体。方法优势：保持基体整体性能不变，改性过程高效，改性效果好，无污染。

表面活性剂法。方法原理：利用表面活性剂的亲媒性官能团，在液体与膜的接触面形成定向吸附性质，形成带电特性，改变接触面的物理和化学特性。方法优势：大幅提升通量、增强膜亲水性。

紫外辐照法。方法原理：利用高能辐射，发生膜分子链断裂，产生自由基，由接枝聚合反应形成亲水性基团。方法优势：大幅提高截留率、降低污染度、增强亲水性。

高分子合金法。方法原理：混合多种高分子，通过改性共混，形成高分子多成分系统。方法优势：具备所混合的多种高分子的诸多优势，而规避了原有高分子材料的劣势。

表面化学反应法。方法原理：在膜表面导入新基团，通过膜表面的化学反应，调校原膜材料的缺点。方法优势：增强亲水性、提升抗压力、规避原有高分子材料劣势。

（二）技术应用进展

据统计，到 2013 年底，中国在建和在用的 5000 吨/日处理量规模以上的膜法水资源化级解决方案中，市政污水处理及回用领域、市政给水净化领域、海水淡化领域的分布分别达到 189.95 万吨/日以上、109.63 万吨/日以上和 74.82 万吨/日以上，但在水处理总市场中占比不到 5%，MBR 则占膜技术污水处理能力的 1/3。未来随着国家对水处理出水水质标准的提高，膜法水处理技术将获得进一步的发展。

目前，应用于水处理领域的膜产品主要包括微滤、超滤、纳滤、反渗透、电渗析等几个种类，其中，超滤膜和反渗透膜应用程度最高。从各类膜组件产品的全球膜市场占有率看，反渗透膜达到 45%、超滤与纳滤共占约 20%。

表2 膜的分类与应用范围

膜种类	膜功能	分离驱动力	透过物质	被截流物质
微滤	溶液的微滤、脱微粒子	压力差	水、溶剂和溶解物	悬浮物、细菌类、微粒子、大分子有机物
超滤	脱除溶液中的胶体、各类大分子	压力差	溶剂、离子和小分子	蛋白质、各类酶、细菌、病毒、胶体、微粒子
纳滤、反渗透	脱除溶液中的盐类及低分子物质	压力差	水和溶剂	无机盐、糖类、氨基酸、有机物等
电渗析	脱除溶液中离子	电位差	离子	无机、有机离子

资料来源：《2013 年膜法水处理行业分析报告》，中投顾问。

表3 实际应用中的多种膜技术的组合工艺

应用领域	进水水质	出水水质要求	膜工艺要求
超纯水制备	一般，需前端处理	高	前端用微滤/超滤，后端用反渗透/纳滤
纯净水制备	好	高	微滤/超滤
市政污水处理	差	中	微滤/超滤
工业污水处理	一般，需前端处理	视用途为回用还是排放	前端用微滤/超滤，后端用反渗透/纳滤
海水/苦咸水淡化	差	视用途为回用还是供水	前端用微滤/超滤，后端用反渗透/纳滤/电渗析

资料来源：《2013 年膜法水处理行业分析报告》，中投顾问。

目前，膜法水处理技术主要包括膜生物反应器（MBR）、连续膜过滤系（CMF）、浸没式膜过滤（SMF）和双向流膜过滤技术（TWF）。其中，SMF是由CMF改进而来。以膜生物反应器（MBR）为核心的三级水处理系统是目前最好、具有一定成本效益的保护水环境和饮用水源的解决方案，多用于传统污水厂提标改造，或新建紧凑高效型的污水处理系统，出水水质远超未来几年的排放标准。出水可安全排放至敏感水环境中，在农业灌溉和工业生产中重复使用，以及地下水回灌。

表4　主要膜法水处理技术工艺对比

膜法水处理技术	技术核心	应用领域
MBR	可保持活性污泥浓度，强化有机物去除效果。排泥周期长，污泥产率低，可减少污泥的处理费用	市政污水处理回用、工业废水处理与回用、建筑中水回用、垃圾渗滤液处理
CMF	针对高抗污染膜应用的膜清洗技术，通过对膜实行连续循环清洗，进而实现对液体的连续循环处理，保证系统的持续、高效运行	深度处理回用大型城市污水处理厂的二沉池出水，前级预处理海水淡化或大型反渗透系统
SMF	可实现中空纤维膜系统的在线清洗和在线化学增强清洗，消除膜污染，有效恢复膜通。可对膜组件进行在线完整性检验。对问题膜可以迅速准确地进行判断，并可以方便地对问题膜进行隔离和更换修补	特别适合在大型水处理工程中使用，可用于市政污水/工业废水深度处理回用、给水厂供水处理、工业用水处理、反渗透系统预处理等
TWF	每隔一定时间，将进水的流向改变一次，实现交替反冲洗膜上下半部，将膜污染损失降到最低、延长药液使用时间	针对微粒形固形物的污水处理

资料来源：《2013年膜法水处理行业分析报告》，中投顾问。

四　存在的问题

1. 水处理膜产品市场准入制度不健全

受我国环保产业发展较晚、发展过快的制约，我国水处理设备管理机制仍然缺失。同时，由于我国行业管理的制度性障碍，对环保行业的管理长期分散于多部门，而水处理膜生产企业在进行企业类型申报的时候，也被划归于不同的工业部门，给行业管理造成诸多不便。一些利用环保产业挣热钱和挣快钱的短期项目盲目上马，让整个行业的企业素质参差不齐，亟须权威的行业管理部门出台市场准入制度进行行业规范，从而避免生产资源的浪费和环保治理的失效。

2. 水处理膜产品质量监管缺失

由于水处理产业链的独特性，零部件加工、系统组装、运行效果等三个产业生产阶段都需要质量监管，产业质量监管呈现明显的系统性和流程性。然而，由于我国产品监管管理体制的制约，零部件加工由质检机构监管，系统组装监管缺失，运行效果由环保部门监管，存在严重的缺位、错位、"两张皮"的管理缺陷。同时，在我国现行的环保产品认证体系中，"自愿"是该体系的主要特征，在没有相关配套政策扶持的情况下，企业普遍缺乏认证的积极性。亟须科学、有效、系统的产品质量监管体系。

3. 水处理膜产品标准化发展滞后

由于我国水处理膜高端市场被国外跨国企业基本垄断，因此，在没有我国水处理膜产品国家标准的情况下，国外跨国企业的标准就成为普遍实行的标准。然而，这种标准的缺失和垄断，使得我国企业很难实现市场话语权的突破，也使得我国企业向产业链上游拓展的空间被严重挤压。同时，由于行业没有统一的产品标准，各管理部门各行一套，当前，环保部、住建部、工信部的三套行业标准并举，但仔细比较这三套行业标准，在计划制订、技术要求等方面，存在不少重复、扯皮、混乱的内容，亟须统一规范。

五 发展思路及对策建议

1. 加强市场准入监管

依托国家节能减排的政策优势，我国膜法水处理产业尚处于发展初期，投资前景极为广阔，这一形势已经得到了国内外的一致认可，大量投资均对该产业跃跃欲试，然而，为了避免"一哄而上，一哄而下"盲目投资所引发的恶劣经济后果，必须在市场发展初期建立系统、完善的市场准入机制，从源头上杜绝热钱、快钱的流入，同时，避免过量低端重复建设，保持产业的良性发展。

2. 加强质量监管

依据膜法水处理产业流程化的质量监管需求，针对我国当前该产业质量监管的弊端，明确不同流程的专业监管主体，并建立流程交接监管体系，鼓励发展第三方质量监管机构，以预警的形式全程参与质量监管过程，对零部件出厂、系统试运行、定期运行维修等重要的监控时间点进行拉网式排查，同时，在制度建设、规范设置方面，广泛听取国内企业的意见，因地制宜地灵活运用多种质量监管手段。

3. 加快标准规范

以水处理设备分技术委员会和环保产品标准化委员会为核心力量，开展行业标准的规范和整合，废止多部门、多标准并行的不合理标准文件，在国际标准和国家标准间平衡取舍，在保护本国企业利益的同时，鼓励本国企业创新突破，积极与国际标准机构切磋学习，提高制订标准工作的效率和水平。

✦ 皮书起源 ✦

"皮书"起源于十七、十八世纪的英国，主要指官方或社会组织正式发表的重要文件或报告，多以"白皮书"命名。在中国，"皮书"这一概念被社会广泛接受，并被成功运作、发展成为一种全新的出版型态，则源于中国社会科学院社会科学文献出版社。

✦ 皮书定义 ✦

皮书是对中国与世界发展状况和热点问题进行年度监测，以专业的角度、专家的视野和实证研究方法，针对某一领域或区域现状与发展态势展开分析和预测，具备权威性、前沿性、原创性、实证性、时效性等特点的连续性公开出版物，由一系列权威研究报告组成。皮书系列是社会科学文献出版社编辑出版的蓝皮书、绿皮书、黄皮书等的统称。

✦ 皮书作者 ✦

皮书系列的作者以中国社会科学院、著名高校、地方社会科学院的研究人员为主，多为国内一流研究机构的权威专家学者，他们的看法和观点代表了学界对中国与世界的现实和未来最高水平的解读与分析。

✦ 皮书荣誉 ✦

皮书系列已成为社会科学文献出版社的著名图书品牌和中国社会科学院的知名学术品牌。2011 年，皮书系列正式列入"十二五"国家重点图书出版规划项目；2012~2014 年，重点皮书列入中国社会科学院承担的国家哲学社会科学创新工程项目；2015 年，41 种院外皮书使用"中国社会科学院创新工程学术出版项目"标识。

中国皮书网

www.pishu.cn

发布皮书研创资讯，传播皮书精彩内容
引领皮书出版潮流，打造皮书服务平台

栏目设置：

☐ 资讯：皮书动态、皮书观点、皮书数据、
　　　　皮书报道、皮书发布、电子期刊
☐ 标准：皮书评价、皮书研究、皮书规范
☐ 服务：最新皮书、皮书书目、重点推荐、在线购书
☐ 链接：皮书数据库、皮书博客、皮书微博、在线书城
☐ 搜索：资讯、图书、研究动态、皮书专家、研创团队

中国皮书网依托皮书系列"权威、前沿、原创"的优质内容资源，通过文字、图片、音频、视频等多种元素，在皮书研创者、使用者之间搭建了一个成果展示、资源共享的互动平台。

自 2005 年 12 月正式上线以来，中国皮书网的 IP 访问量、PV 浏览量与日俱增，受到海内外研究者、公务人员、商务人士以及专业读者的广泛关注。

2008 年、2011 年中国皮书网均在全国新闻出版业网站荣誉评选中获得"最具商业价值网站"称号；2012 年，获得"出版业网站百强"称号。

2014 年，中国皮书网与皮书数据库实现资源共享，端口合一，将提供更丰富的内容，更全面的服务。

法 律 声 明

权威报告·热点资讯·特色资源

皮书数据库
ANNUAL REPORT(YEARBOOK)
DATABASE

当代中国与世界发展高端智库平台

S子库介绍
ub-Database Introduction

中国经济发展数据库

涵盖宏观经济、农业经济、工业经济、产业经济、财政金融、交通旅游、商业贸易、劳动经济、企业经济、房地产经济、城市经济、区域经济等领域，为用户实时了解经济运行态势、把握经济发展规律、洞察经济形势、做出经济决策提供参考和依据。

中国社会发展数据库

全面整合国内外有关中国社会发展的统计数据、深度分析报告、专家解读和热点资讯构建而成的专业学术数据库。涉及宗教、社会、人口、政治、外交、法律、文化、教育、体育、文学艺术、医药卫生、资源环境等多个领域。

中国行业发展数据库

以中国国民经济行业分类为依据，跟踪分析国民经济各行业市场运行状况和政策导向，提供行业发展最前沿的资讯，为用户投资、从业及各种经济决策提供理论基础和实践指导。内容涵盖农业，能源与矿产业，交通运输业，制造业，金融业，房地产业，租赁和商务服务业，科学研究，环境和公共设施管理，居民服务业，教育，卫生和社会保障，文化、体育和娱乐业等100余个行业。

中国区域发展数据库

以特定区域内的经济、社会、文化、法治、资源环境等领域的现状与发展情况进行分析和预测。涵盖中部、西部、东北、西北等地区，长三角、珠三角、黄三角、京津冀、环渤海、合肥经济圈、长株潭城市群、关中—天水经济区、海峡经济区等区域经济体和城市圈，北京、上海、浙江、河南、陕西等34个省份及中国台湾地区。

中国文化传媒数据库

包括文化事业、文化产业、宗教、群众文化、图书馆事业、博物馆事业、档案事业、语言文字、文学、历史地理、新闻传播、广播电视、出版事业、艺术、电影、娱乐等多个子库。

世界经济与国际政治数据库

以皮书系列中涉及世界经济与国际政治的研究成果为基础，全面整合国内外有关世界经济与国际政治的统计数据、深度分析报告、专家解读和热点资讯构建而成的专业学术数据库。包括世界经济、世界政治、世界文化、国际社会、国际关系、国际组织、区域发展、国别发展等多个子库。